LK4

VOYAGES
INTÉRESSANS
DANS
DIFFÉRENTES COLONIES
FRANÇAISES,
ESPAGNOLES, ANGLAISES, &c.

VOYAGES INTÉRESSANS

DANS

DIFFÉRENTES COLONIES

FRANÇAISES,

ESPAGNOLES, ANGLAISES, &c;

Contenant des Observations importantes relatives à ces contrées; & un Mémoire sur les Maladies les plus communes à Saint-Domingue, leurs remèdes, & le moyen de s'en préserver moralement & phisiquement :

Avec des Anecdotes singulières, qui n'avaient jamais été publiées.

Le tout rédigé & mis au jour, d'après un grand nombre de manuscrits, par M. N...

A LONDRES;

Et se trouve A PARIS,

Chez JEAN-FRANÇOIS BASTIEN.

___

M. DCC. LXXXVIII.

AVERTISSEMENT DE L'ÉDITEUR.

Parmi l'énorme quantité de Mémoires & de Voyages manuscrits, que recueillit & rédigea en partie un homme de Lettres (1), pendant trente ans qu'il séjourna dans l'Amérique, & dont le projet était de travailler à une histoire générale du Nouveau-Monde, je n'ai trouvé de vraiment curieux, & de susceptible d'être détaché, que les différens morceaux que je publie aujourd'hui.

Dans les circonstances actuelles, quand tous les yeux sont tournés vers l'Amérique Septentrionale, où s'est élevée une

---

(1) Feu M. B***, mon oncle, de l'Académie de la Rochelle, Secrétaire de la Chambre d'Agriculture du Cap, &c.

Avertissement

nouvelle Puissance, qui va peut-être changer l'ordre politique de l'Europe, n'est-ce pas servir le goût du Public, que de lui faire, en peu de mots, connaître quelques-unes de ces régions éloignées, devenues si fameuses de nos jours? Elles excitent toutes une avide curiosité, tant celles qui ont été le théâtre de la guerre, que celles qui appartiennent aux Puissances de notre continent.

D'ailleurs, une partie des Mémoires dont j'ai fait choix offrent des anecdotes singulières & piquantes, qui n'avaient jamais été publiées.

Ces considérations m'ont fait entreprendre le travail le plus fastidieux; il m'a fallu donner à un stile souvent diffus & défectueux, sinon de l'élégance, du moins de la précision.

Il est fâcheux que feu M. B***, dont la jurisprudence emportait la plupart des momens en Amérique, n'ait pu mettre la dernière main à son entreprise ; il eût sûrement refondu & écrit avec soin ces différens matériaux ; ce que j'ai taché, de faire, à son défaut, sans altérer les faits en aucune manière, ni refondre entièrement le stile.

ERRATA.

Page 9, ligne 16, correspondance ; lisez, correspondancer.

P. 65, l. 4 & 5, les habitans de l'isle de Cuba sont sujets ; lis. les habitans de l'isle sont sujets.

P. 78, l. 23, Hirsch ; lis. Hirtha.

P. 104, à la note, village auprès du Cap ; lis. à une certaine distance du Cap.

P. 220, l. 3, propositions, lis. intentions.

P. 252, l. 4 de la note, environ deux-mille lieues, lis. environ 17,600 lieues carrées.

P. 234, l. 10, qui ne ; lis. qui n'y.

P. 322, l. 23, le siége d'une ; lis. le siége d'un.

P. 333, l. 16, réclamer ; lis. relancer.

P. 346, l. 15, les obligeait ; lis. ne les obligeait.

P. 353, l. 19, c'est ici que où se termine ; lis. c'est ici où se termine.

P. 354, l. 24, dans un fonds ; lis. dans un fond.

P. 388 & 389, Santiago ; lis. San-Iago.

P. 415, l. 11, empourprés ; lis. empourpré.

P. 421, l. 20, par dernière ; lis. pour dernière.

P. 450, l. 15, besoin que de ; lis. besoin de.

VOYAGES

VOYAGES INTÉRESSANS

DANS

DIFFÉRENTES COLONIES FRANÇAISES,

ESPAGNOLES, ANGLAISES, &c.

───────────

L'ISLE DE CURAÇAO.

CETTE Isle, située sous le 12ᵉ degré 40 m. de latitude, & 310 de longitude, est de fort peu d'étendue, n'ayant tout au plus que sept à huit lieues de tour. Ce n'est, pour ainsi dire, qu'un rocher au milieu de la mer, ou plutôt un amas de rochers élevés au-dessus de sa surface. Il a fallu être Hollandais pour s'y établir, c'est-à-dire, des gens industrieux, qui ne demandaient uniquement qu'un entrepôt pour leur commerce. Ils en imaginaient un considérable à faire sur les côtes de la Nouvelle

Partie I.   A

Espagne. Il leur fallait donc un endroit propre à fonder quelques établissemens, tant pour servir de retraite à leurs vaisseaux, que pour y recevoir les étrangers, qui chercheraient à frauder un commerce permis, pour se livrer à celui de contrebande. Les Hollandais sont à cet égard les plus habiles gens du monde, & c'est en partie sur ces deux objets que posent toutes les espérances de leurs Colonies de Curaçao & de Saint-Eustache.

Les autres Puissances maritimes le devinèrent dès le commencement de leur établissement sur l'isle de Curaçao ; aussi essuya-t-il beaucoup de contradictions de leur part, & peut-être que sans l'accident arrivé à l'escadre du Maréchal d'Estrées, qui se perdit de la manière la plus triste sur l'une des Isles d'*Aves* qui en sont voisines, en eussent-ils été chassés dès ce tems-là.

Ils n'avaient guère à choisir dans ce parage, où il n'était presque point, dès-lors, de terres sans maîtres, ou sur lesquelles quelque Puissance n'eût des droits ; aussi prirent-ils la première venue, après même qu'ils eurent été expulsés par la France de l'Isle de *Tabago*, qui n'en est pas éloignée, & où ils avaient déjà commencé des établissemens.

L'Isle de Curaçao, dont ils firent choix

ensuite, se trouve placée le long de la côte de *Caraquo*, dont elle semble retenir en quelque chose le nom, ou du moins une terminaison approchante. Ce n'en est point un que les Hollandais lui aient donné, mais l'ancien qu'elle portait, celui qu'elle a toujours eu, sans doute le même que lui donnaient les naturels de la contrée. Les Français prononcent le mot de Curaçao comme s'il était écrit *Curassaux*, & quelques-uns même disent *Cuirassaux*; ce qui n'est qu'un idiôme étranger. Quoi qu'il en soit, Curaçao est dans une situation fort avantageuse pour son commerce, dans le voisinage de la terre-ferme, & près d'une côte Espagnole, prodigieusement habitée dans ces cantons; de l'Isle de la Jamaïque, qu'elle a au nord, de l'Isle de Saint-Domingue au nord-est, de toutes les petites Antilles à l'est. Une position si favorable lui a long-tems fait faire un commerce des plus étendus & immense; mais il commence maintenant à éprouver d'étranges révolutions par l'attention qu'a aujourd'hui la Cour d'Espagne, afin de faire tomber une colonie qui lui est si fort préjudiciable. On s'apperçoit en effet qu'elle décline tous les jours.

Le Port de cette Colonie est très-beau, vaste, commode & en état de contenir un grand nombre de vaisseaux. La ville, qui est sur l'un des côtés, n'est que peu de chose, petite, assez mal construite, habitée par toutes sortes de nations ; mais la plus grande partie des colons est composée de Juifs, qui ont toute la mauvaise foi de leur état. Apparemment que cela influe sur le reste des habitans, car il n'est point de colonies dans l'Amérique où il y ait aussi peu de bonne foi. Le commerce n'y est qu'un affreux brigandage ; ce qui ternissant les mœurs en général, le plus honteux libertinage, la débauche la plus outrée y caractérisent tout le monde. Il n'y a à Curaçao ni police, ni justice, & l'on n'y voit que meurtres, assassinats & vols (1). Le Gouverneur n'y est pas trop le maître, il a même quelquefois souffert des insultes, sans les pouvoir repousser. Il n'a qu'un vain nom sans autorité ; & comment s'y pourrait-il faire respecter, ayant à peine une garnison de 80 hommes ? L'isle, quoique fort peuplée, y est presque sans défense, n'ayant qu'une misérable bicoque sous le nom de forteresse, qui est située à l'entrée du Port.

Cette colonie appartient à une Compagnie qui n'y fait nul commerce, se contentant des

_____

(1) Ce mémoire est écrit depuis plusieurs années : les choses maintenant ne sont pas tout-à-fait de même.

droits qui lui reviennent sur tout ce qui est transporté dans l'isle. Chaque marchandise lui paye un certain octroi, qui varie suivant le caprice de ceux préposés pour le lever, & les étrangers sont toujours le plus molestés : il est décidé qu'il ne doit point y avoir de justice pour eux à Curaçao. On y a vu commettre des indignités à leur sujet, qui passent toute créance. Les Espagnols y sont souvent attrapés, parce que, pour se dérober aux ordres sévères de leur Souverain, ils embarquent leur argent ou leurs denrées sur le premier navire qui se présente à la côte, la plûpart du tems sans reconnaissance ni écriture. Ainsi il est facile de les tromper ; ce qui arrive fréquemment. On prétend même que plus d'un, qui s'était embarqué pour accompagner ses marchandises, a été jeté à la mer pour en ôter toute connaissance & s'approprier son bien. Malgré ces funestes exemples, beaucoup recourent journellement aux Hollandais pour leur aider à sortir d'embarras, & rien ne les arrête.

Cette fraude répandrait des richesses immenses dans la colonie de Curaçao, si l'on y voulait être un peu de meilleure foi ; le pays en aurait d'autant plus besoin qu'il ne produit rien de lui-même, n'étant point comme les autres colonies voisines dont les récoltes enrichissent leurs colons.

C'est une terre d'une aridité surprenante, sans bois, presque sans eau douce, & où il faut tout porter: d'ailleurs cette stérilité y rend la vie animale chère & désagréable, quoiqu'il y ait quelques maisons de campagne, où, à force d'art, l'on retire de gros revenus en légumes, mais la quantité en est petite; malgré cela on ne manque de rien à Curaçao.

Le principal revenu de cette colonie est, comme nous l'avons dit, l'abord continuel des étrangers, & le commerce interlope qui s'y fait ouvertement. Tous les pavillons y sont reçus; ce qui nuit grandement au commerce des autres Puissances. Outre l'Espagne Américaine dont Curaçao est le plus grand débouché; pour les fraudes, les colonies Françaises n'y trouvent pas moins de ressources. Cette relation est si fréquente, qu'on dirait que c'est un négoce ouvert & permis.

Le Roi d'Espagne, courroucé contre Curaçao, qui porte effectivement des coups terribles au bon ordre qu'il voudrait établir dans ses colonies, a défendu, dit on, sous quelque prétexte que ce soit, à ses Gouverneurs d'y avoir recours dans leurs besoins; mais de s'adresser plutôt à la Martinique, où on leur fournirait tout ce qu'ils pourraient demander. Les Hollandais de cette colonie savaient profiter des plus petites occasions pour s'enrichir à la faveur d'un commerce prohibé ; & notre colonie de Saint-Domingue s'en est ressentie durant les dernières guerres. Le prétexte de nous apporter quelques barils de farine, leur a plus d'une fois servi d'introduction pour y faire un négoce ruineux à la France.

On ajoûte aussi que la Cour d'Espagne avait contre les Hollandais de Curaçao des griefs d'une nature que les Souverains ne tolèrent guère, attendu qu'ils fomentaient souvent des révoltes parmi des sujets mal intentionnés. En dernier lieu, un nommé *Léon* avait soulevé dans la province de *Caracques* plusieurs mauvais sujets comme lui, & cela approchait d'une sédition ouverte. Le Gouverneur Espagnol ayant pris des mesures pour que cet homme ne lui échappât point, & l'ayant pour cet effet envoyé assaillir tant par terre que par mer, on accusa les Hollandais de lui avoir procuré les moyens de se sauver, & de l'avoir sauvé eux-mêmes & conduit à Curaçao, où l'on assure qu'il s'est long-tems tenu caché.

En juin ou juillet de l'année 1750, l'Isle de Curaçao a pensé souffrir un échec, qui eût entraîné sa perte infaillible. Les esclaves y tramèrent une révolte générale, qui fut sur le point d'éclater. Tout avait été conduit jusques là avec assez de prudence pour faire espérer un heureux succès, lorsque les colons en eurent connaissance par hazard, & y remédièrent promptement. On dit même que les révoltés étaient déja en marche, mais que la bonne contenance des blancs, qui tombèrent sur eux avec une valeur déterminée, dissipa bientôt une troupe de malheureux qui ne s'attendaient point à trouver de la résistance. Il fut fait main basse sur la plupart, & le bourreau acheva le reste. De misérables blancs, dont toutes les colonies ne sont que trop pleines, étaient, dit-on, les chefs ou les auteurs de cette conspiration.

La Compagnie entretient à Curaçao, outre le Gouverneur & la modique garnison dont il est le Chef, divers Officiers de plume qui composent un Conseil de justice assez mal administré, mais plus chargé de veiller à ses intérêts. L'Officier le plus en crédit est un *Fiscal*, ce qui répond à nos Procureurs-Généraux; toute l'administration de l'isle paraît résider en sa personne, il est comme le Ministre ou surveillant de tout ce qui s'y passe; aussi ne manque-t-il pas quelquefois de mettre sa charge à profit pour hâter sa fortune & celle de ses amis. Il est le seul Notaire qu'il y ait dans la colonie, celui qui reçoit tous les actes publics ; & les mariages n'y ont d'autres formalités qu'un certificat par lui donné, qui tient lieu de conventions civiles & de bénédiction nuptiale. Qu'on juge combien la licence y gagne !

L'isle de Curaçao est une terre basse, unie & plate, & quoique l'air qu'on y respire dût être marécageux, il est cependant l'un des plus purs de toute l'Amérique: c'est un grand bonheur ; car par les excès de débauche où l'on se livre, le pays serait souvent dépeuplé d'habitans, les femmes & la boisson y détruiraient tous les hommes. On s'assemble tous les soirs régulièrement sur la place, autour de laquelle il n'y a que des espèces de cabarets; les uns boivent, les autres fument, & c'est où se traitent toutes les affaires de commerce, où l'on débite les nouvelles, où l'on apprend tout ce qui arrive dans les autres colonies, n'y en ayant point qui ait autant de correspondance que celle-ci. Les tables sont au milieu de la place, & cela forme un coup d'œil assez plaisant.

Cette isle, qui est à 20 lieues de la terre ferme, a diverses petites isles à l'est, qui y rendent la navigation dangereuse ; la grande & la petite isle d'*Aves*, ainsi nommées de la quantité prodigieuse d'oiseaux qui s'y voient continuellement, *Bon-air*, *le petit Curaçao*,

& quelques autres. La grande isle de Curaçao n'offre pas de tous les côtés un asile commode aux vaisseaux qui s'en approchent.

LA GRENADE.

CETTE isle est à environ soixante lieues de la Martinique, en tirant du côté de Saint-Domingue, mais vers le sud. L'isle n'est pas d'une grande étendue ; mais la terre y est fort bonne ; le pays est montagneux comme la Martinique, si ce n'est dans la partie du levant où il se trouve quelques plaines.

Le principal lieu de l'isle est la *basse-terre*, où se tient l'Etat-major. Il y a dans cet endroit un très-bon port & une forteresse bâtie sur un rocher qui avance dans la mer, laquelle est très-bien fortifiée, tant par la nature que par l'art.

Les autres paroisses sont l'*Ance à Goïave*, où il y a un petit bourg ; *les Sauteurs*, bourg ainsi appelé de ce que quelques sauvages, poursuivis par des Français, se précipitèrent du haut du rocher ; *le Grand-Marquis*, gros bourg où résident les plus riches habitans ; *le Mégrin*, petit bourg, & *le Grand-Pauvre*, où les Jacobins avaient une habitation, & qui à cause de cela servait de paroisse.

Il y a dans toute l'isle environ 70 à 80 sucreries, qui rafinent toutes avec moulins à eau, l'isle étant extrêmement arrosée.

On fesait autrefois dans cette isle beaucoup de cacao, qui en était le principal revenu, & l'indigo, qui y réussissait fort bien ; mais on s'en tient aujourd'hui au sucre & au café, qui y est le plus beau de toute l'Amérique.

On compte dans l'isle près de 800 hommes portant les armes, blancs & mulâtres, qui valent communément mieux que dans nos autres colonies : le nombre des esclaves y est fort grand.

M. de Pradines, ancien Gouverneur Français, a beaucoup contribué à l'établissement de cette isle, par sa douceur & son affabilité ; ce qu'il serait à souhaiter que les autres Commandans imitassent, de même que sa générosité, qui était telle que sa bourse semblait être commune aux habitans.

L'isle est remplie de bois, d'oiseaux & d'animaux, comme dans les autres possessions, & il y en a même de singuliers, ou détruits ailleurs, ou qui ne s'y sont pas trouvés : tel est, par exemple, l'*Agoutil*, qui est un petit animal de la grosseur à-peu-près du lièvre, ayant la chair noire, & le goût presque semblable; les nègres s'en nourrissent, & quelques blancs en mangent avec plaisir; sa figure est celle d'un rat, il n'a que quatre dents, & montre les inclinations du lapin; il est brun & d'une grande agilité.

Le *Manicou* est un petit animal de la grosseur d'un chat ordinaire: il est bon à manger, mais il n'y a que les nègres qui s'en accommodent: il est extrêmement gras, & a une certaine odeur d'ail qui ne plaît pas à tout le monde. Il a, à peu de chose près, la figure du renard, sur-tout quant à la tête, & ses pattes ressemblent à des mains de singe; il porte sous le ventre une poche dans laquelle il renferme ses petits qu'il allaite comme tous les animaux quadrupèdes; & ce qu'il y a de plus particulier, chaque petit se forme dans la tettine où il naît attaché. Le manicou vit de pêche, de fruits & de sang de volaille à laquelle il livre une guerre continuelle, ainsi que la belette en France. Sa manière de les tuer est de les saigner sous l'aile: quant à celle de pêcher, elle n'est pas moins singulière: il a une queue d'un pied de long, mais sans poil comme celle du castor, qu'il fourre sous les rochers dans les rivières où il y a beaucoup d'écrevisses dont il est très-friand, & lorsqu'il sent qu'elles y mordent, il jette sa queue hors de l'eau avec impétuosité, & en tire l'écrevisse. Cet animal pratique ordinairement son nid dans le creux des arbres. Il y a deux espèces de manicoux ; toute la différence entre eux est d'être moins grasse l'une que l'autre : on nomme la dernière rat-manicou ; du reste ils sont semblables.

Le *Tatou* est un autre animal gros comme un petit chien Danois, mais dont il n'y a que les Caraïbes ou les nègres qui puissent manger, à cause de son goût douceâtre propre à faire mal au cœur. Rien de si plaisant que sa figure : quoique tout rond & monté sur quatre pieds assez hauts, il est écaillé comme la tortue, ce qui l'approche de la forme du rhinoceros : la tête est pourtant différemment faite, ressemblant à celle d'un rat, & il la retire sous une coquille, comme les tortues. La couleur de son écaille est d'un rouge pâle, presque couleur de chair, mais cette écaille est faible, & on la plie facilement ; ce qui fait qu'elle n'est bonne à rien. Cet animal fouille la terre comme le cochon, & il a la vue si tendre, que le grand jour l'incommode au point de l'empêcher de voir. Les nègres le chassent pendant la nuit aux flambeaux & avec des chiens, parce que c'est durant ce tems qu'il court & qu'on le trouve plus communément. Sa chair est une nourriture pareille à celle du caret ; elle fait pousser à ceux qui en mangent tout ce qu'ils ont d'impur dans le corps, & rend les personnes attaquées de maux vénériens d'une puanteur insupportable.

Le voisinage de l'isle de la Grenade avec celle de Tabago a fait établir pour police, qu'il serait défendu à tous les habitans qui auraient des canots d'une certaine grandeur pour faire leur commerce de pêche ou autrement, de les laisser sans être attachés avec une chaîne de fer. Il déserte, malgré cette précaution, un grand nombre de nègres.

Pendant l'avant-dernière guerre, les Anglais s'étaient emparés de cette isle, qui leur fut cédée à la paix de 1763 ; mais, en se couvrant de gloire, M. le Comte d'Estaing la leur reprit ; & elle leur a été rendue en 1783.

ANECDOTES
SUR UN GOUVERNEUR
DE LA MARTINIQUE.

Le Marquis de ***, Chef d'escadre, Officier qui s'est long-tems distingué dans notre marine, avait eu le malheur de naître dénué des biens nécessaires pour soutenir l'éclat de sa naissance & de son rang. Naturellement porté à la dépense, au plaisir, il fallait de quoi fournir à ces objets ruineux ; il eut donc bientôt vu la fin du peu de biens qu'il tenait de ses ancêtres. Un Négociant de Marseille, puissamment riche (1), y suppléa quelque tems : cet homme généreux avait conçu pour M. de *** une si forte inclination, qu'il lui ouvrit sa bourse en toutes occasions, & qu'on prétend qu'il lui a dû jusqu'à près de 500,000 liv. Parent, allié & encore plus ami du Ministre

---

(1) M. Roux, natif de l'Isle de Corse, dont l'exemple est une nouvelle preuve si frappante de l'inconstance de la fortune.

de la Marine d'alors, le Marquis de *** aurait pu avoir depuis long-tems un Gouvernement général dans l'une de nos colonies, le vrai chemin d'une fortune prompte & rapide ; mais par une façon de penser inconcevable, il fut assez long-tems sans en vouloir accepter aucun : on assure que celui de Saint-Domingue lui fut offert, qu'il le refusa, & plusieurs autres aussi lucratifs; & qu'il proposa même, pour le remplir, M. de Larnage, qui l'a si habilement occupé sept ou huit ans, simple Officier à la Martinique, & auquel la Cour n'eût peut-être sans cela jamais pensé : on assure aussi que M. de Larnage, par reconnaissance, lui a toujours payé une pension de 12 ou 15,000 liv.

Enfin, la guerre s'étant déclarée entre les Puissances maritimes de l'Europe, cette conjoncture parut propre au spirituel Marquis, pour mettre à profit les idées qu'il avait sur le commerce. Il avait pour les négociations de cette nature un si grand penchant, des talens, un goût si décidé, que ces circonstances lui semblèrent sans doute importantes pour en tirer parti. Il demanda donc le Gouvernement général des isles du Vent, & l'obtint.

A peine y fut-il arrivé, que son esprit se trouva dans son véritable élément. Nos colonies y sont environnées de colonies étrangères,

qu'il

qu'il s'en faut de beaucoup qui soient aussi florissantes que les nôtres. Anglais, Hollandais, Danois en recherchent sans cesse l'entrée ; ce n'est jamais sans que le commerce de France s'en ressente, & qu'ils lui portent de cruelles atteintes ; mais le nouveau Général s'en embarrassait fort peu, pourvu qu'il y trouvât son compte, & que ses projets de s'enrichir le conduisissent au but qu'il s'était proposé. Un problème singulier est qu'il n'ait pas réussi, ayant demeuré assez long-tems dans son Gouvernement pour exécuter le plan qu'il avait formé.

Quoi qu'il en soit, il s'empara bientôt de tout le commerce des colonies qui lui avaient été confiées pour tout autre objet. D'abord il commença par s'établir des correspondances avec les autres Chefs des colonies de l'Etranger, qui lui pouvaient être utiles dans son dessein. On a prétendu qu'il y avait entre lui & certaines Puissances, les liaisons les plus particulières, & que l'Angleterre & l'Espagne entraient dans ses vues. Si cela est vrai, ce serait le chef-d'œuvre de l'esprit le plus fin. Mais quelques Gouverneurs de ces Puissances fesaient uniquement toute cette relation.

Il eut pour premier soin de chercher des gens de confiance, marins & négocians, qui

Partie I   B

l'aidassent à fonder dans nos isles, les premiers une navigation qui lui serait subordonnée, & les seconds des maisons dont il serait secrètement le maître & le conducteur, qui rapporteraient tout à lui, & sur lesquelles il pourrait se reposer des grandes entreprises qu'il savait se procurer. Les sieurs *Anthaume*, *Arcère*, & quelques autres furent les personnes sur qui il jeta les yeux, & qu'on croit avoir été sacrifiées, s'étant retirés à sa mort feinte ou vraie avec plus de perte que de profit. Outre cela il avait des agens secrets dans presque toutes les colonies voisines; le sieur *Parisis*, envoyé à *Saint-Eustache*, fut un de ceux qui méritèrent le mieux sa plus intime confiance & qui lui rendirent le plus de services.

Il ne négligeait nulle des branches du négoce de l'Amérique en général. Le commerce de la côte d'Espagne, plus suivi aux isles du Vent qu'en aucune autre de nos colonies, devint entre ses mains encore plus étendu. Tout marin qui se présentait à lui, malheureux ou non, avait sur le champ de l'occupation: cette ressource a été utile à plusieurs, qui avaient tout perdu en tombant au pouvoir des Anglais. Il ne rebutait personne. Il y eut des gens qui trouvèrent en lui les moyens de se dédommager des pertes qu'ils avaient souffertes jusqu'alors,

Son attention alla jusqu'à armer des Corsaires pour son propre compte, dont quelques-uns lui ont fait des prises considérables.

Il s'était lié d'intérêt avec un homme de son humeur, M. *Hélyger*, Gouverneur de Saint-Eustache pour les Etats Généraux, l'un des plus habiles négocians qu'ait eu l'Amérique. La conformité de leur caractère les eut bientôt réunis; ils firent entre eux les plus belles spéculations, s'associèrent par moitié dans toutes leurs entreprises; mais on a publié que le Gouverneur Français, plus adroit que le Gouverneur Hollandais, n'avait pas couru de gros risques dans ces expéditions, dont l'autre fesait la plus grande partie des mises; aussi, ajoûte-t-on, que Hélyger ne dut pas s'en retirer avec trop d'avantages, & qu'il se vit créancier du Marquis de très-grosses sommes.

Delà vinrent ces plans singuliers pour tromper l'Angleterre, qui n'était point en guerre avec la Hollande, dont elle était au contraire l'alliée : les deux Généraux, par le canal de leurs correspondans ou commissionnaires en France, fesaient prendre des intérêts de navires dans nos ports, lesquels se mettaient hardiment en mer avec des passeports Hollandais. On a vu à Saint-Eustache des Provençaux, des Nantais, des Normands y traiter pendant la guerre, comme s'ils euffent été fujets des Provinces-unies, & dont les cargaifons fe diftribuaient par différens bateaux étrangers dans toutes les diverfes parties de l'Amérique. Cette précaution était fûre, dès que ces vaiffeaux en avaient gagné les mers, parce qu'elles étaient gardées par un Amiral Anglais, qui trempait, dit-on, dans cet étrange traité.

L'Amiral *Lée* a long-tems commandé une efcadre Anglaife dans les parages des ifles du Vent, & c'eft celui qu'on prétend qui fermait les yeux fur ces abus extraordinaires. On le difait parent ou allié du Marquis de ***, je ne fais par quel endroit ; mais ce qu'il y a de certain, c'eft qu'il a été foupçonné de connivence avec ce Seigneur, par fa nation même, qui lui a fait fon procès à ce fujet. Il eft vrai encore qu'il en eft forti triomphant, faute de preuves fuffifantes ; ce qui ne détruit pas toutà-fait les bruits qui coururent, étant bien vraifemblable que qui fe mêle de telles manœuvres, ne néglige rien pour qu'on ne puiffe pas l'en convaincre juridiquement. On en était fi perfuadé dans les colonies Anglaifes des petites Antilles, que, fuivant la coutume de cette nation, qui fe croit plus libre que les autres à caufe des fingularités qu'elle fe permet, on commença contre cet Amiral à Saint-Chriftophe une procédure juridique, suivie pendant quelque tems avec beaucoup de chaleur. Il y eut des Commissaires députés jusques dans Saint-Eustache, afin d'y prendre des informations sur cette affaire ; mais ils étaient en pays suspect, où par conséquent ils ne pouvaient rien apprendre. Tout ce qu'on a pu entrevoir dans la conduite de l'Amiral Lée, c'est que s'il ne partageait pas avec le Général de la Martinique & le Gouverneur de Saint-Eustache, il ne saurait toujours se défendre d'une extrême complaisance pour eux, qui a peut-être été jusqu'au-delà des bornes du devoir. On a vu avec surprise des vaisseaux armés par cette société de Chefs étrangers passer où d'autres étaient pris, & les succès qu'eut d'abord le Marquis de *** dans ses armemens, en sont une assez grande preuve. Mais le Commandant de l'escadre Anglaise ayant été changé, cette prospérité changea de même, & on lui vit perdre d'un seul coup cinq navires à-la-fois richement chargés ; ce qui ne contribua pas peu aux malheurs qu'il essuya dans la suite. Cela justifie-t-il l'Amiral Britannique ?

En voici une autre preuve qui n'a guère moins de force. Comme la colonie Française de Saint-Domingue vaut à elle seule peut-être plus que toutes les autres colonies ensemble, la Société entrepri: d'y commercer à fa manière ordinaire, c'est-à-dire en masquant ses vues sous le nom du bien public. Il fut armé un bateau à Saint-Euftache, sous le prétexte de mener des prisonniers au Cap-Français, lesquels avaient été pris dans la flotte commandée par M. Dubois de la Motte. Ce bateau partit à la consignation du sieur *Seignette du Jardin*, qui avait été choisi par M. de ***, pour être à la tête de la maison qu'on y devait établir. On le munit de plus de 150,000 liv. de marchandises, d'un passeport Anglais, délivré par l'Amiral Lée, de ses expéditions Hollandaises, & de plusieurs lettres du Marquis, écrites aux Chefs de la colonie Française de Saint-Domingue, & conçues en termes capables de lui procurer la permission de faire sa vente; mais l'évènement ne répondit point à leurs espérances; la recommandation du Marquis fut infructueuse, & le bateau fut confisqué après une instruction assez ample, que la Cour confirma. Ce passeport de l'Amiral Anglais est-il sans suspicion?

Toutes ces entreprises de M. de *** étaient assez peu ménagées pour amener tôt ou tard un éclat qui dût leur être funeste. Son commerce, ouvert au dehors, l'était encore plus au dedans. Il se présentait tous les jours à la

Martinique des bateaux étrangers pour avoir l'entrée du port ; elle leur était accordée aussitôt qu'ils montraient une carte, ou du sieur Parisis de Saint-Eustache, ou de quelqu'autre de ceux qui avaient été commis pour ce manège. On a débité que chaque carte, que ce Marquis avait grand soin de conserver, valait mille écus à sa caisse, dont l'Agent qui l'avait signée ne manquait jamais de lui tenir compte. J'ai oui raconter qu'un Capitaine Anglais, de ces prétendus Parlementaires abusivement introduits dans nos colonies durant l'avant-dernière guerre, s'étant présentés à ce Général avec sa carte, un jour qu'il était en compagnie ; il lui demanda ce qu'il apportait pour sa colonie : sur la réponse qu'il lui fit que son bateau n'était chargé que de tortues : *Eh bien, dit le Général, est-ce que les tortues n'y sont pas nécessaires, dans une aussi grande disette que celle-ci ? Allez, mon ami, faites votre vente, & ne nous laissez pas manquer de tortues.* C'est ainsi qu'il ne fallait que le plus léger prétexte pour introduire l'Etranger dans des lieux où nous ne devrions jamais le souffrir. Les isles du Vent n'ont pas été les seules où cet abus préjudiciable se soit glissé.

Les négocians de la Martinique, ceux qui n'avaient peut-être pu en profiter, crièrent quelque tems contre de tels abus ; mais M. de *** trouva le secret d'imposer silence au plus grand nombre, en traitant les uns durement, & en disant publiquement qu'on pouvait écrire contre lui, qu'il se moquait de tout ce qu'on pourrait faire pour lui nuire, & qu'il ne craignait rien.

On va voir tout à l'heure qu'il se trompait dans ses conjectures.

Les Chambres de commerce du Royaume n'eurent pas été plutôt informées de sa conduite, qu'elles se plaignirent vivement en Cour. Les coups furent quelque tems rabattus ; mais les Fermiers-Généraux s'étant joints à elles, & ayant représenté le tort qu'elle leur fesait, l'affaire devint sérieuse pour le Général trop entreprenant. Il est constant que le commerce de l'Etat n'en pouvait souffrir, sans que les revenus n'en fussent diminués : ce sont des parties qui se tiennent étroitement liées entre elles ; l'une ne saurait être lézée sans que l'autre s'en ressente : elles sont également du ressort de la même politique. Tous ces Anglais, tous ces Hollandais emportaient plus ou moins de denrées de nos colonies, mais tous ensemble dispersaient des capitaux inestimables, qui étaient autant de vols faits à la France, quelque équivalent qu'ils laissassent à la place. Quand les colonies de la France auraient gagné à cet échange, il n'était pas moins pernicieux pour le Royaume, qui, outre qu'il y perdait confidérablement par cette fuppreffion de fonds qui lui feraient revenus, perdait encore d'un autre côté dans l'augmentation de fes denrées, qu'un fi grand débouché rendait plus rares fur les lieux, & par conféquent plus chères. Ajoûtons que les étrangers ne portaient dans nos colonies que les marchandifes forties du crû du Royaume, qu'ils avaient à beaucoup meilleur marché que les négocians de France, par la quantité prodigieufe de prifes que les Anglais fefaient fur nous. Ils en fefaient donc tomber le prix lorfqu'ils enchériffaient les denrées Américaines. Tout cela n'allait qu'au détriment de notre commerce; qui n'a pu manquer de s'en reffentir cruellement.

Le Miniftère d'alors apperçut tous ces inconvéniens, mais il n'y remédia pas affez tôt; peut être même les crut-il exagérés; car il ne fe mit en devoir d'y porter remède que par des moyens lents & détournés, après des enquêtes longues & difficiles. On a toujours penfé, & cela n'eft point fans vraifemblance, que l'efpèce de comédie héroïque qui fe joua dans ce tems-là à la Martinique, n'a point été fans deffein; s'il y en eut véritablement un, ce ne put être que celui de découvrir au juste & sans soupçon d'humeur ni de partialité, la vérité de ces attentats énormes, auxquels j'avoue qu'il n'était guère possible d'ajoûter foi légèrement (1). Avouons aussi que plus les accusations de crimes contre un Chef sont graves, & moins on doit avoir de crédulité. Un Prince juste & éclairé n'a pu prendre trop de précautions pour vérifier des faits de cette importance. Ce qui a été mis en usage par la Cour de V....., si le Prince énigmatique de Modène n'est venu à la Martinique que pour cela, fait un honneur infini au Souverain. Plus le moyen est grand, inusité, & plus cette affaire est capable de remplir d'admiration toute l'Europe.

Le Marquis s'en douta-t il pendant le séjour du Prince dans son Gouvernement? C'est ce qu'il n'est pas aisé de deviner. On ne peut expliquer cette incertitude que par la conduite qu'il tint durant tout ce tems, & ce qui s'est découvert après sa fuite ou sa mort.

Ce qu'il y a d'assuré, c'est qu'on ne l'a guère vu tranquille depuis le départ du Prince, Altesse vraie ou supposée; les gens sensés remar-

---

(1) On veut parler du faux Prince de Modène. Voyez l'anecdote extraordinaire rapportée ci-après.

quaient en lui tous les jours de nouveaux changemens, de nouvelles altérations, que son visage découvrait peut-être plus qu'il ne voulait. On s'apperçut même qu'il cherchait à noyer son chagrin, ou à s'étourdir entièrement : il aimait trop les liqueurs, & l'on vit qu'il en buvait beaucoup plus qu'à l'ordinaire. Il s'était fait bâtir un petit vide-bouteille sur une éminence qui domine tout le bourg de Saint-Pierre : il nommait cet endroit *Tricolor*; il ne serait pas facile de dire pourquoi ; & c'est là qu'il allait se délasser de ses travaux avec quelques agréables débauchés, dont il avait fait sa meilleure compagnie. Les Franc-Maçons, du nombre desquels il était, s'y assemblaient quelquefois ; c'est apparemment delà que vint le nom de Tricolor, ou, comme le pensent quelques-uns, de ce qu'il y menait indifféremment des blanches, des négresses, des mulâtres, pour servir à ses plaisirs.

Il y était le jour de sa mort, en compagnie d'hommes seulement : un petit navire Anglais, que mille personnes virent, & trop singulièrement mâté pour qu'on n'y fit pas d'attention, fut l'instrument fatal qui occasionna sa mort ou sa disparition; car on peut choisir de ces deux extrémités ; il y a plus d'opinions pour la dernière à la Martinique, que pour l'autre, peu de gens y croyant que le Marquis de *** soit effectivement mort en ce tems-là.

Ce petit bâtiment Anglais avait la même mâture couchée & transversale, qu'on remarque dans les *Caches-marée* en Bretagne. Il se présenta premièrement au Fort-Royal, où un homme parlant moitié Anglais, moitié Français, demanda le Général; on lui répondit qu'il était à Saint-Pierre; aussi-tôt il y fit voile, mais le bâtiment n'entra ni ne mouilla. Le même homme étant descendu, se fit conduire où était le Marquis, auquel il remit un assez gros paquet, qu'on lui avait vu tenir à la main en le demandant au Fort-Royal. Il fallait que ce paquet contînt des choses extrêmement importantes, puisque M. de *** congédia sur le champ tous ses convives, les uns après les autres, & qu'il ne resta auprès de lui qu'un Ecclésiastique de confiance, qui lui servait d'Aumônier, avec son Maître d'hôtel, autre homme en qui il se confiait également. Le prétexte de ce congé subit avait été une indisposition qu'il feignit lui être survenue, ou qu'il ne feignit pas, pour laquelle le Maître d'hôtel lui tira même du sang; ainsi ceux qui le virent dans cet état, ne purent, aux premières nouvelles de sa mort, qu'en confirmer le bruit.

Dès le lendemain au matin cette nouvelle

se répandit dans Saint-Pierre; mais elle n'y arriva qu'avec son corps, ou son fantôme, dans l'appareil le plus original qu'on puisse se figurer. Le Marquis de *** était court & gros: on vit donc descendre un hamac qui semblait renfermer quelque chose d'approchant, sur les épaules de quatre nègres: l'Ecclésiastique suivait en récitant des prières, après quoi venait le Maître d'hôtel, suivi de tous les esclaves du défunt, portant la batterie de cuisine. C'est le burlesque convoi qu'a eu ce Marquis, s'il est vraiment mort; car il n'en eut point d'autre; & aussi-tôt qu'on fut parvenu au bourg, le hamac, tel qu'il était, fut déposé dans une des premières maisons, d'où on l'enleva à l'instant pour l'enterrer sans autre cérémonie, & sans même qu'on lui eût fait l'honneur d'une bierre. En a-t-il fallu davantage pour persuader que ce n'était qu'un jeu?

M. l'Intendant, qui était au Fort-Royal, se rendit en hâte à Saint-Pierre; mais toute sa diligence n'empêcha point qu'il ne le trouvât enterré. L'inventaire de ses papiers n'embarrassa pas beaucoup; on n'en put découvrir aucun, quelque recherche que l'on fit, si ce n'est la lettre laconique d'une Dame de la Cour, qui ne contenait que ce peu de mots: *Vous n'avez point de tems à perdre, Marquis; il faut demander votre rappel.* Le bâtiment Anglais avait disparu dès la même nuit, & au point du jour il était impossible de découvrir quelle route il avait prise, ainsi que le porteur du paquet. Tout cela était bien propre à inspirer de la défiance sur la mort de M. de ***. D'autres en ont encore plus affaibli la certitude, en affirmant qu'ils l'avaient depuis vu à Saint-Eustache. Il y a là de quoi amuser les spéculatifs. Mais ce qui n'est que trop sûr, ce Marquis, en mourant ou disparaissant, a, dit-on, laissé 15 à 1600,000 liv. de dettes, dont il est à craindre que ses créanciers n'aient pas été de long-tems payés. Voilà peut-être un des plus plaisans évènemens qui se soient passés dans le nouveau Monde. Et si l'on a voulu jouer le Marquis par le voyage du prétendu Prince de Modène, M. de *** a joué à son tour les vivans & les morts.

ANECDOTES
SINGULIÈRES

Sur un Avanturier qui fut connu à la Martinique sous le nom de Prince de MODÈNE.

CETTE avanture a tant fait de bruit dans l'Amérique & en Europe, qu'on ne peut s'empêcher d'en parler, d'autant plus qu'elle a paru, aux yeux des Politiques, occasionnée par tout autre motif que l'intérêt personnel d'un homme obscur. Le lecteur intelligent saura à quoi s'en tenir sur ce que nous allons dire, malgré les ténèbres dont on a cherché à envelopper cet évènement.

Dans la dernière année de l'avant-dernière guerre, l'isle de la Martinique vit subitement arriver un de ces faits capables d'amuser & de surprendre. Un Avanturier, dit-on, y débarqua sous le nom de *Prince de Modène*; inconnu d'abord, mais durant fort peu de tems, il y tint ensuite bientôt le rang qu'exige un tel titre, ouvertement, publiquement, disant tout le mal possible du Général (M. de ***); Seigneur d'une naissance distinguée, & qui a fait dans cette occasion un personnage bien humiliant; sa conduite, à cet égard, est même plus qu'incroyable.

Ce Prince, ou Avanturier, comme on voudra l'appeler, s'était embarqué dans un navire marchand destiné pour l'isle où il aborda; ainsi c'est à tort qu'on a osé dire qu'il lui était indifférent d'arriver dans un lieu ou dans un autre: il se proposait, en partant de France, d'aller à la Martinique, où il a en effet été. Ce début jette déjà quelque clarté sur ce qu'il y allait faire.

Le vaisseau où il était fut près de se voir pris par les Anglais en arrivant, & celui qui le commandait n'échappa de leurs mains, qu'en mettant son navire à la côte; en sorte que toutes les marchandises qu'il portait, ainsi que les effets des passagers, furent totalement perdus. Le Capitaine de ce bâtiment ne connut point le passager dont il s'agit. On lui a seulement entendu dire, qu'il lui avait été très-particulièrement recommandé par le Commissaire des Classes du lieu de son départ, qui avait été à la Rochelle; non comme un Prince, mais comme un jeune homme de mérite, qui passait à la
Martinique

dans différentes Colonies.

Martinique pour ses affaires. Il eut effectivement pour lui de grandes attentions pendant tout le tems que dura la traversée; l'inconnu y répondit par les meilleures manières, & tout le monde avait pour lui des égards, qui ne sont pas toujours du ressort des marins, qu'on taxe avec raison, du moins pour la plupart, d'un fonds de grossièreté qui éclate en toutes leurs actions. Ce caractère générique peut avoir quelques exceptions, mais elles sont rares.

Le Passager ne laissa rien transpirer durant le cours du voyage, qui eût trait ni à sa dignité, ni au rôle qu'il allait jouer à la Martinique. Seul, reclus dans le vaisseau, maître de sa langue, il était impossible d'avoir le moindre soupçon de ce qu'il était: ses manières polies & engageantes décelaient uniquement un heureux naturel, & une éducation excellente; mais il ne faut pas être né Prince pour un pareil bonheur; c'est même ceux qui en profitent le moins. Il se fesait nommer le Marquis de *Reggio*, nom assez propre à le faire reconnaître, qui ne le déguisait pas tout-à-fait, puisqu'il est affecté au puiné de la souveraine Maison de Modène. On croyait peut-être qu'on ne s'en appercevrait point dans ces pays éloignés, ou, ce qui est autant à présumer, on voulait qu'il y fût reconnu? C'est ce qu'on

Partie I. C

pourra conjecturer du détail où nous allons entrer.

L'Avanturier, sauvé de ce péril & ayant mis pied à terre, paraissait assez embarrassé de sa personne. Les premiers qui le recueillirent, lui enseignèrent une habitation voisine où on le recevrait comme il le méritait, car il était aisé de juger à son extérieur qu'il n'était pas du commun: bien fait, quoique d'une taille moyenne, doué d'une figure qui prévenait au premier abord, & d'un certain air imposant, tous ces avantages intéressaient en sa faveur ceux qui le voyaient. On le conduisit donc chez M. Nadau, habitant riche, retiré du service où il était Officier-Major: il en fut reçu avec toute la distinction convenable, comme un jeune homme échappé du danger qu'il avait couru, en évitant heureusement de tomber au pouvoir des ennemis, mais qui venait de tout perdre. M. Nadau lui offrit sa maison avec beaucoup de générosité, sans savoir ni soupçonner envers qui il exerçait l'hospitalité.

Son hôte donnait ce jour-là à manger à plusieurs habitans de son voisinage; les Dames fesaient le plus grand nombre de la compagnie, & l'une d'entre elles observa, dit-on, au linge que portait le nouvel arrivé, & surtout à la garniture de sa chemise, qu'il n'était pas d'une naissance obscure. Les femmes ont le coup d'œil fin. Sa façon de se présenter n'annonçait pas moins ce qu'il était ou devait être : tout le monde s'en appercevait, chacun tout bas raisonnait là-dessus à sa guise. Il fallut se mettre à table pour le dîner, & l'inconnu s'oublia étrangement, si son but n'a pas été de se faire connaître. Il lava ses mains le premier, sans en faire nulle politesse aux Dames; ainsi c'était mal s'y prendre, s'il avait projeté de demeurer long-tems caché. Cependant loin que cela passât pour une preuve de son origine illustre, on le regarda comme un manque de savoir vivre. Il parla peu durant le repas, & l'on n'en augura pas mieux ; enfin on commençait à le regarder assez indifféremment, lorsque sur le soir il fut découvert d'une manière authentique.

Le frère de M. Nadau, qui avait été assez long-tems dans l'une des deux Compagnies des Mousquetaires (1), avait dîné avec une troupe de jeunes gens dans une habitation voi-

---

(1) Ces deux Compagnies, les Mousquetaires-noirs, & les Mousquetaires-gris, sont supprimées depuis plusieurs années.

sine, d'où ils revinrent tous un peu pris de vin. Il avait eu occasion de voir plusieurs fois à la Cour le véritable Prince de Modène, & se rappelait parfaitement ses traits. Cette ressemblance, vraie ou fausse, le frappa en entrant ; il y reconnut, ou crut reconnaître le Prince même ; en sorte que tirant son frère à l'écart, il lui demanda s'il connaissait celui qu'il voyait chez lui : le frère lui ayant répondu que non, & qu'il était inconnu, ne s'étant présenté que sous cette apparence trompeuse : *Eh bien*, lui dit l'ancien Mousquetaire, *vous avez chez vous, mon frère, le Prince de Modène ; je l'ai vu assez souvent pour ne pouvoir me tromper, & c'est lui-même.* M. Nadau surpris de cette avanture, fut quelque tems sans y ajoûter foi ; mais se rappelant des circonstances qu'on avait d'abord envisagées comme impolitesse, l'air, la phisionomie noble de l'inconnu, il jugea à propos de s'en informer positivement, & pour cet effet il imagina de s'adresser au prétendu Prince même.

L'ayant donc tiré à l'écart, il le questionna sur quelques particularités, & finit par lui dire que son frère venait de le reconnaître pour le Prince de Modène. L'inconnu qui s'était tû jusques-là, ne prit la parole que pour confirmer les idées du Mousquetaire : *Puisque je suis reconnu*, dit-il à M. Nadau, *il serait inutile de feindre plus long-tems ; je suis véritablement ce qu'on veut que je sois, & votre frère a rencontré juste. — Mais comment voulez-vous, mon Prince, que j'en agisse*, lui répondit M. Nadau ? *prescrivez-moi de quelle manière je dois me comporter avec vous ? voulez-vous être traité comme Prince, ou comme simple particulier ?* Le Prince repartit alors qu'il voulait l'être selon son rang, puisqu'il était découvert ; & M. Nadau l'assura que tant qu'il lui ferait l'honneur de demeurer chez lui, il pourrait disposer de tout ce qui lui appartenait.

La compagnie fut bientôt instruite de cette singularité, dont le bruit ne tarda pas à se répandre dans toute l'isle. On dit vulgairement que la renommée a cent bouches, pour exprimer la rapidité avec laquelle elle sème les nouvelles dans l'univers ; mais on devrait dire qu'elle en a cent-mille dans nos colonies, n'y ayant peut-être pas d'endroit au monde où elle les répande avec plus de célérité : on y est quelquefois étonné de savoir une nouvelle à vingt lieues en moins de deux heures. Cela provient du voisinage de nos établissemens, & encore plus de la curiosité des nègres, qui se disent les uns aux autres ce qu'ils entendent sortir de la bouche des blancs; en forte que fi c'eſt une nouvelle intéreſſante, elle a gagné en moins de rien l'extrémité de nos poſſeſſions. Il faut avoir habité dans une de nos colonies, pour comprendre toute la juſteſſe de cette remarque.

Cette grande nouvelle ne fut pas plutôt rendue publique, ce qui fut l'ouvrage d'un inſtant, que le Marquis de ***, Gouverneur-général, en eut connaiſſance. Les curieux furent tous occupés de ſavoir ce qu'il ferait en pareille rencontre, & diviſés entre eux; les uns qui regardaient celui qui y donnait lieu comme un impoſteur, crurent qu'il l'allait faire arrêter, & les autres qui ſe laiſſèrent prévenir que ce n'était point un avanturier, diſaient hautement qu'il n'oſerait le faire. Leurs conjectures ont été en cela juſtifiées. Il n'eſt rien de plus incompréhenſible. Pourquoi, ſi c'était une impoſture, garder avec l'auteur tant de ménagemens ? L'eſprit dominant du Marquis avait donc perdu ſon principal caractère. On va voir dans tout ce qu'il fit de la crainte ou de la perſuaſion. Nous ne nous avançons pas trop.

Le Prince de Modène fut quelques jours traité chez M. Nadau avec tout le cérémonial du nom qu'il portait. Il mangeait ſeul; quelquefois il admettait ſeulement à ſa table des dames dont il fesait choix; son hôte le servait, & il faut avouer que les respects qu'on lui rendit, auraient dû faire punir ceux qui s'y livrèrent indiscrettement, s'il est vrai qu'il ait été un de ces avanturiers qui courent le monde sous des noms augustes & usurpés. Mais la Cour de France en a-t-elle puni quelqu'un ? Elle n'a pas récompensé, mais elle n'a point puni. Tout est mistère dans cette avanture.

L'habitation du sieur Nadau n'en fut que peu de tems le théâtre : un plus vaste & plus exposé aux yeux du public le devint à son tour. Le bourg de Saint-Pierre, qui peut passer pour la Capitale de l'isle de la Martinique, reçut l'illustre avanturier, & il y parut tout-à-coup avec l'appareil d'un Prince, sans que M. de *** osât remuer : il était plus qu'effacé par l'inconnu, plus maître que lui-même dans son Gouvernement. Que l'on explique cette énigme !

On conte qu'il eut d'abord dessein d'aller résider chez les Jésuites : mais la politique de ces Pères ne leur permit pas de donner ainsi tête baissée dans l'avanture ; ils se croyaient trop éclairés, & se piquaient de ne jamais rien faire légèrement. Ils voulurent donc en user avec circonspection : le Prince vit que ce n'était pas son fait ; aussi chercha-t-il une autre retraite.

Les Dominicains lui offrirent leur Couvent, il l'accepta, & c'est où il a demeuré jusqu'à son retour en France. Là il eut une Cour, des Officiers qu'il se créa, une garde, en un mot la suite d'un Prince. Tous les jeunes gens qui lui convinrent furent enrôlés dans l'état de sa maison, qui ne pouvait être plus leste & plus brillante ; sa livrée, chamarrée d'or & d'argent, présentait le plus beau coup d'œil : on n'avait encore rien vu de semblable dans les colonies ; & l'on doit convenir que si ce fut un imposteur, il représenta au mieux la noblesse du sang, dont il eut le front de se dire issu. Chacun s'empressait à lui offrir sa bourse, il emportait tous les cœurs, & fesait jouer au Marquis de ***, dans cette occurrence, un rôle qui ne devait pas plaire à ce Général.

Il n'est pas moins constant que s'il a été un avanturier, il n'a point tenté de thésauriser ; & qu'il lui aurait été facile d'emprunter des sommes considérables, tant on penchait pour lui dans toute l'isle : mais il refusa constamment les offres qu'on lui fesait, & il ne voulut prendre d'argent que du Receveur de l'Amiral, qui vint lui en faire offre. On raconte qu'il tira de cette caisse plus de 200,000 liv. C'est donc à cette seule ressource qu'il eut recours, ce qui persuada encore mieux de la vérité de son origine.

dans différentes Colonies.

Voici ce que je tiens d'une bouche pour moi peu suspecte, & bien capable de donner des éclaircissemens sur cette avanture singulière.

Le sieur S...., Officier Bordelais, était en ce tems-là à la veille de son départ pour France. Le Prince à qui ce marin plut, paraissant être homme digne de confiance, en quoi il ne se trompait point, le chargea de paquets pour les porter lui-même à Paris : il lui donna ordre de débarquer au premier endroit d'Europe où il arriverait, & de prendre sur-le-champ la poste pour s'y rendre. Il le munit en même tems d'une lettre de change, tirée au hasard sur le premier Receveur de S. A. S. elle n'était que de 1500 francs, mais elle fut payée à vue & sans la moindre résistance. Cet imposteur avait-il l'art de fasciner tous les yeux ?

Ce fut dans la rade de la Rochelle que mouilla le sieur S..... Il descendit aussi-tôt à terre, & alla présenter sa lettre de crédit au Receveur de M. l'Amiral, bien résolu de ne pas faire le voyage si on lui en refusait le payement ; mais il vit avec étonnement qu'on la lui paya sans rien dire ; ce qui le convainquit qu'il y avait moins d'imposture qu'on ne pensait dans cette affaire. Il partit donc pour Paris, & arriva à l'hôtel de Toulouse, où le sieur R...., Secrétaire de l'Amirauté de France, le reçut au mieux dans l'abſence de M. l'Amiral qui ſe trouvait à Verſailles. Les deux paquets dont il était le porteur, s'adreſſaient, l'un à S. A. S. & l'autre à S. A. R. Monſeigneur le Duc.....

On demanda tour-à-tour au ſieur S.... ſi celui qui l'avait envoyé ſe plaiſait à la Martinique ; s'il repréſentait bien ; s'il ſe comportait avec décence & dignité ; s'il avait une Cour ; s'il ſavait ſe faire reſpecter ; s'il était d'une jolie figure, & ſi celle qu'il feſait était propre à perſuader qu'il fût né Prince ; qu'elles étaient ſes occupations les plus ordinaires, ſes amuſemens, ſes plaiſirs ; ce qu'on penſait de lui dans la colonie ; s'il s'y était fait aimer ; s'il dépenſait beaucoup ; & ſi Sa Majeſté jugeait à propos de l'y faire arrêter, & voulût qu'on le punît, s'il n'y aurait point à craindre quelque émotion de la part de ſes partiſans ? Tantôt on l'appelait Prince, d'autres fois avanturier, impoſteur ; tantôt il devait être pendu, d'autres fois il aurait au moins les galères, ou la clémence du Roi pourrait aller au point de ne le faire que renfermer : enfin il était aiſé à un homme, pour peu clairvoyant qu'il fût, d'appercevoir là-dedans que le prétendu impoſteur n'était pas ſi criminel qu'on eût voulu le donner à entendre. L'entretien ſe termina par demander au ſieur S...., s'il y avait apparence qu'une frégate, qui allait partir pour se saisir de sa personne, aurait le tems de le rencontrer encore? Tel fut le résultat de cette conférence, dont le Lecteur tirera de grands éclaircissemens.

Ce n'est pas encore tout: l'envoyé de cet imposteur n'eut pas lieu de se plaindre de la réception qu'on lui fit. Le sieur R.... le combla d'offres gracieuses, lui demandant s'il n'avait pas besoin d'argent; offre qui lui fut réitérée à diverses reprises; mais le sieur S.... répondit toujours que ce qui lui avait été compté à la Rochelle suffisait. Une chaise de poste qu'il avait louée pour faire sa route, n'eut d'autre couvert que la remise de S. A. S. Comme ce marin n'avait point encore vu Paris, on le fesait accompagner dans ses promenades par un Officier de l'hôtel de Toulouse· il avait été logé & recommandé dans un hôtel-garni aux environs: lorsqu'il voulut partir pour sa province, on lui promit de se souvenir de lui, & de l'obliger dans l'occasion. Voilà un imposteur, qui non seulement a été heureux pour lui-même, mais dont l'heureuse étoile influait aussi sur ceux qu'il s'était attachés.

Il est vrai qu'on dit d'un autre de ses envoyés, qu'il fut renfermé quelque tems à la Bastille; mais c'était un jeune homme de condition, trop intrigant, & qu'on voulut peut-être dérouter.

La frégate annoncée au sieur S.... partit, comme on l'en avait assuré, & arriva à la Martinique plus de quinze jours avant la sortie du Prince ou de l'Avanturier. L'arrêta-t-elle ? Il n'en fut seulement pas question ; & loin qu'elle en portât l'ordre, les Officiers de cette frégate parurent lui faire leur cour, quelques-uns furent même de toutes ses parties ; car il aimait le plaisir, & l'on s'y ressouviendra long-tems des fêtes & bals qu'il y a donnés. Tout cela est bien propre à répandre de vives lumières sur ce fait.

Il eut quelques maîtresses qu'il a généreusement récompensées. On voyait dans toutes ses actions la splendeur & la magnificence d'un Prince ; ainsi à en juger par là, s'il en a voulu imposer, ce n'était donc que pour paraître. Ce serait le premier imposteur du monde qui aurait risqué sa tête ou sa liberté pour un but si frivole, un éclat si passager : en ce cas la Cour a eu raison de ne le regarder que comme un fou, & de ne le faire que renfermer, comme on le croit communément.

Le Marquis de ***, si vain, si haut, si fort impérieux dans son Gouvernement, était donc encore plus fou que lui de se prêter à de telles visions. Quoiqu'il l'évitât dans toutes les rencontres, qu'il lui laissât le champ libre, quand il venait par hasard à le trouver dans son chemin, il avait cependant des égards, des déférences secrettes pour lui. Il lui envoya sous main toute son argenterie, & le Prince-Avanturier, ou l'Avanturier-Prince n'en a point eu d'autre. Le Capitaine des gardes du Marquis allait tous les matins s'informer de la part de son maître comment il avait passé la nuit. C'était donc vouloir être visiblement dupe. Nous tâcherons de justifier le Marquis là-dessus.

L'Avanturier paya le tribut à ce climat fatal, qui ne respecterait pas même les têtes couronnées : il tomba malade, & M. de *** venait lui-même demander très-souvent des nouvelles de sa santé. C'était ordinairement à la sacristie des Jacobins qu'il se présentait, & l'Avanturier, à qui l'on ne manquait point de le rapporter, en prit de-là sujet d'apostropher deux ou trois fois ce Général, ce qu'on ne lui laissa point ignorer, non plus que d'autres discours qui lui étaient encore plus désavantageux. Le Prince criait sans cesse contre son administration, écoutait tout ce qu'on lui en disait, exhortait chacun à lui donner des mémoires; & sur tout cela le Marquis observait un silence mistérieux. Il est à croire que le diable n'y perdait rien au fond.

Le faux ou vrai Prince de Modène s'étant

déterminé à retourner en France, n'en fit point un mistère; il annonça son départ plusieurs jours avant que de s'embarquer: il arrêta son passage avec un Capitaine de Bordeaux, lui fit débarquer plus de cent bariques de sucre blanc pour alléger le navire, & ordonna de lui délivrer au magasin du Roi un cable de précaution; ce qui fut fait. Après avoir fait ses libéralités à différentes personnes, dont il avait lieu d'être content, fait un présent, dit-on, de 30,000 l. au Couvent des Frères Prêcheurs pour la bâtisse de leur église, en reconnaissance des attentions qu'ils avaient eues pour lui, il partit comme en triomphe au milieu de tous les vaisseaux de la rade, qui le saluèrent de toute leur artillerie. Le navire où il passa, portait le pavillon quarré au grand mât, à la vue de la frégate; & l'on ajoûte qu'une escadre Anglaise, qui le vit sortir, se rangea en ligne, & que tous les vaisseaux de cette escadre étrangère le saluèrent aussi, quoiqu'en guerre; mais je crois plutôt que la suspension était déja publiée. Est-il besoin de beaucoup réfléchir sur tant de circonstances décisives?

Dès que le Prince ou l'Avanturier se fut éloigné, M. de ***, qui n'avait rien osé dire à tous ceux qu'il avait protégés, reprit alors son autorité un peu tirannique: plusieurs personnes furent arrêtées & mises en prison. Il s'attacha sur-tout à persécuter le Receveur de l'Amirauté; & sous prétexte de s'en assurer pour lui faire rendre compte de sa conduite, il le fit étroitement resserrer; mais ce Receveur sortit de prison avec une quittance des sommes remises au prétendu Prince. Nombre de gens que ce Général avait aussi pris droit de tiranniser, se retirèrent après cela dans le Royaume, pour y implorer l'appui de leur protecteur; mais ils furent bien étonnés, en arrivant, d'apprendre qu'il avait été lui-même arrêté; qu'on s'en était saisi en Espagne, & qu'il devait être enfermé aux isles de Sainte-Marguerite, ainsi que le débitèrent dans le tems toutes les gazettes.

Cette catastrophe, inattendue par ceux qui crurent fermement la vérité du rôle qu'on a vu jouer à l'imposteur, en déconcerta la plupart. Mais si l'on pèse tant de circonstances caractéristiques de la vérité, doit-on se décider avec tant de légèreté, & y en a-t-il moins à l'imaginer imposteur, après de si grandes marques du contraire, que de l'avoir d'abord cru Prince de Modène sur les preuves les plus équivoques? La Cour, qui a peut-être eu ses raisons pour faire représenter cette comédie, n'a-t-elle pas pu en avoir pareillement pour lui prescrire un pareil dénouement?

Pensera-t-on qu'un esprit aussi fin & aussi délié que l'était le Marquis de ***, courtisan éclairé & instruit dans l'art le plus subtil du manège des Cours, se soit laissé surprendre jusqu'à ce point capable de déshonorer sa mémoire, s'il n'avait eu par devers lui des indices certains sur ce qui se tramait? Etait-il sans connaître le Prince de Modène, lui qui avait voyagé en Italie, qui l'avait même dû voir à Paris? Croyons-le incapable de s'être trompé si grossièrement. De plus, il n'ignorait point combien il était devenu suspect à la Cour; il y avait des relations trop intimes, pour ne pas se douter du sujet de cette avanture.

Mais, dira-t-on, un Prince est-il fait pour jouer le rôle d'espion, & peut-il être vraisemblable qu'on ait exposé le possesseur d'une souveraineté à une infinité de périls, dans un tems de guerre, le tout pour observer la conduite que l'on reprochait à un Gouverneur qui pouvait être destitué? Arrêtons-nous un peu sur cette objection. M. de *** n'était pas au rang de ces Généraux qui ne font rien dès que le veut le Maître. On devait l'appréhender: il était trop connu pour n'être pas craint: peut-être encore que pour mieux le perdre, on le dépeignait en Cour comme un esprit remuant, dangereux, & propre à tout entreprendre. Ses correspondances avec les
ennemis

ennemis de l'État rendaient ces bruits assez fâcheux. Justifions-le pourtant sur ces imputations calomnieuses, si elles ont jamais existé; il était d'un sang & d'une naissance qui auraient dû le mettre au-dessus de cet affreux soupçon. Toute cette liaison se bornait à l'intérêt, à l'envie de s'enrichir promptement; est-il le seul Général qui ait eu ces vues dans l'Amérique? Il fallait cependant que les accusations portées contre lui fussent graves & d'une grande délicatesse, puisque ses amis & sa famille même se virent contraints de l'abandonner, & que l'on n'osait plus parler en sa faveur. Les habitans de la Martinique étaient alors soupçonnés d'insubordination: cette isle est une des clés de nos colonies; les circonstances n'étaient rien moins que favorables pour s'opposer au Marquis, s'il avait été capable de s'oublier. Un Prince ou un homme adroit passant pour tel, dans de si pressantes extrémités, pouvait être seul en état d'y remédier par sa présence, qui aurait occasionné une diversion salutaire. C'est ce que la Cour a pu penser.

Au surplus je ne prends nul parti; je rapporte, en qualité d'historien, les pièces d'un évènement célèbre; je les discute, je présente aux Lecteurs ce fait singulier sous toutes ses faces; je ne leur ai rien voulu laisser ignorer de tout ce qui s'est dit pour ou contre.

Cet évènement a été & est encore à présent dans l'Amérique l'objet des plus plaisantes imaginations. Outre celles que j'ai ci-dessus rapportées, les uns voulaient que l'Avanturier ne fût qu'un Bâtard de la Maison d'*Est*, qui est la même que celle de Modène; d'autres disaient le reconnaître pour le fils d'un Officier avancé dans notre marine: chacun donnait ses conjectures.

Je dois finir cet article, qui n'est que trop long, par dire que le Capitaine, qui l'a repassé en France, fut à son arrivée emprisonné, mais que ses Armateurs ont été libéralement payés; que lui-même n'a pas eu lieu de se plaindre, non plus qu'un certain Créole, Secrétaire du soi-disant Prince, arrêté en sa compagnie, & depuis relâché sans qu'il ait pu savoir ce que son maître était devenu. Le Capitaine de ses gardes, Officier d'un navire Bordelais, vendit son bien pour passer en Italie, mais il en revint bientôt après pour reprendre la navigation.

DE L'ISLE ET COLONIE ESPAGNOLE
DE
PUORTO-RICO,
L'une des quatre grandes Antilles.

L'ISLE de *Puorto-rico*, qui veut dire *Port-riche*, & que les Français par syncope appellent *Portoric*, est l'une des grandes Antilles, au nombre de quatre ; savoir, *Cuba* qui est la plus grande, *Saint-Domingue*, *la Jamaïque*, & *Portoric* : elle est placée à l'est de l'isle de Saint-Domingue, précisément entre les petites Antilles, autrement les isles du Vent, parce que les vents règnent le plus souvent de cette partie. Son étendue est en longueur d'environ 36 lieues, depuis la *Cabeza de San Juan* jusqu'à *Cabo-roxo*, & en largeur 14 lieues, depuis la ville de *Puorto-rico* jusqu'au bourg de *Ponce*. Sa figure est à-peu-près un quarré-long. C'est une isle extrêmement arrosée, ayant 36 grandes rivières qui se jettent dans la mer. Le terroir y est également fertile par-tout, excepté du côté de *Guanica*, port dans le sud de l'isle, dont le terroir est un peu sablonneux. Cette isle est beaucoup montagneuse,

D ij

sur-tout dans la partie du nord ; elle produit abondamment toutes les denrées qui viennent dans l'isle de Saint-Domingue ; & l'on peut dire, en un mot, qu'elle fournirait autant que les plus célèbres colonies de l'Amérique, si la politique de la Cour d'Espagne ne la laissait presque inculte. Ses habitans sont en effet très-pauvres, quoiqu'ils soient au milieu des plus riches mines, & situés de manière qu'ils commerceraient facilement avec les deux continens & toutes les isles de la mer septentrionale Américaine. Il est étonnant que l'Espagne ne tire pas tout le parti possible d'un pays si avantageusement placé.

Les fruits & les grains d'Europe y croissent avec une facilité surprenante. On raconte à ce sujet qu'un Curé, se fesant scrupule de célébrer avec du pain fait avec de la farine Anglaise, sema du bled qui multiplia prodigieusement.

Cette isle n'est absolument pas bien peuplée, peut-être à cause du défaut de commerce, ce qui oblige un grand nombre d'Espagnols de se transporter ailleurs. Le bord de la mer est presque tout ce qu'il y a d'habité, l'intérieur des terres ne contenant qu'une fort petite bourgade.

La Capitale de l'isle est *San-Juan-Baptista*, située par les 312 degrés de longitude, & les 18 degrés 30 minutes de latitude. C'est une ville inégale, mal bâtie, & située sur le penchant d'une coline qui la cache entièrement; de sorte qu'on ne la voit point du côté de la mer: on apperçoit seulement le château de Saint-Christophe, & deux hermitages nommés Saint-Sébastien & Sainte-Barbe, avec le château du More, qui est à l'entrée du port. Cette petite Capitale peut contenir tout au plus 2,500 habitans: il n'y a rien d'intéressant à y voir, pas même l'église principale ou cathédrale, contre l'ordinaire des autres colonies Espagnoles, où l'église métropole est ordinairement curieuse, & a une sorte de magnificence. Elle est pourtant honorée d'un Evêque, qui relève de l'Archévêque de San-Domingo, mais dont le revenu n'est pas bien considérable, n'étant que de 4,000 piastres. Cette cathédrale était commencée dès les premiers tems de la découverte de l'Amérique: elle eût été superbe, mais la conquête du Mexique ayant été faite en ce tems-là par Fernand Cortès, le bruit des richesses qu'on venait d'acquérir par cette heureuse circonstance engagea une infinité d'Espagnols de Portoric à s'y transplanter. Non-seulement la colonie en souffrit, mais encore l'église qu'on bâtissait, qui n'a pu être finie qu'en partie. On trouve aussi dans la Capitale un couvent de Dominicains, & un de Franciscains, avec un monastère de Carmélites; de plus, un hôpital royal, qui n'est que pour les troupes, que Sa Majesté fait régir par un Séculier, & dont les Dominicains ont la conduite spirituelle.

Cette ville, dont l'assiette est très-forte, a plusieurs forts qui la défendent ; celui de St.-Philippe, du More, Ste.-Hélène & St.-Augustin. Ce ne sont encore pas les seuls, ceux-ci ne fesant que défendre l'entrée du port ; car en avançant on rencontre encore d'autres forteresses, nommées la Courtine de la porte de San-Juan, & le Bastion de la Conception, où se voit le palais du Gouverneur, qui porte le nom de Forteresse Royale : c'est en ce lieu qu'est le trésor. Tous ces forts ensemble sont garnis de 74 canons, la plus grande partie de bronze, & du calibre de 36, 24, 16 & 12 livres de balle. Ils sont toujours gardés par une garnison de 400 hommes de troupes réglées, formant un bataillon, avec une compagnie de 64 canoniers qui servent aussi de grenadiers. Ces troupes sont commandées par un Gouverneur, qui n'a ordinairement que le rang de Colonel, & qui n'a point sous lui de Lieutenant de Roi, le Major de la place succédant à tous ses pouvoirs en cas de mort.

Le port de cette ville est fort beau & assez sûr, pouvant contenir un grand nombre de vaisseaux ; mais il ne faut pas qu'ils soient de la première grandeur, parce qu'il leur arrive fréquemment de toucher ; ce qui vient de ce que l'entrée de ce port est si difficile qu'il n'y saurait passer qu'un navire à la fois ; mais c'est une baie, qui s'élargit en approchant de la ville, où les plus gros vaisseaux de guerre mouilleraient à une très-petite distance. Ce port n'est dangereux qu'à l'entrée, qui forme une espèce de canal, quoique large, où l'on n'ose s'exposer sans pilote. L'Amphitrite, frégate du Roi de France, commandée par le Chevalier de la Touche, n'ayant pas voulu prendre cette précaution, y périt, parce qu'elle approcha trop le More, où il y a une roche à fleur d'eau, de laquelle on ne peut guère se défier, que lorsqu'on la connaît : cette roche est appellée par les Espagnols la *Laxa*.

Cette ville est encore défendue du côté de la mer par le fort de la Perle & le château de Saint-Christophe, qui regarde aussi la porte de Saint-Jacques, & les palmes de Saint-Joseph, du côté de la terre.

Mais sans entrer dans le détail de toutes ses fortifications, il suffira d'observer que cette ville est si fortifiée vers la mer par la nature, qu'aucune chaloupe ne peut s'en approcher, y ayant des brisans qui la rendent inaccessible : elle est d'ailleurs entourée de murailles, depuis le château du More, qui est à l'entrée du port, jusqu'à celui de Saint-Christophe. Ces murailles ont trois portes, deux du côté de la mer, & une qui regarde la terre, nommées St. Juan, St. Juste & St. Jacques. Elle a pour forts antérieurs celui de St. Antoine & celui de St. Jérôme, qui sont à l'orient de la ville, garnis seulement de quatre pièces de canon chacun. De l'autre côté de la ville, auprès de l'isle des Chèvres, vis-à-vis la forteresse royale, est un petit fort de dix pièces de canon, appellé San-Juan-de-la-Croix, qui se trouve précisément à l'embouchure de la rivière de Bayamon, autrement nommée *Palo-seco* (Bois-sec).

Les bourgs & villages de l'isle sont au nombre de neuf; savoir, à commencer par la côte du nord, environ à huit lieues de distance de la ville :

Manaty, bourg d'environ 300 feux au bord de la mer, mais sans port ; il y passe une rivière qui porte le même nom : ce n'est qu'une paroisse, où il y a cependant un Lieutenant de guerre qui commande tout ce district.

Aveziro, autre bourg de 350 à 400 feux, au bord de la même côte, & où passe une rivière du même nom : il n'y a aussi qu'un Curé, & un Lieutenant de guerre. Sa distance est de quatre lieues de Manaty. On voit dans ce bourg un hermitage, dédié à N. D. du Rosaire, où il y a un grand concours de dévots : ce bourg se nomme communément San-Philippe de l'Axeziro; il y a dans ce lieu une batterie de quatre canons.

Tuna, bourg de très-petite consistance, nouvellement établi pour la commodité des voyageurs, mais qui n'est habité que par des gens dont on se défie dans l'isle, volant à toutes mains les bestiaux & autres choses des habitans de l'Axeziro. On y a mis un Curé pour tâcher de les contenir : c'est aussi le séjour d'un Lieutenant de guerre. Il est distant de quatre lieues du bourg d'Axeziro.

On trouve, en descendant la côte à l'ouest pour aller au port de la vieille *Aguada*, un lieu nommé *Calvache*, où il n'y a que cinq ou six maisonnettes, habitées par quelques descendans des sauvages de l'isle, mais qui ont presque tous pris des alliances avec les métis.

L'*Aguada-vieille*, autrement appellée de *Saint-François*, est un bourg d'environ 500 feux, où il y a un Curé & un Vicaire : c'est l'endroit où relâchent ordinairement les vaisseaux qui viennent d'Europe, à l'exception des vaisseaux de guerre qui vont à la nouvelle Aguada. Sa distance de Porto-rico est de 20 à 22 lieues : il y passe une rivière du même nom.

L'*Aguada-nouvelle*, nommée autrement

Anasco, distante de la précédente de quatre lieues, est une bourgade de 200 quelques feux, où il y a un Curé & un Lieutenant de guerre. On a établi cet endroit par ordre de la Cour d'Espagne, pour servir d'aiguade aux vaisseaux de guerre de cette nation, qui y sont plus en sûreté qu'à la vieille Aguada, où les vents du nord soufflent trop souvent, au-lieu qu'ils en sont là à l'abri. Il y passe une rivière, appellée Anasco.

En suivant la même côte de l'ouest en tirant vers le sud, on rencontre, à la distance de six lieues, un petit port nommé *Acayagues*. Il y a aux environs de ce lieu beaucoup d'habitations qui dépendent du bourg ci-après. Il ne saurait entrer dans ce port que de petits bâtimens, par rapport aux bas-fonds dont il est environné; encore faut-il bien le connaître. On y a établi une batterie de six canons pour en défendre l'entrée, avec une garde de milice qui y veille continuellement.

San-German, le plus grand bourg de l'isle, est composé d'environ 600 feux; il est enfoncé de deux lieues dans les terres, & a un chapitre séculier, qui a le privilège de juger les causes des habitans de son district, & l'appel se porte directement à l'audience de San-Domingo. Ce chapitre, composé de deux Alcades, trois Régidors, un Procureur-Général & un Greffier; a outre cela différentes autres prérogatives que les Rois Catholiques lui ont accordées: sa juridiction s'étend fort loin. Il y a dans ce bourg, comme dans les autres, un Lieutenant de guerre; mais il y a de plus un Alcade de la Santa-Hermandad, qui veille à la sûreté des chemins, & juge les criminels en dernier ressort. Ce bourg est éloigné de Puorto-rico, la ville capitale, d'environ 30 lieues au sud-ouest. C'est une paroisse, comme on voit, fort considérable, aussi est-elle desservie par un Curé & un Vicaire; & l'on y remarque un petit couvent de Frères Prêcheurs, qui n'est guère composé que de trois ou quatre Religieux. On trouve encore entre ce bourg & le port de Mayagues, un hermitage, appellé N. D. de Monserrat, fréquenté de tous les coins de l'isle. Dans le territoire de ce bourg on remarque une quantité de mines d'or, mais qu'il n'est pas permis de fouiller: dans les débordemens de quelques rivières, les habitans trouvent beaucoup de parcelles de ce riche métal, qui est du meilleur aloi.

A quatre ou cinq lieues de San-German, sur la côte du sud, se voit le port de *Guanica*, où les plus grands vaisseaux peuvent entrer: ce port a presque la forme d'un fer à cheval; il est entouré de montagnes de tous les côtés; à son entrée est un rocher à fleur d'eau, mais peu dangereux, vu qu'on peut l'approcher de toutes parts.

Depuis ce port jusqu'à *Cabo-roxo*, la pointe la plus occidentale de l'isle, le terrain est extrêmement sabloneux ; c'est aussi où sont les salines qu'on nomme de Guanica : il est nécessaire d'observer que les Espagnols de cette isle sont si fainéans, qu'au-lieu de faire commerce de ce sel dans les parties où il n'y en a point, ils aiment mieux le laisser perdre : on en va chercher à l'isle de la Marguerite pour le vendre à la ville.

Le long de la côte du sud, en tirant à l'est, on trouve, à la distance de 12 lieues de Guanica, le bourg de *Ponce*, qui peut avoir 400 feux : il y a un Curé & un Vicaire pour le spirituel, & un Lieutenant pour le civil. Cet endroit a un port, mais qui ne peut servir qu'à de petits bâtimens : il y a encore là un autre hermitage sous le nom de N. D. du Rosaire. Auprès de ce bourg on voyait une quantité prodigieuse de palmistes à chapelets qui embrassaient cinq ou six lieues d'étendue ; mais l'ouragan de 1740 les détruisit presque tous, ce qui porta un grand préjudice aux habitans, qui nourrissaient une multitude infinie de porcs avec le fruit de ces arbres. Ils commencent à revenir. La graisse de ces sortes de cochons a cela de particulier, qu'elle ne se fige jamais & reste liquide comme de l'huile: du reste elle est fort bonne, & la viande en est excellente & si saine qu'on l'ordonne aux malades.

A la suite de ce bourg, sur la même côte, tirant toujours à l'est, se trouve le bourg de *Cuamo* ou *Coamo*, mot Indien, ayant environ 150 feux, un Curé, un Lieutenant de guerre & un de port. Il y a des mines d'or auprès de ce lieu, autrefois ouvertes, mais qui sont maintenant fermées.

De-là, à la distance de huit lieues, on rencontre le bourg nommé *Guayama*, d'environ 100 feux, qui n'a qu'un petit port, mais uniquement pour de frêles bateaux: la paroisse est desservie par un Curé, & les habitans gouvernés par un Lieutenant de guerre. On voit auprès de ce petit bourg une infinité d'arbres qui portent du poivre: c'est sans doute du poivre de Guinée, ou Maleguette, que quelques personnes connaissent sous le nom de poivre de Tabasco. Ce sont de grands arbres, qui ont cela de singulier qu'ils rapportent une année du poivre, & la suivante une espèce de petits cloux de girofle d'un goût exquis. Ils ne donnent jamais qu'une de ces deux choses à la fois (1).

A dix lieues de *Cuayama* on trouve la rivière de *Faxando*, où l'on a commencé l'établissement d'un petit bourg, qui n'est encore presque pas habité. On voudrait établir cet endroit, afin d'empêcher que les Caboteurs en tems de paix, & les Corsaires pendant la guerre, n'y vinssent faire des descentes : on a même projetté d'y bâtir un fort.

En rétrogradant de l'est au nord, & tirant vers Portoric, on ne rencontre plus ni bourgs ni villages proprement dits, si ce n'est quelques habitations, qui forment pourtant entre elles une communauté qui a son Curé qui n'est que rural, & un Lieutenant militaire pour commander dans cette partie, connue sous le nom de la *Rivera de Loysa*. Il y a sept lieues de-là à la ville. Tout ce district peut composer trois à quatre cents habitans.

A la suite de cette contrée, il s'en trouve une autre dans le même genre, appellée *Guainavo* :

―――――――――

(1) Ceci paraît fort exagéré, du moins aucun Naturaliste, que je sache, n'a fait mention de cette particularité. Cet arbre représenté ici comme si merveilleux, ne serait-il pas tout simplement le poivrier de la Jamaïque ?

anciennement elle se nommait *Aguainava*, du nom d'un Cacique qui règnait dans ce lieu.

On rencontre aussi la rivière de Bayamon, en allant de la ville au bourg de *Manaty*, & c'est pareillement un district d'habitations qui a son Curé particulier, comme les autres. Ce quartier est presque tout habité par des Islenios (1). Il y a un Alcade de la Santa-Hermandad. Manaty signifie Lamentin. La petite contrée nommée *la Vega* n'a tout au plus que 20 habitans, qui n'ont point de Curé particulier, & dépendent de Manaty.

Enfin sortant de la ville de Portoric, en tirant à l'est, on voit un village de nègres libres, presque tous déserteurs des isles Anglaises & Danoises, auxquels on a donné un Curé rural.

On peut dire en général que cette isle ferait une colonie importante pour la Couronne d'Espagne, si elle encourageait les habitans ; mais elle les tient dans une oisiveté qui les rend pauvres & misérables : ils vivent frugalement, sont charitables, quoiqu'on se soit quelquefois plaint qu'ils traitaient mal les étrangers que quelque accident jetait sur leurs côtes. Cependant ils ont besoin de commerce, & en font

---

(1) Pour l'explication de ce mot, voyez ci-après p. 72.

quelque peu d'interlope avec les Hollandais, les Français, les Anglais & les Danois. Les femmes de la partie du sud sont du plus beau sang ; mais celles de la partie du nord diffèrent beaucoup.

L'isle produit naturellement les plus belles cannes de sucre, le meilleur tabac ; & l'on en retirerait tous les revenus que donne Saint-Domingue aux Français, si cette colonie appartenait à un peuple plus laborieux. Les vivres de toutes les sortes y viennent en abondance, comme riz, maïs, patates, ignames, &c. & c'est presque en quoi consiste la nourriture des habitans. Il y a beaucoup de bestiaux, & les cuirs des bœufs font leur plus grand commerce : ils en vendent quelquefois aux étrangers qui traitent le long de la côte ; ce qui est plus défendu que jamais. On estime les Lanciers de Portoric, & c'est en effet les armes dont ils se servent le plus volontiers.

Les bois y sont aussi très-beaux ; on y en trouve de toutes les sortes, comme dans les autres Antilles, & ceux de construction y sont en si grand nombre, qu'on y pourrait bâtir des vaisseaux plus facilement qu'ailleurs. On aurait les bois de toutes les parties de l'isle, & on les transporterait en un seul endroit indiqué pour les chantiers. C'est sans doute à quoi la

Cour

Cour d'Espagne n'a pas encore fait d'attention : rien ne serait cependant plus convenable, parce qu'en donnant plus de circulation à l'air, on éviterait les maladies auxquelles les habitans de l'isle de Cuba sont sujets.

Il y a quelques plaines d'une assez grande étendue dans cette isle, & c'est où la campagne est la plus agréable & la plus cultivée. Le jardinage y est merveilleux ; tous les légumes y viennent en profusion.

SAINT-DOMINGUE.

CETTE isle est l'une des grandes Antilles ; & la plus vaste après *Cuba* : elle a porté différens noms ; mais celui qu'on lui donne aujourd'hui a prévalu. Lors de la découverte qu'en fit *Christophe Colomb* en 1492, elle était appellée par ses habitans *Haïti* ; ce qui voulait dire en langue indienne, *Terre montagneuse* : ils la nommaient aussi *Quisqueya*, qui signifiait *Apreté* ou *Terre grande* : tous ces noms lui convenaient assez. Elle est fort vaste, entrecoupée de hautes montagnes qui n'empêchent point qu'elle n'ait de très-belles plaines, dont quelques-unes ont jusqu'à 14 & 15 lieues de circuit. Ces plaines sont pour la plupart extrêmement fertiles : les Français retirent de celles situées dans leurs possessions, des richesses considérables, bien moins coûteuses que l'or & l'argent provenant des mines ouvertes par les Espagnols & par les Portugais.

Cette isle est placée dans la mer du Nord, à l'entrée du Golphe de Mexique ; elle ne doit avoir guères moins de 400 lieues de tour : on lui en trouve près de 180 de longueur, est & ouest ; sa largeur n'en approche pas à beaucoup près, puisqu'en certains endroits on ne lui compte tout au plus que 30 lieues. Sa figure est en quelque sorte oblongue : sa latitude & sa longitude, quant à l'isle entière, n'ont encore pas été déterminées exactement.

La France en possède à peine un tiers : ce qu'elle occupe s'étend depuis la rivière du *Massacre*, dans l'est de l'isle, jusqu'à la rivière de *Neybe*, le lieu le plus sud de ses possessions. L'air de Saint-Domingue est assez tempéré, & son terroir y est propre à tout : les plus précieux métaux sont répandus dans toute son étendue, mais on n'y exploite aucune mine : la culture des denrées qu'elle produit vaut incomparablement mieux. On peut avancer, par rapport aux Français uniquement, que c'est la plus florissante colonie du Nouveau Monde. Le terrein y est en général excellent, quoique sa terre présente en divers lieux un sol différemment favorisé de la Nature, comme par-tout ailleurs.

Si l'on ajoûte foi aux pompeuses descriptions que font de cette isle les Ecrivains Espagnols voisins de sa découverte, elle était extraordinairement peuplée: ses insulaires se gouvernaient au gré de leurs *Caciques*, dont ces Ecrivains ont eu soin de nous conserver les noms. De cette prodigieuse multitude de naturels dont ils nous parlent, on ne retrouverait pas présentement un seul de leurs descendans dont l'origine se soit conservée pure & sans mélange. Une politique aussi cruelle qu'imprudente fit transporter les uns dans la Terre-ferme, les autres ne purent contracter d'alliance qu'avec le sang Espagnol; ce qui fait que cette malheureuse nation n'existe plus aujourd'hui. Les Espagnols n'en ont guère profité; car leur colonie de San-Domingo dut être plus à charge qu'à profit à la Couronne d'Espagne; mais c'est la mère de toutes ses autres possessions dans l'Amérique. Il faut aussi avouer que ses habitans sont d'une paresse extrême, ne retirant aucun fruit du plus beau pays: toute leur industrie se borne à élever du bétail qu'ils vendent aux Français, & à cultiver quelques denrées pour le soutien d'une vie singulièrement frugale.

Les Français ne pensent pas ainsi: leur sagacité industrieuse leur fait découvrir différens moyens pour parvenir à des fortunes promptes & rapides; aussi y en voit-on de surprenantes. Le sucre, l'indigo, le coton, le café & plusieurs autres denrées qu'ils recueillent abondamment, font de leur colonie de Saint-Domingue un établissement utile à sa Métropole, qui en doit être protégée comme la meilleure & la plus essentielle de ses colonies. On y voit près de 1500 tant sucreries que rafineries. Si l'on voulait encore plus profiter d'une colonie si importante, on pourrait introduire dans l'isle beaucoup d'autres cultures; toutes les branches de commerce que fournissent les productions de l'Inde & du continent de l'Amérique méridionale s'y naturaliseraient facilement. Les bois de construction n'y sont pas rares, malgré la négligence des habitans; le plus grand nombre en est incorruptible; leur qualité est d'être durs, compactes, un peu lourds, mais le poids diminue en desséchant: un avantage inestimable de ces bois est d'être à l'épreuve de l'attaque des vers qui ne les entament jamais. Le service de la marine y trouverait encore du cordage plus fort que celui de l'Europe, lequel se fabriquerait avec l'écorce d'un arbuste nommé *Mahot*: on pourrait exprimer de divers arbres, arbrisseaux ou arbustes résineux une gomme qui tiendrait lieu du meilleur goudron. Les mines de fer, d'acier & de cuivre y sont communes. Enfin ce climat a reçu tous les dons que la Nature a refusés aux autres du même hémisphère. Les fruits de toutes les contrées de l'univers y viendraient en perfection, & ceux du reste de l'Amérique y sont naturels pour la plupart. La mer & les rivières qui abondent dans cette isle, fournissent d'excellent poisson, des tortues, des crabes, des écrevisses & diverses sortes de coquillages, l'air y est peuplé d'une grande quantité d'oiseaux, la terre est parsemée de *savannes* ou prairies naturelles qui nourrissent une infinité de bestiaux. Elle est avec cela préservée de ces reptiles venimeux qui désolent ailleurs les animaux & les hommes. Les eaux y sont abondantes, saines & quelquefois médicinales.

Saint-Domingue est fort peuplé, quoiqu'il le pût être encore davantage. Il n'y a aucune comparaison à faire de la partie française avec l'espagnole : celle-ci ne contient qu'une ville capitale, ancienne & renommée, & quelques méchantes bourgades où la misère se montre de toutes parts. La colonie française offre au contraire de tous côtés l'aspect le plus riant, cinq ou six villes qui ne le cèdent en rien à celles d'Europe, & divers bourgs qui pourraient passer pour de petites villes, où il règne sur-tout un air d'opulence capable de frapper les étrangers. Son commerce est immense; il fournit chaque année à l'importation & à l'exportation de plus de 400 navires marchands partis des ports de France, & qui y versent des richesses dont le royaume entier se ressent (1).

DES POSSESSIONS ESPAGNOLES

DANS L'ISLE DE SAINT-DOMINGUE.

LES Espagnols possèdent la plus grande partie de cette isle. S'ils sont maîtres d'un plus vaste terrein, nous avons celui qui est le plus avantageux, tant à cause de la position des côtes, que pour la fertilité du pays. D'ailleurs, ne négligeant rien pour sa culture, nous savons en tirer le meilleur parti possible.

La ville de San-Domingo est la capitale de cette contrée; son port ne contient que de petits bâtimens; les vaisseaux plus considérables sont obligés de mouiller à une demi-lieue au large, & sont exposés à tous les vents. C'est pour avoir une rade plus sûre, que le galion,

___

(1) Cet article est tiré du Journal de Saint-Domingue.

dans différentes Colonies. 71

qui vient tous les ans de la Vera-Crux apporter l'argent nécessaire pour la paie des soldats & pour d'autres objets, s'arrête à 18 lieues, dans la baie d'Ocoa.

San-Domingo est bien bâti ; il n'est fortifié que du côté de la mer, parce que les rochers qui l'environnent du côté de la terre lui servent de murailles. La ville a une lieue de tour: son enceinte est percée de cinq portes: les maisons ont beaucoup d'apparence, étant ornées de belles galeries, & toutes bâties en pierres de taille, qu'on tire d'une carrière voisine : elle a quatorze églises construites avec goût, principalement la cathédrale: son Archévêque est riche, & prélève une dîme sur tous les bestiaux, ce qui lui produit un revenu considérable. On compte à San Domingo cinq couvens & trois hôpitaux. Cette ville a, pour tribunal suprême, une audience royale, la première qui ait été établie dans les Indes ; & les Rois d'Espagne l'ont honorée d'une université.

D'après cet exposé, on pourrait s'imaginer que cette capitale est riche & puissante ; mais l'on serait dans l'erreur. Elle est au contraire pauvre & mal peuplée, parce qu'il s'y fait peu de commerce : toutes ses forces consistent en 4000 hommes, y compris les troupes que fourniraient la campagne, & les *Istenios*, gens transplantés des Canaries par ordre du Roi d'Espagne, pour s'établir dans cette contrée.

A deux lieues de la ville, il y a un petit bourg, dans lequel se refugient les nègres fugitifs de nos colonies Françaises. Dès qu'il en arrive, on prend leurs noms, ou bien on leur en donne, ensuite on les enregistre, & on les déclare libres : ceux qui ne sont encore que *Bossals* (1) sont faits esclaves : mais les uns & les autres sont traités avec beaucoup de douceur.

San-Yago est la seconde ville de cette colonie : elle est située dans les terres, distante d'environ 36 ou 40 lieues du fort Dauphin, à qui elle reste au sud-est. Il faut toujours monter en y allant, & quoique ce soit presque d'une manière imperceptible, elle est pourtant à plus d'une lieue d'élévation ; ce qui prouve, avec beaucoup d'autres observations que j'ai faites, que l'isle de Saint-Domingue s'applatit vers ses bords, & qu'elle ressemble en total à un cône. Le côté qui va de l'est au sud, c'est-à-dire depuis Samana, ou le cap Raphaël, jusqu'aux approches de San-Domingo, paraît cependant plus élevé que le reste, & c'est, selon moi, la raison qui fait qu'il ne s'y jette aucune rivière, le cours de toutes celles de l'isle étant du nord au

---

(1) Nouvellement arrivés d'Afrique.

sud, du sud au nord, & de l'un ou l'autre à l'ouest.

La ville de San-Yago est petite, quoique très-peuplée, n'ayant tout au plus que 600 maisons ou maisonettes: sa situation est assez belle; entourée de montagnes fort hautes, elle est dans une plaine vaste & fertile, bien arrosée, & où passe une rivière considérable, l'*Yaqué*, qui se va jeter à la mer auprès de *Monte-Christo*, d'où elle prend le nom de rivière de Monte-Christ. Ce fleuve, descendant des montagnes & traversant sans doute quelques mines d'or, en entraîne avec lui des paillettes, que les habitans de San-Yago ont grand soin de ramasser; à quoi les femmes s'occupent sans cesse, s'en fesant faire des colliers & des bracelets. Ce travail ne leur rapporte qu'un profit très-médiocre, qui diminue même tous les jours, cette occupation étant autrefois beaucoup plus lucrative qu'elle ne l'est aujourd'hui. On y trouvait jadis des grains d'or assez gros, & il s'en est vendu jusqu'à cent piastres, mais c'est maintenant si peu de chose, qu'à peine en retire-t-on cinq à six escalins par jour & par personne. La manière d'y travailler est de laver la boue, car ce n'est pas du sable comme en d'autres rivières qui charient de ce métal précieux, & où il est toujours meilleur & plus pur. Les maisons de San-Yago sont mal construites, n'étant que de misérables chaumières uniquement propres à garantir des injures de l'air; mais les Espagnols n'y regardent pas de si près; occupés à vivre comme dans le premier âge du monde, ils n'ont en vue que de mener une vie frugale, & en se procurant le nécessaire, (& quel nécessaire!) de couler des jours tristes & ennuyeux pour toute autre nation à qui il faudrait les passer de la sorte. Cette prétendue ville n'est qu'une bourgade sans murs ni fortifications, ouverte de toutes parts, & dont la prise n'a pas dû coûter beaucoup à M. de C...., qui l'a autrefois pillée. Il n'y a d'édifices publics qu'une église paroissiale, & un couvent de religieux de la Merci, assez bien bâtis en maçonnerie. Il s'y tient un Gouverneur, un Etat major, & un Juge ordinaire, nommé *Alcade mayor*, de qui relève toute la partie Espagnole de Saint-Domingue hors des murailles de San-Domingo. Le nombre des habitans de San-Yago est considérable, mais celui des femmes l'emporte sur les hommes, de plus de dix contre un; & cela est si frappant pour les étrangers, que cette différence leur saute aux yeux en entrant dans la ville, où l'on ne voit presque que des femmes & des filles. On comprend que cette ville ne fait point de commerce, elle n'en a en effet aucun, & ne subsiste qu'à la faveur de ses hattes qui lui fournissent une grande quantité de bétail, qui se vend aux Français. Il s'y fait pourtant du tabac qui est estimé & qui se porte en feuilles à San-Domingo: les carottes ou andouilles que l'on en fabrique se vendent aussi dans la partie Française. Ce petit intérêt lie beaucoup plus ses habitans avec les nôtres, que ceux de la partie du sud qui nous détestent; aussi la capitale se plaint-elle incessamment qu'ils enfreignent la loi du Prince, en traitant avec des étrangers: mais San-Yago, où l'on mourrait de faim sans cela, s'embarrasse peu de toutes les défenses qu'on lui réitère de tems en tems; elle a pour maxime que la nécessité contraint la loi. L'air y est très-pur & si sain que l'on voit des hommes âgés de plus de cent ans, ce qui est fort rare dans tout le reste de l'isle, & l'on peut ajoûter dans toute l'Amérique méridionale. Voici encore une particularité qui ne se rencontre nulle autre part dans l'isle: on n'y connaît aucune vermine, les insectes même n'y incommodent point comme ailleurs, & tout ce qu'on y en apperçoit se réduit a quelques mouches; aussi y fait-il communément plus froid que dans le reste de l'isle, & les pluies y sont plus fréquentes. Ses habitans, ayant voulu quelquefois se tirer de la misère, en ont toujours été empêchés par l'autorité de l'audience royale ; car on y travaillerait à de l'indigo & autres productions qui rendraient cet endroit fort riche ; on l'a éprouvé ; mais cette audience, on ne sait pourquoi, vint à la traverse, & l'on fut contraint de tout abandonner.

La ville de *Porto-Plate* était autrefois considérable, maintenant ce n'est qu'un bourg de peu de conséquence, quoique l'un des plus anciens lieux habités de l'isle, devant sa fondation aux premiers Espagnols qui ont découvert l'Amérique. Sa position au bord de la mer du côté opposé à San-Domingo, c'est-à-dire dans la mer du nord, lui fesait espérer un commerce d'une grande étendue. Porto-Plate avait été long-tems entièrement abandonné ; ses seuls débris annonçaient qu'il y avait eu autrefois en cet endroit une ville ; mais en 1735 on envoya des Islenos pour la rétablir, qui s'y sont effectivement fixés, & y mènent une vie misérable, ainsi que les Espagnols qui sont venus l'habiter. Il y a un assez bon mouillage à Porto-Plate, & une seule batterie de six canons qui en défendent l'entrée.

La *Bégne* est un autre bourg Espagnol d'environ cent maisons, situé à six petites lieues de San-Yago : il est placé auprès de la rivière de *Youna*, qui en passe à quelque distance.

Santo-Serro, qui n'est pas éloigné de la Begne, est un établissement de peu de chose, fait seulement pour perpétuer la mémoire d'un miracle rapporté par les anciens Historiens Espagnols, & dont le Père Charlevoix n'a pas manqué de parler dans son histoire de Saint-Domingue : il est appelé le miracle de la croix, parce que les Indiens, ayant voulu abattre une croix plantée en cet endroit par les Missionnaires qui suivaient Colomb, n'en purent, dit-on, jamais venir à bout. Un couvent de l'ordre de la Merci a été établi au même lieu où l'on croit que ce miracle est arrivé.

Le *Cotony*, bourg bien moins considérable encore, est au milieu d'un pays montagneux, & malgré cela toujours humide à cause des pluies qui occasionnent de fréquens débordemens. Il est distant de San-Yago d'environ douze lieues, étant presque à la même distance de la Begne, qu'elle l'est elle-même de San-Yago. Pour y arriver, on quitte la route de San-Domingo, & l'on tire vers le sud-est. Rien d'aussi désert que cette bourgade, qui ne paraît peuplée en aucun tems de l'année.

Monte-Plate n'est qu'un village assez voisin de Samano, & qui est placé positivement dans l'est de l'isle : c'est peu de chose, n'étant composé que de quelques méchantes cabanes.

Higoye est un bourg dont la situation se rapproche un peu plus du sud de l'isle, étant presque bâti dans la plaine de San-Domingo; ce n'est rien de bien considérable quant aux habitans, mais l'endroit est important pour les Espagnols, par rapport à une chapelle très-fréquentée parmi eux, sous le nom d'*Alta-patio*, & qui y attire des dévots de tous les quartiers de la partie Espagnole. Il n'y a tout au plus dans ce bourg qu'une soixantaine de cabanes.

Le *Saïbo*, autre bourg situé au pied des montagnes où se forme ensuite la plaine de San-Domingo, n'est pas absolument éloigné d'Higoye; mais Saïbo est plus dans le sud-est; ils ne sont guère plus considérables l'un que l'autre, & en général toutes les bourgades Espagnoles dans l'isle de Saint-Domingue sont médiocrement peuplées; aussi ne servent-elles que de paroisses pour les gens de la campagne. Ces paroisses ont une très-grande étendue, & il y en a telle qui comprend plus de 25 à 30 lieues. Nous allons passer aux bourgs Espagnols de l'ouest.

Hinch est comme le bourg principal de toute la partie de l'ouest, & d'où relèvent tous les autres de cette contrée, lui-même dépendant de San-Yago. Ce bourg n'est pourtant pas bien considérable; il est composé de deux ou trois-cents maisonettes, mal construites.

dans différentes Colonies. 79

Banica est un autre bourg de cette partie du territoire Espagnol, qui est assez fréquenté, même des Français, à cause de ses eaux minérales, que l'on va prendre des quatre coins de la colonie. Nonobstant cet avantage, Banica n'est guère étendu ; il n'a que fort peu de maisons bâties en pierre; en général, ce n'est qu'une demeure détestable.

Asna est le dernier bourg de cette dépendance ; mais quoiqu'il soit le chef-lieu d'un pays assez grand, & qui comporte près de 40 lieues d'étendue, avec deux annexes, dont il sera parlé ci-après, ce n'est cependant qu'un misérable réduit.

San-Juan, annexe d'Asna, n'est qu'un village très-médiocre, composé de quelques cabanes, & qui n'est desservi par le Curé d'Asna, que parce que la plaine qui en dépend est considérable.

Bany, autre annexe d'Asna, n'est qu'une bicoque. Ce village est pourtant de plus grande conséquence que San-Juan ; sa situation au bord de la mer, & un port où peuvent mouiller des vaisseaux de la première force, en font un port que les Espagnols ont intérêt de garder. Il n'en est cependant pas plus fortifié, & toute l'attention qu'on y apporte est d'y tenir quelques compagnies de milice un peu plus fortes qu'ailleurs, qui ont ordre de s'y rassembler à la moindre alarme.

Boya est un ancien village qui fut long-tems tout composé d'Indiens naturels de l'isle, lesquels, après la destruction totale qu'en firent les Espagnols, se retirèrent dans cet endroit sous la conduite d'un de leurs Caciques, nommé le Prince Henri, où ils se maintinrent dans une entière indépendance. On les croit aujourd'hui presque tous fondus dans des familles Espagnoles avec lesquelles ils ont pris alliance. Sans doute qu'ils se sont insensiblement relâchés de leur première résolution, car ils ont été très-long-tems sans vouloir contracter de ces sortes d'alliances, ne se mariant jamais qu'entre eux & abhorrant celles qui leur étaient proposées par leurs maîtres, quelque avantageuses qu'elles parussent. Ils vivaient tout-à-fait misérables, se contentant de peu & de moins encore que les Espagnols, ce qui est beaucoup dire ; leur gouvernement était le même que celui des Espagnols, dont ils prirent les manières par succession de tems. Rien d'aussi fiers & de si orgueilleux que l'étaient devenus ces insulaires ; ils méprisaient autant leurs vainqueurs, que ceux-ci pouvaient avoir le droit de les mépriser eux-mêmes, & il était facile de s'appercevoir que, s'ils avaient pu secouer le joug, ils auraient profité avec plaisir de l'occasion l'occasion de soumettre à l'esclavage des gens qui les y avaient soumis. Les Espagnols, qui craignaient apparemment que quelque Puissance ne vînt un jour à tirer parti de ce ressentiment, ont trouvé le secret d'y mettre ordre, & l'on peut assurer que de tant d'habitans dont cette isle était peuplée lors de sa découverte, il n'en reste plus un seul, tant la politique des Espagnols a été ingénieuse pour les détruire. Le petit reste de ces malheureuses victimes vivait tranquile dans leur village de Boya, sous la conduite d'un Alcade & des autres officiers comme en ont les Espagnols, mais qui étaient tous pris parmi eux, & dans leur nation. La Cour d'Espagne les avait exemptés de tout tribut, faible image de leur ancienne liberté. Ils allaient vêtus à l'Espagnole, & en avaient en un mot adopté les mœurs, ayant corrompu toutes les bonnes qualités de leurs ancêtres.

Les Espagnols se proposent de bâtir une grande ville à *Samana*, qu'ils ont dessein de faire servir à la construction des vaisseaux de guerre; mais cette entreprise souffrirait de grandes difficultés.

Un autre nouvel établissement projetté par la Cour d'Espagne est une seconde ville à *Monte-Christo* sur le fleuve Yaqué. Il y avait autrefois dans ce même lieu une ancienne ville très-considérable, fondée dès le tems de Colomb; celle-ci ne deviendrait pas moins importante, & nous ferait beaucoup de tort, du moins au commerce de France, parce qu'elle deviendrait bientôt l'entrepôt de toute la traite des interlopes; mais il est à croire qu'elle ne s'établira point, non-plus que la ville de *Samana*, à cause des oppositions de la capitale, qui y apportera des longueurs, & fera naître des difficultés insurmontables.

Un troisième établissement qu'on pourra finir, quoiqu'il ne soit point entrepris de la part de la Cour, est celui qui se projette à *Mananille*, de l'autre côté de la rivière du Massacre. Ce sont trois frères, riches particuliers de S.-Yago nommés D. Morel, dont l'un est Major de cette ville, lesquels, prétendant posséder tout le terrein qu'on voulait prendre pour y jeter les fondemens de Monte-Christ, ont donné cette idée aux principaux habitans de San-Domingo, où l'on ne voyait déjà cet établissement qu'avec chagrin. La vérité est que cette famille Morel, puissante à S.-Yago, est usurpatrice de l'ancien territoire où il y avait jadis une ville de Monte-Christ, & où l'on en voudrait bâtir une nouvelle; que jamais ce terrein ne lui a été concédé, & que c'est un fait que la Cour de Madrid ignore. Comme les supérieurs de la capitale étaient embarrassés de plusieurs familles d'Illénios que la Cour leur avait déjà envoyées, afin de les distribuer dans les deux établissemens qu'elle ordonnait, Samana & Monte-Christ, ils ont saisi ce moyen de s'en délivrer. On compte en effet qu'ils s'en débarrasseront par-là, puisque, si l'on continue d'établir Mananille, il n'en restera pas un avant qu'il soit très-peu de tems. C'est le plus mauvais endroit que l'on puisse choisir pour faire un établissement ; sans eau qu'il faut aller chercher à plus de deux lieues, la terre y est avec cela aride, & presque toute entrecoupée de rochers.

Le Père Charlevoix s'est trompé dans son histoire de S.-Domingue, en parlant du bourg de *Gohava* ; on ne sait ce qu'il veut dire, n'y ayant point dans toute la partie Espagnole de l'isle un bourg qui s'appelle de la sorte, mais bien un quartier nommé le *Goave*, dont *Hincha* est la capitale : ce qu'il y a de singulier, ce Père ne dit pas un mot de Hincha, quoique dans la carte générale de l'isle, qui est à la tête du second tome in-4°. de cette histoire, Hincha y soit fort bien marqué, sans qu'il y soit rien dit de Gohava.

Le même Historien se trompe encore en appelant la nouvelle S.-Yago, *San-Yago de los Cavalleros* ; l'ancienne ville se nommait de la forte ; mais après qu'elle eut été renversée de fond en comble par un tremblement de terre qui détruisit aussi la *Vega-real* qui lui touchait pour ainsi dire, les Espagnols, qui ont rebâti la ville de S.-Yago où elle est maintenant, ne lui ont plus donné ce surnom, non-plus qu'au bourg qui la joignait, qu'on a rebâti simplement sous le nom de la *Béga*.

VOYAGE
DU COMTE DE ****
A SAINT-DOMINGUE,
En 1730.

QUOIQUE né gentilhomme, & de l'une des meilleures maisons du royaume, je n'ai garde de ne pas rendre au commerce la justice que lui refusent mal-à-propos mes semblables. Imbu des préjugés que la noblesse Française apporte en naissant contre une portion de sujets à qui l'Etat doit sa splendeur & sa magnificence, je n'ai entrevu les avantages réels du commerce, que depuis qu'il m'a été permis de l'éclairer de près. Proscrit de ma patrie pour une affaire d'honneur, j'avais pris le parti de voyager, non dans les Cours étrangères qui m'étaient assez connues, par le soin que mes parens avaient eu de m'y envoyer dès ma tendre jeunesse, mais dans un nouveau monde où j'espérais rencontrer de nouvelles occasions de m'instruire. Je ne me suis point trompé dans mes conjectures. Saint-Domingue a offert à mes yeux un théâtre de choses si singulières & en même tems si éloignées de ce qui se voit sur celui de l'Europe, que j'eus bien de la peine à revenir de ma première surprise, en y débarquant ; je crus être transplanté dans un pays inconnu, dont les habitans n'étaient Français que par le langage, encore me parut-il emprunté chez la plupart comme les usages que j'y remarquais. Comment me serais-je d'abord persuadé que j'étais avec des Français, puisque l'argent que j'avais apporté n'y avait presque pas de cours ? Je trouvai pourtant à m'en défaire, & à l'échanger contre l'argent courant du pays même avec un bénéfice considérable. Ce début fut pour moi d'un étrange augure : j'en tirai la conséquence que tout y devait être extraordinaire. Je ne m'abusai point.

L'affaire qui m'obligeait à m'expatrier pour me dérober aux recherches d'une famille puissante, m'avait long-tems promené inconnu en différentes provinces du royaume. J'avais été contraint de changer mon nom, & de prendre celui de Chevalier des **** ; j'étais à la Rochelle, port de mer, & ville extrêmement éloignée de ma province. Ma sœur était seule informée de ma résidence ; c'était par elle que j'apprenais les poursuites que l'on fesait contre moi. Elle m'écrivit que je ne pouvais me voir en sûreté qu'après être sorti du royaume; que j'avais tout à craindre en y restant, & qu'elle savait de bonne part qu'on mettait tout en œuvre pour découvrir où j'étais ; qu'elle appréhendait qu'on réussît, & qu'elle me conjurait, par l'attachement le plus tendre, de passer en Espagne, où nous avions un oncle qui m'y procurerait de l'emploi jusqu'à ce que l'on eût pu vaincre l'obstination d'un ennemi puissant, acharné à me persécuter.

Cette lettre me rapelant à moi-même le péril que je courais, & connaissant la fureur de celui qui avait juré ma perte, quoique ce ne fût qu'en défendant ma vie que j'avais tué son fils unique, je me déterminai sur-le-champ, non à passer en Espagne comme ma sœur me le conseillait, mais à partir pour l'Amérique; ce que j'exécutai bientôt.

Un navire prêt à mettre à la voile m'en fournit les moyens. Je sus qu'il devait partir sous quinze jours ; je m'informai de l'Armateur & l'allai trouver. Ce négociant me parut un parfait honnête homme, il me prévint tellement en sa faveur, que je crus ne lui devoir point cacher ni qui j'étais, ni l'affaire qui me contraignait à traverser ainsi les mers. Il me fallait quelqu'un par les mains duquel puſſent paſſer toutes les lettres qui me viendraient de France; je jugeai d'abord que je ne pouvais mieux placer ma confiance. Ce galant homme mit tout en uſage pour me détourner du voyage que j'allais entreprendre; il m'en repréſenta tous les inconvéniens, me conſeilla de me rendre plutôt en Eſpagne, & de ne point m'expoſer de gaîté de cœur à des dangers preſque inévitables: il me repréſenta que ceux de la mer n'étaient pas les plus à craindre, que le climat brûlant de Saint-Domingue était funeſte à la plus grande partie des perſonnes qui y allaient tenter la fortune, qu'il en mourait au moins les trois quarts, qu'il fallait abſolument être ſans reſſource pour prendre un parti ſi dangereux. Mais je ne me laiſſai point ébranler par le pathétique de ce diſcours; je lui répondis que tel était mon deſſein, que rien ne ſerait capable de m'en faire changer. Alors mon négociant, en homme qui ſait vivre, m'offrit ſes ſervices le plus obligeamment du monde: je profitai de ces heureuſes diſpoſitions, & après l'en avoir remercié, je lui dis que le ſeul ſervice eſſentiel qu'il pourrait me rendre, & dont je le priais, ſerait, outre le paſſage dont j'allais lui avoir obligation, de vouloir bien permettre que je fiſſe adreſſer chez lui toutes mes lettres : il m'assura qu'il me les ferait exactement remettre par les premiers vaisseaux qui partiraient ; que je devais être tranquile de ce côté, & que je lui ferais plaisir de l'employer dans des choses de plus grande conséquence ; promesse qu'il s'est fait un devoir de me tenir dans plus d'une occasion.

Je sortis aussi-tôt pour m'aller disposer à ce long voyage ; mon négociant me servit beaucoup dans toutes les emplettes qu'il me fallut faire. Il poussa la politesse jusqu'à m'offrir l'argent dont j'aurais besoin ; voyant que je le refusais parce que je n'en manquais pas, il se borna à me faire trouver dans son vaisseau toutes les douceurs imaginables. On n'a jamais eu plus d'attentions, je ne saurais les oublier sans la dernière ingratitude. Il me céda une pacotille de 20,000 francs achetée pour son compte, donna ordre à son Capitaine de la vendre & de m'en remettre le produit, sans exiger qu'un modique frêt, quoiqu'il sût qu'elle était composée de marchandises très-propres à se bien débiter, & qui firent plus que doubler mon capital. Des procédés de cette nature ne se rencontrent pas parmi tous les négocians, j'en conviens ; mais aussi il faut avouer que plusieurs en sont capables. J'en ai connu quelques-uns en France & ailleurs, dont les sentimens n'avaient rien que de noble & de désintéressé : c'est un hommage que je suis charmé de leur rendre ici.

Je me vis sous peu de jours en état de partir; mais les vents étant devenus contraires, nous fûmes obligés de relâcher deux jours après, parce que nous essuyâmes un coup de vent furieux qui nous causa quelques avaries. Enfin nous remîmes en mer.

La traversée fut des plus courtes : le 40e jour de notre départ nous abordâmes au Cap-Français, & mouillâmes dans le port. Je me fis mettre à terre, & descendis à une espèce d'auberge, où l'on donnait à manger à différentes personnes de la ville, qui commencèrent à ne me pas donner une grande idée du pays. On me questionna beaucoup sur les nouvelles d'Europe, dont on est fort avide ; je m'apperçus bien-tôt qu'on en voulait savoir plus que moi qui arrivais de France, & que l'on raisonnait de tout d'une façon particulière. Je pris d'abord mon parti, méprisai ces prétendus politiques, & gardai un profond silence.

Mon généreux Armateur m'avait donné une lettre pour un riche habitant du pays, auquel il avait autrefois rendu des services importans. Cet homme lui avait des obligations essentielles, & lui redevait même encore une somme considérable, qu'il ne s'empressait guère de restituer. Je me suis convaincu depuis que cela est passé en force de loi, & que ce que l'on songe le moins à acquitter dans ces pays lointains, ce sont ses dettes, de quelque nature qu'elles soient. J'étais recommandé d'une façon particulière ; on ne disait point mon véritable nom, ni qu'elle était ma famille ; mais que j'appartenais à une maison distinguée, & que la fureur de voyager me conduisait en Amérique, après m'avoir fait parcourir l'Europe entière, & une partie de l'Asie. C'est de quoi nous étions convenus ensemble, mon Armateur & moi, afin de dépayser les gens qui voudraient être trop curieux.

L'homme à qui s'adressait cette lettre n'était point au Cap, il résidait sur son habitation éloignée de la ville d'environ quatre lieues ; je pris le parti de la lui faire tenir, accompagnée d'une autre que j'écrivis ; le Capitaine se chargea de les faire remettre ; je ne tardai point à en voir les effets.

Deux jours après, je vis arriver un homme en habit de velours noir, quoiqu'il fît une extrême chaleur. Entendant qu'il me désignait sous le nom que j'avais pris, je m'avançai pour le recevoir. Cet homme me sauta au cou, en m'accablant de tant de démonstrations d'amitié, que j'en fus déconcerté. J'examinai ses traits sans rien dire, cherchant à les démêler ; parce que je croyais que ce fût quelqu'un de ma connaissance : mais il me tira de peine, en m'apprenant qu'il était celui pour qui j'avais apporté une lettre de France ; que je lui étais recommandé par un ami pour lequel il sacrifierait ses biens & sa vie, qu'il lui avait trop d'obligations pour en faire moins, & que j'en augmentais le nombre. Je voulus répondre à ce qu'il y avait pour moi dans ce compliment ; mais sans m'en donner le tems, mon homme reprenant la parole, dit qu'il fallait sortir de l'auberge & venir prendre un appartement chez lui ; qu'il ferait en sorte que je m'y trouvasse mieux ; & sans me donner encore le tems de lui répondre, il ordonna à deux nègres qui le suivaient, de s'emparer de mes malles & de les transporter dans sa maison. J'eus beau le remercier de ses offres, insister sur ma demeure à l'auberge, qui n'empêcherait pas que je ne le visse le plus souvent qu'il serait possible, & me retrancher même sur l'incommodité que je lui causerais : il fallut malgré moi obéir, & me laisser enlever.

J'avoue que le procédé de cet homme, quelque rudesse qu'il y eût dans ces manières, me frappa, & que j'en conclus qu'il y avait au moins de la franchise dans le pays, s'il manquait de cette politesse qui est le fruit de l'éducation. J'en ai depuis été désabusé.

Mon homme ne m'eut pas plutôt conduit chez lui, que redoublant ses civilités, il me dit que je pouvais désormais regarder sa maison comme la mienne, qu'il voulait que j'y fusse le maître, & qu'il me priait de disposer librement de tout ce qui lui appartenait. Cette maison avait quelque chose de singulier ; elle était de bois, ou de palissades à l'ancienne façon du pays : les meubles, loin d'en être somptueux, suivant l'idée de richesse qu'on m'avait fait concevoir du maître, ne consistaient que dans quelques mauvais lits de grosse indienne, avec huit ou dix chaises de paille, une table peinte à la Hollandaise (1), & un miroir de toilette suspendu à la cloison de chaque chambre. On aurait assurément eu tort de trouver de la superfluité dans cet ameublement. Mon homme, qui entrevit apparemment ma surprise, s'excusa d'être si mal logé sur ce qu'il ne venait, disait-il, que fort peu à la ville ; que tous ceux qui, comme lui demeuraient à la plaine (2), en usaient de la sorte, & qu'il m'offrirait une

---

(1) C'est-à-dire qui se replie en devant sur son pied, & qui est souvent décorée de quelque peinture.

(2) A la campagne.

demeure plus gracieuse & plus commode sur son habitation ; qu'il était venu dans le dessein de m'y amener : & sans attendre ma réponse, il appella ses nègres, leur commanda d'un ton impérieux d'atteler sa chaise, & m'y fit monter.

Toutes ces manières ne servaient qu'à redoubler mon étonnement. Je les trouvais si différentes du ton de la bonne compagnie, qu'en vérité je ne savais comment y répondre. Cependant, comme j'ai toujours su me conformer aux divers caractères des gens avec qui j'ai été forcé de vivre, j'eus d'abord pris mon parti, & je résolus de m'accommoder des politesses Américaines, y en eut-il encore de plus étranges que celles dont je venais d'être le sujet.

Nous roulions dans une chaise à quatre chevaux ; l'équipage me parut assez leste, on ne court pas plus vite en France par la poste. Mon homme me fesait remarquer toutes les habitations qui se rencontraient sur la route : il m'en détaillait les richesses, comme si j'y eusse dû prendre quelqu'intérêt, me nommait les propriétaires, m'apprenait leurs vie & mœurs, m'instruisait de l'époque de leur fortune ; & tirant quelquefois sur leur naissance, il souriait malignement d'une origine souvent obscure. On eût dit, à l'entendre parler ainsi, qu'il sortait au moins d'une famille d'honnêtes bourgeois ; mais j'ai su depuis qu'il était encore moins que les gens qu'il paraissait tant mépriser.

Avant d'être arrivé, mon parleur éternel avait eu l'indiscrétion de m'informer de toute la chronique scandaleuse de son quartier ; hommes, femmes, jusqu'au Curé de la paroisse, tout avait été l'objet de sa médisance, & peut-être de sa calomnie. Il finit par m'étaler ses richesses ; son revenu était immense, il possédait deux magnifiques sucreries qui rapportaient chacune plus de 80,000 livres de rente ; enfin il se proposait d'aller bientôt jouir du fruit de ses travaux, & de repasser en France pour s'y voir dans la considération que sa fortune méritait. Il commençait d'entamer l'éloge de sa famille, lorsque la chaise s'arrêta. Une autre chaise qui venait devant nous, & que n'avait point apperçu l'impitoyable narrateur, trop occupé à m'entretenir de choses pour moi si indifférentes, lui fit regarder précipitamment ce que ce pouvait être. Je vis tout d'un coup son visage s'enflammer de colère. Lui ayant demandé la cause de son extrême agitation, il m'apprit d'une voix entrecoupée & presque suffoquée, que celui qui passait dans cette chaise était un homme de néant, & qu'il lui était extrêmement sensible que son cocher se fût arrêté pour un tel personnage : qu'un homme comme lui n'était point fait pour céder le pas à un petit habitant, un colon de deux jours. Ensuite, haussant la voix pour être entendu de son nègre-cocher, il promit à ce misérable deux-cents coups de fouet, pour l'avoir, dit-il, compromis.

Cette scène me parut si risible, que je faillis éclater aux yeux de mon parvenu. M'étant fait violence, je tâchai de le calmer, en lui représentant qu'il s'emportait à tort ; que les chemins étant publics & royaux, ce qui venait d'arriver ne pouvait point tirer à conséquence. Je ne sais si mon homme connut l'ironie dont j'avais assaisonné ma remontrance, ou s'il se trouva flaté de l'espèce de réparation que je venais de lui faire pour son cocher ; mais il reprit ses sens, & comme il allait recommencer sa narration, nous arrivâmes à la barrière de son palais.

Je m'étais figuré toute autre chose que ce que je vis ; je ne fus pas peu surpris à l'aspect des bâtimens qui se présentèrent. Au milieu d'une prairie aride, & qui ressemblait assez aux sables brûlans de la Libie, s'offrait une maison en bois & sans étage, encore plus mal bâtie que celle où mon hôte m'avait mené au Cap : la plus grande partie était couverte de paille, le reste l'était d'essentes, qui sont des petits
morceaux

morceaux de bois que l'on emploie au-lieu d'ardoises, fort chères dans le pays, parce qu'on est obligé de les faire venir de France. Une longue galerie, pavée de carreaux rouges, régnait sur toute la façade de la maison, c'est-à-dire de ce qui me parut le logement du maître, & formait une espèce de terrasse. J'apperçus sur la droite & sur la gauche quelques autres mauvais bâtimens détachés, de l'un desquels je voyais sortir de la fumée, ce qui me fit juger que ce devait être la cuisine.

Mon riche bourgeois me prit par la main, & m'introduisit dans ses appartemens. Ils étaient tant soit peu mieux meublés que ceux qui me l'avaient paru si mal au Cap. Où est madame, s'écria-t-il d'un ton bruyant ; qu'elle vienne recevoir notre hôte, & lui faire l'accueil qu'il mérite. Marchant ensuite devant moi, en me tirant toujours rudement par le bras : entrez, dit-il, mon cher ami, je vais vous présenter à la compagne des jours heureux dont le Ciel me fait jouir : elle n'est pas jeune, mais j'en suis dédommagé par bien d'autres qualités ; je lui dois mon opulence, & jamais nous n'avons eu ensemble le plus petit démêlé, quoique je sois un compère d'une humeur un peu revêche. Vous en allez être reçu d'une manière qui vous fera beaucoup de plaisir.

Partie I. G

Peu touché des politesses de mon conducteur, aux façons duquel j'étais si peu fait, je le suivais d'assez mauvaise grâce : nous entrâmes dans une chambre ornée d'une tapisserie de toile, sur laquelle on avait barbouillé quelques situations du roman de Don Quichotte. La maîtresse du logis, presque sexagénaire, était étendue sur un vieux canapé. — Ah! mon cher petit époux, vous voilà! dit cette femme d'une voix glapissante; vous m'avez bien fait attendre. — Le mari s'excusa de son mieux ; & pendant ce tems je me tenais debout avec lui, très-embarrassé de ma contenance, tandis que la bonne dame ne daignait seulement pas m'honorer d'un regard. Après quelques autres propos entr'eux, sur ce qui s'était passé dans l'habitation durant la courte absence du maître, celui-ci s'avisa enfin de me faire remarquer à sa tendre moitié, à qui il dit : — voici M. le Chevalier, madame, qui vient nous visiter; faites-lui politesse, & l'engagez de s'asseoir, en attendant qu'on se mette à table. — Alors ma digne hôtesse relève négligemment la tête, & me saluant d'un air de protection: soyez, dit-elle, monsieur, le bien arrivé ; nous tâcherons de vous faire oublier les fatigues de votre traversée; c'est un triste séjour qu'un navire, quand on n'y est point accoutumé. — Je m'approchai pour lui faire ma révérence : la dame se leva enfin, & me fesant placer à côté d'elle : — je veux, M. le Chevalier, me dit-elle, en souriant d'une façon mauſſade, avoir la gloire de vous établir ; vous ne pouviez tomber en de meilleures mains ; j'ai votre fait, & vous serez dans peu un gros habitant : tous les gens, qui, comme vous, viennent ici pour épouser nos veuves, sont quelquefois bien des années, sans parvenir à ce but, & souvent encore rencontrent mal, dupés par le faux éclat dont on sait les éblouir ; mais je réponds du bonheur qui vous attend, & suis caution de vous bien marier.—

Ce compliment, auquel je ne pouvais être préparé, mit le comble à mon étonnement : je sentis que la bonne dame me prenait pour un de ces avanturiers, qui en effet ne passent dans les colonies que pour y rétablir leur fortune délabrée, à la faveur d'un mariage. L'indignation m'allait dicter une réponse conforme au langage qu'elle m'avait tenu, lorsqu'une négreſſe vint avertir que le dîner était servi. Le mari & la femme se levèrent brusquement ; je fus contraint de les suivre, ce qui suspendit en moi la résolution de faire connaître durement à cette femme qu'elle se trompait sur mon compte, & que je n'étais rien moins que ce qu'elle pensait. Je me suis depuis diverti de

G ij

cette idée d'établissement. On verra dans la suite quel était l'objet que me destinait ma bienfesante hôtesse.

La conversation de la table répondit parfaitement à ce que j'avais vu jusques-là : mon hôte me remettant sur la voie de ses richesses, m'en fit un nouvel étalage : regardant à chaque période un homme assis avec nous, chargé de la conduite de son bien, espèce de principal domestique, qu'on nomme dans le pays un Econome ; il lui fesait confirmer tout ce qu'il disait. — Je puis devoir trois à quatre-cents mille livres, mais je compte n'avoir pas dans trois ans un sou de dettes ; car mon revenu augmente tous les jours, & j'espère que l'année où nous sommes ne se passera point que je ne fasse cent-mille écus : N'est-ce pas, M. Duplessis, que je n'avance rien de trop ? — M. Duplessis l'approuvait par un signe de tête ; mais j'observai que la complaisance agissait un peu sur l'homme aux gages. De-là mon millionnaire sautant à de vastes projets, me fit confidence qu'il voulait combler sa postérité d'honneurs & de richesses. — Je passerai, dit-il, en France ; j'y achèterai pour moi une charge de Secrétaire du Roi ; & pour mon fils aîné, qui étudie actuellement en droit à Paris, une charge de Conseiller au Parlement : pour mon cadet, que l'on me marque avoir du goût pour le service, je tâcherai de le pourvoir d'un régiment. Quant à ma fille, je lui chercherai un parti sortable dans quelque maison distinguée par le rang & la naissance, mais maltraitée de la fortune. C'est dans cette vue que je fais donner à ma petite Ursule une éducation de Princesse, & que je la tiens dans un couvent de filles de condition. Eh! qu'en dites-vous, M. le Chevalier, se plaindra-t-on après cela que je n'aie pas su faire usage du bien que le Ciel m'a départi? L'ambition est louable, & personne n'en a plus que moi. — Je me tirai d'affaire par un lieu commun, en lui disant que l'ambition caractérisait les grands hommes.

Tant de sotises furent débitées avec un air de satisfaction, que partageaient également le mari & la femme. On lisait sur leurs visages qu'ils étaient persuadés de toutes ces sornettes; que ce n'était point de ce jour qu'ils en concevaient la frivole espérance. L'Econome, en se levant de table, me jeta un regard, qui me fit comprendre qu'il se moquait de leurs folies, dont je n'avais pas été un moment la dupe.

Ce que je viens de raconter est l'histoire naturelle de ce qui se passe chez beaucoup d'habitans de Saint-Domingue; il n'y a de différence entr'eux que du plus au moins.

G iij

Avant de sortir de table, on apporta le café, qui me fournit l'occasion d'être témoin d'une scène plaisante: l'union de nos deux tendres époux en fut altérée un instant. La négresse qui servit le café, ne s'était point apperçue qu'il y eut une des tasses mal-propre; le hasard voulut qu'elle tombât en partage à sa maîtresse: aussi-tôt les exclamations commencèrent, les injures suivirent, les soufflets se mirent de la partie, & l'on promit cent coups de fouet à cette malheureuse. Le mari ayant entrepris de l'excuser, la femme s'emporte, crie qu'elle n'était pas surprise que monsieur prît le parti d'une coquine, puisqu'il lui donne souvent la préférence sur elle; mais qu'elle saura bien trouver le secret de s'en défaire, & ôter de sa maison ce fréquent sujet de disputes; qu'il est honteux à un homme dont elle a fait la fortune de l'en récompenser si mal; qu'elle n'est point encore si défigurée, pour qu'on soit excusable de s'éloigner d'elle; qu'elle est enfin lasse des déportemens de monsieur, & que toutes les négresses qui contribuent à la rendre malheureuse, seront autant de victimes dévouées à son juste ressentiment.

Le mari, s'emportant à son tour, ne demeura point en reste avec sa chère moitié: les choses en vinrent à cette extrémité, que je fus obligé de me mettre entr'eux. Mes soins ne furent pas sans succès : on se rendit de part & d'autre aux raisons que j'alléguai pour rétablir la paix dans le ménage.

Je fus trois semaines sans sortir de cette habitation : l'ennui m'en aurait chassé plutôt, si je ne m'étais fait un amusement. La lecture m'occupait la plus grande partie de la journée, le reste se passait à voir travailler les nègres, & à visiter la sucrerie. J'en étudiai la conduite, & je puis me flater que si j'avais continué à m'y livrer, je serais devenu dans peu un fort bon habitant ; ce qu'on regarde pourtant comme une chose très-difficile.

De tout ce qui se passa chez cet habitant pendant le séjour que je fis chez lui, rien ne me le fit tant connaître que ce que je vais raconter. Quelques-uns de ses voisins étant venus lui demander sa soupe un jour de dimanche, il fut question de jouer après le dîner : on proposa un piquet à écrire ; la partie fut assez forte, j'y perdis 400 francs. Je n'avais que de l'argent de France ; mon homme, pour paraître généreux, s'opposa à ce que je payasse en cette monnoie, & m'allant chercher une somme assez considérable, il me pressa de l'accepter, en disant qu'il fallait garder mon argent comme une ressource dans le besoin. Je le remerciai inutilement ; il fallut prendre malgré moi de quoi payer la perte que je venais de faire. Je ne pouvais le regarder jusques-là que comme un ami serviable, & porté à m'obliger en tout ; mais une avanture dont je fus spectateur le lendemain, démasqua l'homme à mes yeux, & me fit remarquer dans l'action de la veille plus d'ostentation que de véritable grandeur d'âme. J'y aurais même pénétré d'autres vues, si j'eusse été informé qu'avant de me venir prendre à l'auberge, il avait passé chez mon Capitaine, qui lui avait appris que j'avais des fonds dans son magasin, sur lesquels il jeta dès-lors un dévolut. Il s'en est peu fallu que je n'aie été la dupe des ruses imaginées par cet honnête homme.

Nous allions nous mettre à table lorsqu'il entra dans la cour un pauvre Officier de navire marchand, monté sur une misérable rosse, & si harassé de fatigue qu'il excitait la pitié. La manière dont il fut reçu m'enchanta, ignorant l'intérêt qu'on prenait à le bien traiter : on lui donna du linge, tous les honneurs de la table furent pour lui ; enfin je ne pouvais me lasser d'admirer jusqu'où l'on poussait l'hospitalité ; j'eus bientôt lieu d'appercevoir qu'on ne le conduisait de la sorte avec lui, que parce qu'il venait chercher de l'argent, ce qui gâtait tout le mérite de l'action dont j'avais d'abord été frappé. Il présenta au maître de la maison, après le dîner, un compte d'environ 20,000 francs; mais on lui répondit qu'on n'avait pas le sou, ce que je savais être un insigne mensonge: il se borna à demander du sucre, on répondit encore qu'il n'y en avait point, autre mensonge dont je n'étais pas moins certain que du premier. Ce malheureux en fut pour sa pénible course, qui ne fut pas la dernière, l'ayant vu revenir plusieurs. fois. Et c'est ainsi qu'en usent des gens qui semblent s'être fait un devoir de ne point payer leurs dettes.

Ce qui venait de se passer devant moi, en me dévoilant le caractère de l'homme chez qui j'étais, aurait dû me garantir de tomber jamais dans les pièges qu'il pourrait me tendre; mais la reconnaissance qui a toujours eu des droits sur mon cœur l'emporta quelques jours après sur la certitude que j'avais de sa fourberie. L'homme dont il m'avait dit tant de mal, ce commissionnaire infidèle qui avait excité son indignation en forçant innocemment sa chaise à s'arrêter, vint un jour lui demander de l'argent, & en fut reçu d'une manière qui aurait achevé de me faire connaître mon hôte, quand je n'aurais pas su déjà à quoi m'en tenir. Cet homme était précisément chargé des affaires de mon généreux Armateur, & c'était pour lui qu'il rendait visite au richard. Celui-ci oubliant le langage qu'il m'avait tenu peu de jours auparavant, & le mépris qu'il avait paru faire d'un tel homme, le combla de tant de civilités, qu'elles démentaient hautement l'idée qu'il m'en avait voulu donner, ou étaient la preuve de la plus grande fausseté. L'habitant-commissionnaire passa la journée avec nous, & se retira presque à la nuit sans emporter d'argent, mais comblé de politesses, qui en tiennent souvent lieu chez la plus grande partie des Américains.

Je n'appris le but de son voyage que le lendemain au matin. Mon hôte, en nous promenant ensemble dans son jardin, me fit cette confidence, sans doute pour tirer de moi la somme dont il avait besoin. Il s'agissait de 10,000 livres, & il me tourna si adroitement, que je lui en fis offre moi-même, charmé de rencontrer une occasion de procurer au négociant qui m'avait obligé, le payement d'une créance qu'il n'aurait peut-être pas touchée de si-tôt : mais en même tems pour ne point rendre le service inutile à celui-là seul pour qui je m'intéressais, j'y mis la condition que l'argent que je débourserais ne passerait ni par les mains du commissionnaire, ni par celles du débiteur, mais que le Capitaine le retiendrait sur mes fonds, pour l'employer dans ce qu'il jugerait à propos. J'étais convaincu de son exactitude, & j'avais plus que des soupçons sur l'infidélité des deux autres. Cependant, afin de garder quelques ménagemens avec mon homme, je colorai du mieux qu'il me fut possible ce qu'il pouvait y avoir d'humiliant pour lui dans ma proposition. La mauvaise foi du commissionnaire servit de prétexte plausible ; mon hôte n'aurait pu me la nier, il s'en était assez clairement expliqué lorsqu'il parla de lui pour la première fois ; aussi feignant d'approuver ma prudence, & de ne rien prendre pour lui dans le compliment que je lui fesais, recommença-t-il à le traiter comme le dernier des hommes ; ce qui n'aboutit qu'à redoubler ma colère contre un homme capable d'autant de déguisemens.

Dès que j'eus fait ce premier pas, mon ami prétendu revint souvent à la charge pour m'arracher de l'argent ; & la même raison qui m'avait engagé à lui en prêter pour payer une dette que la reconnaissance rendait en quelque sorte la mienne, me décida encore à lui en prêter pour reconnaître ses attentions pour moi. A diverses reprises il me tira une somme de 20,000 francs, qui, jointe aux 10,000 livres, formait un capital de 10,000 écus, que j'ai eu bien de la peine à rattraper. Je m'en doutais, mais ma façon de penser était incompatible avec de pareilles réflexions.

Depuis ce tems les attentions de mon hôte augmentèrent, il eut pour moi des égards dont ses amis ne pouvaient s'empêcher d'être surpris, parce qu'ils en ignoraient le motif, & j'ai évité de le rendre public autant qu'il a été possible; mais mon affaire éclata à la fin par ses refus réitérés d'acquitter une dette aussi légitime. Je fus contraint de m'en plaindre aux supérieurs, & ce ne fut pas encore sans difficultés que je parvins à être payé.

Il s'était écoulé plus d'un mois, sans que j'eusse cherché à me répandre dans le quartier. Les visites de devoir n'avaient pas été moins négligées. Mon hôte me fit comprendre la nécessité de ne pas manquer plus long-tems à cette obligation, dans un pays où l'on est plus jaloux qu'ailleurs de ces sortes d'hommages. Ma situation m'imposait là-dessus une loi gênante, qu'il me fallait remplir avec la dernière exactitude, par la crainte d'exciter une curiosité nuisible à mes intérêts.

Le jour pris pour rendre visite au Gouverneur, nous nous rendîmes au Cap. Ce Général nous retint à dîner, & j'eus tout lieu d'y exercer mon humeur philosophique. Un bisarre assor-

dans différentes Colonies. 109

timent de convives, en hommes & en femmes, offrit une ample matière à mon instruction sur le chapitre des mœurs Américaines.

Au sortir du Gouvernement, nous allâmes chez différentes personnes. Mon hôte m'introduisit par-tout, & il fit plus pour moi que je n'aurais osé lui demander; car il me procura l'entrée de plusieurs maisons où je trouvai encore à faire d'utiles observations.

Le carnaval commençait, & avec lui toutes les folies rassemblées de tous les endroits de l'univers, & à la plupart desquelles une police bien réglée aurait certainement mis un frein. Ce qu'il y a de plus capable d'étonner, elles étaient autorisées par la présence des personnes qui auraient dû les réprimer. J'ai vu en plein jour courir dans les rues du Cap des masques de tout sexe & de toutes conditions. Le zèle des Missionnaires s'élevait en vain contre de pareils désordres, dont ces sortes de mascarades n'étaient pas toujours les plus grands. Leurs remontrances, quoique justes quelquefois, leur attirait de la part des acteurs de ces comédies un torrent d'injures qui, par-tout ailleurs, aurait mérité un châtiment exemplaire. Vers 1730, il y eut une mascarade extravagante, au sujet d'un particulier que l'on voulait bafouer: les acteurs de ce spectacle copièrent les habillemens des prêtres, & les cérémonies de l'Eglise; les longues robes qu'ils portaient avec un cierge à la main, le lugubre qu'ils affectaient, tout représentait un enterrement dans les formes. Un jeu immodéré accompagnait ces divertissemens, qui ne sauraient être pour des gens sages.

Je passai tristement mon carnaval, malgré la foule des prétendus plaisirs où j'étais sans cesse invité, car on fait bientôt connaissance dans ces pays d'une liberté entière: j'avais d'ailleurs assez souvent à y conduire mon hôtesse, qui aimait un peu les plaisirs bruyans. Elle était venue à la ville pour en jouir sans exception; je ne pouvais honnêtement me dispenser de l'accompagner. J'observai que ma complaisance flatait sa vanité: jeune, & d'une figure à lui faire honneur, elle ne paraissait pas fâchée qu'on se persuadât qu'elle eût fait ma conquête; si elle n'en convenait point ouvertement, elle ne le niait pas tout-à-fait, peut-être en triomphait-elle en secret devant ses amies. Certains discours que l'on m'a adressés justifiaient mes soupçons.

Le carême vint enfin, & me séquestra de ces plaisirs tumultueux qui n'étaient nullement de mon goût. Nous repartîmes pour l'habitation: j'y pris un autre genre de vie. Les connaissances que j'avais faites au Cap, ne me permirent plus d'être aussi sédentaire : au surplus, j'étais bien aise de voir comme tous les habitans vivaient, d'examiner à fond leurs mœurs particulières, & de les aller déterrer jusques dans l'intérieur de leur domestique : c'est-là que les hommes se montrent tels qu'ils sont.

Une lettre que m'écrivit le Capitaine du navire où j'avais passé, me fit retourner au Cap environ quinze jours après en être parti. Il me marquait avoir vendu toutes les marchandises dont son Armateur l'avait chargé pour mon compte, & il me priait de me rendre chez lui pour en recevoir le montant. J'aurais cru faire insulte à ce galant homme, que de jeter les yeux sur ses comptes : il y eut là-dessus entre nous une dispute d'honnêteté. Il me remit pour solde 26,500 livres, ce qui joint aux 10,000 l. qu'il retenait par ses mains pour la dette de mon hôte, & dix autres mille que j'avais tirées sur lui en faveur du même homme, composait la somme de 46,500 liv. pour une pacotille de 20,000 francs. Le fret avait été prélevé, ainsi j'eus un bénéfice de près de cent-cinquante pour cent, en moins de six mois; gain immense, & qui peut faire comprendre combien est avantageux au Royaume le commerce de l'Amérique.

Comme il était plus que juste de récompenser mon Capitaine, ce qu'il s'obstinait à refuser, d'accord sans doute avec l'Armateur qui le lui avait recommandé ; car je suis en droit de tout attribuer à un homme que la générosité rendait ingénieux à obliger ; je le contraignis, à force d'instances, d'accepter deux-mille écus.

Revenu sur l'habitation, je confiai à mon hôte le projet de visiter attentivement tous les quartiers de la dépendance du Cap. Je lui dis que, venu pour m'instruire de tout, en suivant un plan que j'avais déjà rempli en partie sous un autre ciel, j'étais résolu de ne rien négliger des connaissances que le pays pourrait me fournir ; & j'allai même avec lui jusqu'à cet excès de témérité, que de me donner les airs d'un savant qui voyageait pour profiter des trésors dont la Nature enrichissait diversement les différentes contrées de l'univers. Ce que je n'avais imaginé que comme un moyen pour me dérober à ses questions qui auraient pu m'embarrasser, me mit dans la nécessité d'afficher plus que le titre de simple curieux. J'ai souvent ri en moi-même de l'espèce de charlatannerie où m'a quelquefois jeté cette imprudence ; car n'ayant qu'une notion très-superficielle des sciences qui appartiennent à la phisique ou à l'histoire naturelle, je me suis cependant trouvé

forcé

forcé de parler une langue qui m'était presque inconnue.

Soit que l'habitant du Cap, ignorant au dernier point, voulût tirer vanité de la confidence que je lui avais faite, & qu'il devait au hasard, ou plutôt à la situation de mes affaires ; soit qu'il agit par un véritable zèle, il m'eût bientôt prôné de façon qu'on me recevait par-tout comme un homme plein de connaissances utiles, qui sacrifiait le repos de ses jours à en acquérir encore davantage. Les choses allèrent même si loin, que je me crus intéressé à faire tous mes efforts pour sortir de ce mauvais pas, sans désabuser pourtant ceux que l'on avait informés de mon savoir prétendu, parce que j'en aurais appréhendé un éclaircissement qui pouvait tourner mal pour le silence que j'avais intérêt de garder. Le meilleur moyen que j'imaginai fut de dresser un catalogue des termes de différens arts, que je puisais dans les livres, entr'autres dans le dictionnaire de Trévoux, qui formait heureusement toute la bibliothèque de mon hôte, d'en meubler ma mémoire, & de les appliquer ensuite, tant bien que mal, aux conversations où il était question d'étaler ma science. Il m'est de-là arrivé quelque chose de singulier : ces termes me sont devenus si familiers, que je m'en sers aujourd'hui mal-

Partie I. H

gré moi, ce qui me fait paraître ridicule aux yeux de mes amis, qui me reprochent comme une affectation, ce qui n'est assurément qu'un défaut involontaire.

Mais mon embarras ne se bornait point là : il me fallait justifier d'une manière plus réelle l'idée que mon hôte officieux répandait de tous côtés, & pour cet effet amasser beaucoup de curiosités naturelles. Il était nécessaire que je prisse ce parti, pour achever d'en imposer à ceux qui voulaient bien se prêter à la bonne opinion qu'on leur avait donnée de ma capacité. Il eût été dangereux de paraître ne pas mettre en usage des talens, à l'abri desquels, quoique supposés, je jouissais d'une sorte de réputation qui me fesait considérer. Combien d'ignorans passent pour savans aux yeux même de personnes plus éclairées que celles que j'avais à tromper ? Livré à ce nouveau genre d'étude, où je ne marchais d'abord qu'à tâtons, les lumières naturelles dont tout homme a le germe en soi, qu'il ne s'agit que de développer, m'amenèrent par degrés au point d'être étonné moi-même de mes progrès dans des arts dont je n'avais que la plus légère idée. Au commencement tout m'accommodait, plantes des plus communes, coquillages qui n'avaient certainement rien de cette singularité qui en fait le prix ; peu-à-peu je pris du goût pour ces productions de la Nature industrieuse, & j'appris à choisir les plus parfaites.

Dès que j'arrivais dans une habitation, on ne manquait jamais de m'indiquer les lieux où il pouvait y avoir quelque récolte à faire, souvent sans que je le demandasse. Un jour me trouvant dans le quartier du Fort-Dauphin, chez un habitant, ami de celui chez qui je logeais, il s'y rencontra un Médecin du Cap ; on lui parla de moi, & l'on me donna de lui à-peu-près les mêmes idées. Cet homme se disait correspondant de l'Académie des sciences, chargé d'envoyer au Jardin royal toutes les plantes rares qu'il découvrirait, & par dessus cela il travaillait, ajoûtait-il, depuis plusieurs années, à l'histoire naturelle de Saint-Domingue. Il n'en fallait pas tant pour le faire regarder comme un savant du premier ordre. Je ne me dissimulai point le péril d'entrer en lice contre un pareil adversaire, avec lequel je me doutai bien qu'on me mettrait aux prises ; je me résolvais à payer d'effronterie, rempart que l'ignorance a inventé pour s'y retrancher dans le besoin ; mais ma propre expérience augmentait la hardiesse avec laquelle je joûtai contre cet Esculape. En effet, dès les premiers assauts, je reconnus à qui j'avais affaire ; beaucoup de présomption & peu de savoir composaient tout le mérite du Docteur. Nous disputâmes long-tems sur différentes matières, je me convainquis qu'il n'était pas plus habile que moi en botanique, ni dans les autres parties de l'histoire naturelle : inutilement chercha-t-il ses avantages en parlant d'une science qu'il devait mieux posséder, l'anatomie; il fut encore moins heureux : c'était m'attaquer dans mon fort, parce que j'avais eu pour Précepteur en mathématiques un des plus fameux observateurs qui ait décoré l'Académie des sciences, & qui me montrait plus volontiers le mécanisme du corps humain que celui des machines artificielles. Oh! pour le coup il fut battu en ruine; les spectateurs en convinrent, lui-même s'avoua vaincu, contre l'ordinaire de ses pareils à qui il serait difficile d'arracher un tel aveu. Il est vrai qu'il mit une restriction, en disant qu'il avait été forcé de quitter ces recherches depuis long-tems, ses malades l'occupant trop pour pouvoir continuer à travailler sur des découvertes plus curieuses qu'utiles, & qui demandaient un homme tout entier. C'est sur quoi je ne voulus point le chicaner. Il m'en sut apparemment gré, car mon hôte me rapporta qu'il leur avait dit en particulier que j'étais un prodige de science.

Destiné à être ce que l'on voulait que je

fuffe, l'habitant du Cap s'avifa de publier dans son quartier l'avanture que j'avais eue avec ce Médecin. Selon la coutume de ceux qui font préfens à des difputes fcientifiques où ils n'entendent rien, il ne manqua pas de vanter mon profond favoir en médecine: j'étais un nouvel Hippocrate, capable de guérir même toutes les maladies incurables. Peut-être, fuivant le génie du pays toujours porté à la fatire, en conclut-on charitablement dès-lors que j'ufurpais le titre de Chevalier, ainfi que tant d'autres qu'on y voit arriver, & qui s'en parent fièrement, comme d'un moyen affuré pour faire fortune.

Le titre de Médecin, dont il avait plu à M. mon hôte de me gratifier, acquit une nouvelle force par l'impéritie d'un Chirurgien qu'il avait chez lui: les habitations font affez fujettes à ce malheur. Un nègre ayant reçu un coup de fufil, la balle alla précifément frapper derrière l'oreille gauche, contre l'os appellé fphénoïde, qui eft extrêmement dur, où elle s'applatit fans doute. La plaie n'était qu'externe, cependant l'ignorant Chirurgien prétendait que la balle eût pénétré dans la capacité, & qu'elle y fût reftée, ce qui était démenti par la fonde que je lui fis employer pour découvrir la profondeur de cette plaie; d'ailleurs nuls accidens qui indiquaffent un corps étranger dans des parties, où assurément il se serait fait sentir : malgré cela le Chirurgien persistait à soutenir que la balle fût entrée ; il me fallut prendre sur moi d'user de l'autorité que me donnait la confiance du maître présent, pour lui défendre les incisions auxquelles il se préparait. On traita l'intérieur de la blessure par les remèdes simples & ordinaires ; au bout de huit jours le blessé ne ressentit aucunes douleurs, & se trouva parfaitement guéri. Le Chirurgien, tout ignorant qu'il était, ne put s'empêcher de me remercier.

Cette preuve équivoque d'habileté ne fut pas regardée avec indifférence par tous ceux qui en entendirent parler : on venait me consulter comme si j'avais été un Chirac ou un Boerhaave ; le badinage que j'en fesais passa pour une mauvaise volonté de rendre service, & peut-être confirma-t-elle le soupçon que je n'agissais de la sorte que pour mieux cacher qui j'étais. La femme d'un riche habitant du quartier s'étant trouvée en danger dans une grossesse, le mari vint m'offrir une somme considérable pour la visiter : plus je voulais le désabuser de la fausse opinion qu'il avait de mon savoir, plus il fesait d'efforts pour me fléchir, disait-il : mon hôte joignait ses prières aux siennes, ce qui m'obligea de lui dire bien sérieusement qu'il avait eu tort de donner cette idée-là de moi dans le public, que je n'étais ni Médecin ni Chirurgien, que je n'avais jamais étudié l'une ni l'autre de ces deux sciences, & que je ne m'exposerais certainement pas à traiter des maladies où je n'entendais rien. Je suis sûr qu'ils ne me crurent point, mais depuis ce tems on me laissa tranquile, je ne fus plus importuné de consultations; si ce n'est sur quelques habitations où je me rencontrais par hasard, dont les propriétaires tâchaient quelquefois de me faire payer les bons traitemens que j'y recevais, en me présentant des malades à guérir. J'avais beau leur avouer nettement que je ne m'y connaissais point, ils s'obstinaient souvent à ne m'en pas croire sur ma parole; je représentais donc véritablement le Médecin malgré lui de Molière; aussi m'est-il arrivé, en badinant, d'ordonner des pilules.

Je ne séjournai guère sur l'habitation du singulier personnage qui m'avait d'abord accueilli; il m'avait prêté une fort jolie chaise à une place, attelée de quatre bons chevaux, & je parcourais la plaine, logeant tantôt chez l'un, tantôt chez l'autre. Je dois dire à la louange des habitans de Saint-Domingue, qu'ils aiment beaucoup à pratiquer l'hospitalité, ils se font un plaisir de recevoir tout le monde. Peut-être qu'ayant trouvé cet usage établi par les premiers colons, dont la simplicité & la candeur rendaient tout commun parmi eux, ont-ils pensé qu'il était de leur honneur de conserver cette ancienne coutume. Quoi qu'il en soit du motif, on ne voit point d'auberges dans la campagne, & l'on peut hardiment se refugier dans la première maison, certain d'y être bien reçu; c'est à qui traitera le mieux, il règne là-dessus entre les habitans une émulation admirable; peut-être même la politesse, à cet égard, est-elle portée à l'excès; il est tel habitant de chez qui il faut s'arracher avec violence, ou partir sans prendre congé. Si l'on vient à tomber malade, on est soigné avec des attentions pour lesquelles l'homme le plus ingrat ne saurait manquer de reconnaissance.

Il y avait près d'un mois que j'étais absent de chez M. Carlin, (je nommerai ainsi mon ancien hôte) lorsqu'il me déterra à plus de six lieues de son quartier. Un de ses nègres m'apporta une lettre par laquelle il me priait de me rendre au plutôt chez lui. Je partis donc sur-le-champ, curieux de savoir ce qui pouvait l'engager à m'écrire de la sorte. C'était pour recourir encore à ma bourse: un navire venait de mouiller au Cap, chargé de nègres: mon homme en voulait acheter douze, quoique, de son propre aveu, il en eût plus qu'il ne lui en fallait pour exploiter ses habitations ; mais tous les habitans sont sans raison sur cet article ; plus ils ont d'esclaves, plus ils en veulent avoir.

M. Carlin ne me demanda que 6000 francs, que je lui prêtai. Il me fit entendre qu'il avait le reste, sans quoi il n'eût eu garde de penser à faire cette emplette, n'aimant point à s'endetter, disait-il, quand ce n'était pas une nécessité indispensable. Cependant la curiosité de voir un négrier, m'ayant fait naître l'envie de l'accompagner, je fus témoin qu'il prit trente nègres au-lieu de douze, & lorsque je lui en marquai ma surprise, il me répondit qu'on l'y avait forcé par le bon marché ; qu'ils étaient d'ailleurs d'une nation très-propre au travail ; qu'il n'en venait que rarement de ceux-ci, & qu'ils lui serviraient à soulager les autres. Je portai ma curiosité plus loin : je commençais à être au fait de toutes ses ruses ; il me vint une idée dont je fus bien-aise de m'éclaircir : j'acostai le Capitaine ; l'ayant tiré à l'écart, je le questionnai sur le comptant qui lui avait été promis ; mais je sus bientôt qu'il n'y en devait point avoir ; le commissionnaire, qui s'entendait sans doute avec lui, comme cela arrive quelquefois, s'étant contenté de ses billets à six mois & à un an. Je m'en étais douté en ne lui voyant point emporter la somme que je lui avais prêtée, malgré qu'il eût eu soin de me prévenir que l'usage était que les Capitaines envoyassent chercher leur argent; je le connaissais trop pour ne pas entrevoir du mistère là-dessous; mes conjectures se trouvèrent vraies. Le premier terme qui était de moitié, ne fut payé que difficilement, & sur des ordres réitérés du Général: pour le second, je le crois encore dû, & peut-être le sera-t-il long-tems.

J'eus à bord de ce négrier un spectacle qui peint l'étrange corruption des mœurs de l'Amérique. Une femme, qu'on me dit se nommer la S.... D...., & sur laquelle on me raconta beaucoup d'avantures qui l'avaient enrichie, au lieu de lui attirer une punition exemplaire, y était venue choisir des nègres, & les visitait elle-même. Il n'est guère possible de pousser plus loin l'effronterie; car l'état où sont ces misérables révolterait les femmes d'Europe les moins susceptibles de pudeur: ils sont précisément tels que la Nature les a mis au jour, & on les considère depuis la tête jusqu'aux pieds, pour savoir s'ils n'ont point quelque incommodité. Cette femme sans mœurs semblait même y apporter plus d'attention que les hommes; & je fus indigné de la curiosité qu'elle affectait. Je ne le fus pas moins quand nous descendîmes à terre : ces infortunés, dont une partie avait paſſé dans notre canot, traversèrent le Cap à onze heures du matin, dans le même état où nous les avions pris, ſans qu'on eût daigné leur donner de quoi couvrir ce que la pudeur veut que l'on dérobe aux yeux, & que la police de tous les pays du monde ordonne de tenir caché.

Je ne ſais ſi mon hôte, pour s'acquitter envers moi, n'avait pas concerté avec ſa chaſte épouſe une entrevue qui m'attendait à notre retour. Je trouvai l'objet flateur d'un établiſſement qui devait m'enrichir, & contribuer tout enſemble au bonheur de mes jours. On m'avait aſſez ſouvent entretenu de ces belles & magnifiques eſpérances; j'en avais badiné, mais ſans avoir encore vu la charmante moitié, deſtinée à faire ma félicité. Un génie malin s'était toujours oppoſé à ce que j'euſſe cette ſatisfaction. L'inſtant heureux, où je devais contempler tant de charmes, arriva enfin, lorſque je m'y attendais le moins : une faveur du Ciel ſi ſingulière aurait dû me pénétrer de la plus vive reconnaiſſance. Dès que j'entrai dans la ſalle, mon hôteſſe s'empreſſa de venir au devant de moi pour m'annoncer une auſſi bonne nouvelle, & me prenant par la main, voulut avoir la gloire de me présenter la première à son amie. Elle était dans sa chambre, occupée à rajuster des appas assurément plus que flétris. Cette beauté, au moins septuagénaire, me reçut à sa toilette, comme le lieu le plus redoutable. Il pouvait être environ huit heures du matin, parce que nous étions partis du Cap de très-bonne heure, pour profiter de la fraîcheur; je saisis cette circonstance pour rejeter mon indiscrétion sur ma conductrice, qui s'en chargea volontiers, & qui, me fesant asseoir vis-à-vis de sa respectable amie, prononça que nous étions tout excusés, d'un ton à faire connaître qu'elle avait auparavant obtenu le consentement de la jeune veuve. Qu'on juge par son portrait du péril où ma liberté fut exposée.

Un visage proportionné à une taille colossale, ne recelait plus les roses ni les lys; il n'y restait que le jaune de ces derniers, les roses s'étaient changées en écarlate, qui fesait la bordure de deux yeux très-petits. Un nez long d'une aune, & recourbé en dessous, paraissait avoir dessein de se réunir à un menton pointu, qui, de son côté, s'efforçait de l'atteindre; mais une bouche énorme empêchait cette tendre union.

Résolu de me divertir aux dépens de cette vieille amoureuse, je feignis de concevoir pour elle une passion subite, & lui fis tout de suite ma tendre déclaration, en préfence de notre commune bienfaitrice. On fe perfuade aifément ce que l'on defire : l'une & l'autre donnèrent dans le panneau ; en forte que dans moins d'un quart d'heure, nous nous entretenions tous trois des articles du contrat, de l'efpoir d'une nombreufe poftérité, & du plaifir de paffer la plume par le bec aux collatéraux de la dame. M. Carlin étant venu fe mêler à la converfation, nous félicita tous deux ; & pour nous en témoigner fa joie, il ne voulait pas, dit-il, que les noces fe fiffent ailleurs que dans fa maifon. Je me propofai bien de lui en éviter l'embarras.

L'heure du dîner vint ; il ne fut queftion durant le repas que des grands biens dont j'allais être poffeffeur ; on me les détailla ; je remarquai que mon confeiller & fa chère moitié s'applaudiffaient de pouvoir paffer pour les auteurs de ma future opulence. Il n'y a aucun lieu de douter que leur intérêt ne fût le principal mobile de la bonne action qu'ils fe propofaient. En effet, il était facile d'imaginer que je ferais reconnaiffant du fervice, & que je ne les prefferais point, par conféquent, fur le rembourfement de l'argent qu'ils me devaient ; peut-être auffi fe comptaient-ils après cela plus en droit de m'en emprunter encore, & me croyaient-ils plus obligé de ne leur en point refuser.

Quand nous fûmes hors de table, ma vieille, que l'idée de cesser encore une fois d'être veuve rendait beaucoup plus babillarde, entreprit de me conter l'histoire de sa vie. Je devais être le quatrième de ses maris. Son impatience était trop marquée pour que je ne m'apperçusse pas qu'elle souhaitait que je prévinsse la conclusion de notre mariage : la prière qu'elle fit à son amie de nous laisser seuls, & qui, entrant dans ses vues, se montra commode au point de fermer la porte sur nous ; tout me disait que je ferais sonner l'heure du berger quand il me plairait ; mais je n'en fus certainement pas tenté. Ma sagesse aurait dû lui faire prendre de moi une impression désavantageuse : cependant il ne parut point que cela eût rien changé dans ses projets d'établissement. Ce ne fut que quelques jours après que je la mis dans le cas de rompre avec moi, pour avoir usé de la même retenue, dans une occasion encore plus séduisante.

Sa chaise étant arrivée comme nous étions enfermés, l'amie poussa la complaisance jusqu'à ne point l'avertir qu'au bout d'un certain tems. Lorsqu'elle crut pouvoir entrer, elle fit un bruit à la porte qui ne me permit plus de douter de son intention en nous renfermant.

Dès que l'amie eut paru dans la chambre, ma future se leva de dessus le sopha où elle s'était prudemment assise, & me laissant avec la confusion qu'elle croyait que je dusse avoir, elles partirent toutes deux comme un éclair. Je les suivis de loin pour achever de me donner la comédie : l'ardeur du soleil ne les empêcha pas de traverser le jardin, & de se rendre dans une allée à son extrémité. Elles marchaient d'une telle vitesse, qu'il me fut impossible d'y arriver aussi-tôt qu'elles ; mais j'apperçus que mon amante gesticulait beaucoup en parlant : j'aurais bien voulu pouvoir entendre ce qui se disait. Quelque grave que fût l'accusation, mon hôtesse parvint sans doute à me justifier, car je vis, en les rejoignant, qu'on ne pensait plus au passé ; on me reçut comme je n'avais pas sujet de m'y attendre, puisqu'on me prit de part & d'autre sous le bras, & que je fus convié à dîner chez l'amante décrépite, pour le dimanche suivant. Un si grand excès de bonté ne produisit pas l'effet que les deux dames en avaient peut-être espéré.

J'offris d'accompagner ma future prétendue ; non dans l'intention d'effacer ma faute, mais de l'aggraver encore s'il était possible ; heureusement qu'un retour de modestie ne lui permit point d'y consentir : elle partit seule, en me répétant que nous nous verrions chez elle, que tout se terminerait à notre mutuelle satisfaction.

Le mari & la femme, celle-ci surtout, me parlèrent beaucoup, pendant tout le soupé, de la préférence que j'avais sur une multitude de rivaux ; & revenant toujours à leur but, ils me répétaient sans relâche que c'était le fruit de la confiance aveugle qu'on avait eue en leurs conseils. Je les remerciai, mais d'un air qui aurait dû leur faire comprendre que, si la chose manquait, cela viendrait plus de moi que de leur amie.

Le dimanche arriva ; nous partîmes tous trois pour l'habitation qui devait être à moi quand je le voudrais. Elle est à environ une lieue de celle de M. Carlin : j'en trouvai les bâtimens bien mieux ordonnés que les siens, le dedans même avait un coup d'œil plus riant ; il y régnait un air de propreté qui me fit plaisir, & sur lequel je complimentai ma future épouse en l'abordant. Elle avait ce jour-là encore plus mauvaise grâce que la première fois : son ajustement recherché ajoûtait au ridicule de sa personne. J'ai su depuis qu'elle avait été servante en France, dans une ville de province : aussi lui en retrouvait-on les manières, malgré son affectation à se donner des airs d'importance.

Elle

Elle avait eu soin de prier une compagnie nombreuse pour assister à la fête dont j'étais le héros. Il me sembla que personne n'ignorait mes prétendus engagemens avec la maîtresse du logis ; car je n'eusse point reçu tant de complimens, si l'on ne m'avait pas regardé comme devant être le maître de la maison. Il est vrai que la manière dont elle se comporta était bien propre à ouvrir les yeux de tout le monde : elle n'avait d'attentions que pour moi ; placé à son côté, j'étais servi le premier, elle couvrait mon assiette des meilleurs morceaux, & deux nègres qu'elle avait mis derrière ma chaise faillirent à recevoir cinq-cents coups de fouet, qui leur furent promis pour avoir disparu un moment ; il fallut que j'intercédasse pour eux ; leur grâce me fut accordée d'un air qui montrait assez combien la maîtresse me donnait d'empire sur elle.

On sortit de table, & l'on se mit presque aussi-tôt à jouer au lansquenet. Ce fut pour lors que ma future fit les plus grandes sottises. Je tirais de l'argent de ma poche, mais elle s'y opposa, en disant que c'était à elle de faire tous les frais ; prenant ensuite une poignée de doubles escalins (1), elle dit qu'elle mettait à

_____
(1) C'est une monnoie d'argent de Flandre & de Hollande, qui a cours en Amérique.

la réjouissance pour un nouveau ménage. Ses fonds ayant prospérés entre mes mains, je voulus les lui remettre avec le profit, lorsque le jeu fut fini; elle le refusa, & adressant la parole à la compagnie, elle demanda si un pareil économe ne méritait pas qu'on lui en confiât encore davantage? Je me vis contraint de jeter cet argent, en présence des spectateurs, dans le tiroir d'une commode qui se trouva ouvert.

La belle personne qu'on me destinait, avait grande envie de connaître tout mon mérite, avant de me livrer imprudemment son cœur & sa main. On a vu que je m'étais refusé à l'épreuve qu'elle voulait faire de ma personne, mais elle n'était point femme à se rebuter; je lui avais mal fait ma cour la première fois, elle résolut de me mettre à même de réparer ma prétendue faute.

Vers les six heures du soir on parla de se retirer, à quoi la maîtresse du logis s'opposa avec chaleur, prétendant qu'il fallait souper auparavant. On s'amusa à de petits jeux, en attendant l'heure de se mettre à table : ma future s'y distingua par de nouvelles folies, qu'on aurait eu peine à pardonner à une fille de dix ans. On soupa fort tard, ce qui ne fut pas sans dessein; elle ne cessa de me faire des agaceries jusqu'à plus de minuit, que la compagnie songea tout de bon à se retirer. Les instances qu'elle fit pour retenir quelques personnes furent très-faibles ; il n'y eut que nous qu'elle refusa absolument de laisser partir, & deux ou trois autres, afin d'avoir un prétexte d'exercer l'hospitalité dont elle usa à mon égard.

La dame Carlin, qui ne saurait jamais se laver de l'ignominie d'avoir comploté cette intrigue avec elle, m'ayant tiré à part dans la salle, m'avertit que tous les lits allant être occupés, il n'en resterait qu'un dans la chambre de la maîtresse de la maison, & qu'il était plus convenable que j'y couchasse que tout autre ; que dans les termes où nous en étions, il n'y avait pas grand mal à cela : & sans s'embarrasser de ma réponse, elle appela son amie, qu'elle fit semblant d'y déterminer. Cette femme, me fixant avec un œil enflammé, dit qu'elle me jugeait trop honnête homme, pour penser que j'abusasse de sa confiance. Je crois qu'elle l'entendait autrement, & que j'abusais bien plus de sa confiance par ma sagesse, que si j'avais mis à profit l'occasion qu'elle m'offrait. Enfin nous occupâmes deux lits presque jumeaux ; j'affectai, en me couchant, toute la modestie d'un Anachorette, tandis que la bonne dame ne se gênait pas davantage que si elle eût été en présence de son mari ou de sa femme-de-chambre.

Je n'ai eu de ma vie autant de plaisir que celui que je ressentis à faire passer une mauvaise nuit à cette femme, au-lieu de celle dont elle s'était flatée: je fis ma prière beaucoup plus longue que de coutume, & ne finis que quand je la sus couchée; alors, ayant éteint la bougie, je me mis aussi dans mon lit, & ne tardai même pas à m'y endormir.

Avant que le sommeil se fût tout-à-fait emparé de mes sens, je l'entendis soupirer plusieurs fois; il fallut me faire violence, pour ne point éclater de rire. Je m'attendais à tout moment de lui voir jouer le personnage de la courtisanne amoureuse, mais elle n'aurait pas trouvé en moi un amant aussi complaisant. Le sommeil m'eut bientôt enseveli dans un si profond repos, que s'il n'eût pas été interrompu, le soleil aurait avancé sa carrière, avant que je me fusse éveillé. Il n'y avait pas deux heures que nous étions couchés, lorsque le feu prit au-dessus du fourneau de la sucrerie: ce n'était rien, mais comme il fallait sonner la cloche pour appeller tous les nègres, le bruit parvint jusqu'à nous, & nous nous levâmes. Nous nous vîmes tous dans une situation originale, digne de figurer avec l'avanture la plus burlesque du roman de Scaron; chacun de nous tenait sa culotte, ou sa jupe à la main ou sous à bras ; la nuit étant obscure, nous n'y prîmes pas garde d'abord ; ce ne fut qu'à la clarté des flammes que, nous envisageant les uns les autres, les éclats de rire prirent la place de l'épouvante, dès qu'on eut éteint le feu. L'alarme fut plus grande que le danger n'était considérable, mais il était pourtant nécessaire d'y apporter un prompt secours : les incendies ruinent souvent au Cap les habitans qui font du sucre.

Je voulus me retirer à l'écart pour m'habiller ; mais ma future s'écria qu'il fallait nous en retourner comme nous étions venus, & terminer par-là cette risible scène. Pour y ajoûter plus d'indécence encore, elle fit apporter de la lumière, & me prenant sous le bras, nous nous rendîmes chacun dans notre appartement.

Quand nous fûmes dans la chambre, elle me dit que j'étais un cruel dormeur, & que je ronflais d'une si terrible manière, qu'il lui avait été impossible de pouvoir fermer l'œil. Je lui en fis d'assez faibles excuses, & lui souhaitant de nouveau le bon soir, d'un ton à achever de la désespérer, je me remis dans mon lit, où je ne fus pas long-tems à me rendormir.

Je m'étais bien douté qu'un mépris si marqué, car ma sagesse ne pouvait être interprétée autrement, m'attirerait la haine de celle qui avait sujet de s'en plaindre: elle se leva dès que le jour parut, pour aller sans doute instruire mon procès avec son amie. Il fut apparemment arrêté entr'elles que j'étais indigne de l'honneur qu'on me voulait faire: quelques Américaines, en femmes habiles, ont mis à la mode l'usage d'essayer leurs futurs époux.

Lorsque je fus habillé, je courus m'amuser de la fureur que j'avais excitée. Les deux amies étaient assises dans un coin de la salle: elles se levèrent en me voyant, mais il ne me fut pas difficile de reconnaître qu'on n'avait plus pour moi les mêmes sentimens. Je demandai malignement à ma future comment elle avait passé le reste de la nuit: je ne pus lui arracher une parole; elle nous quitta même un instant après, sous prétexte d'aller donner quelques ordres. Dès que je fus seul avec mon hôtesse, je la priai de me dire d'où pouvait provenir un changement si subit: elle me répondit qu'elle n'en savait rien, qu'elle s'était apperçue avant moi de la froideur de son amie; qu'il fallait que ce fût un de ces caprices auxquels son sexe était sujet; mais que pour peu que je m'y prêtasse, elle se fesait fort de ramener une femme qui lui avait témoigné un goût décidé pour ma personne. Je la remerciai,

& lui dis que je sentais parfaitement en quoi j'avais péché ; que, loin de m'en repentir, je serais très-fâché de m'être conduit différemment ; que cette femme, en consultant son miroir, y lirait ma justification.

La dame Carlin, détruisant en un moment tout l'édifice par elle bâti, pour conclure un himen qui était son ouvrage, me dit qu'il s'en fallait de beaucoup que ma délicatesse fût déplacée. Outré du procédé de cette femme, & de sa duplicité, je lui demandai pourquoi elle avait donc tant cherché à me faire faire cette belle alliance. Alors elle me répondit que son mari avait pensé que 80,000 liv. de rente pourraient me séduire, à l'exemple de tant d'honnêtes gens.

Il entra du monde qui nous empêcha de pousser plus loin cette conversation. L'on déjeûna, après quoi nous montâmes en chaise : en prenant congé de la maîtresse du logis, je lui dis malicieusement que j'aurais toujours pour elle le plus profond respect. Embarrassée du compliment, tout effrontée qu'elle était, sa réponse ne fut qu'une révérence de mauvaise grâce, qui laissait voir une partie de sa colère. M. Carlin se mit dans une chaise avec sa femme, & moi seul dans une autre.

Je tombai malade, quelques jours après cette

avanture ; & j'en fus quitte pour huit ou dix accès de fièvre si violente, que je crus que c'en était fait de moi : les bons traitemens, le régime que j'observai, ma forte constitution me tirèrent d'affaire ; mais je fus plus de trois mois languissant, & d'une faiblesse qui me rendait incapable de marcher & de soutenir le grand jour. Les maladies laissent, dans les pays chauds, des convalescences terribles : on est quelquefois plus de tems à rattraper une parfaite guérison, pour un ou deux accès de fièvre, qu'il n'en faudrait dans un climat froid, pour se remettre de la maladie la plus longue & la plus aiguë. Celui de Saint-Domingue est à cet égard très-mauvais, & il n'y a que les pays directement sous la ligne, qui puissent lui être comparés. La malignité de l'air, acide comme tous les fruits qui y croissent, occasionne aux nouveaux arrivés des maladies fâcheuses, dont on ne revient guère, si l'on n'a un bon tempérament : c'est ce qui fait qu'il y meurt tant de monde, car pour peu qu'un corps soit épuisé, il lui est impossible de résister à des fièvres si malignes, qu'elles mettent ordinairement au tombeau, dès les premiers accès. Quand on en réchappe, il faut des ménagemens extraordinaires pour ne point retomber, parce qu'on s'y relève rarement des rechûtes ; la raison en est sensible; le corps, déjà fatigué par la violence des secousses qu'il a essuyées, n'est plus en état de soutenir de nouvelles attaques encore plus violentes, & il faut donc nécessairement qu'il succombe. Ces fièvres, provenant d'un sang échauffé, &, pour ainsi dire, cuit, on ne vient à bout de les chasser qu'à force d'user de rafraîchissemens; ce que je compris si bien de moi-même, & inculquai tellement dans mon esprit, que je m'en fis un régime, tant en santé qu'en maladie: aussi n'ai-je eu depuis que de légères indispositions, dont les suites n'ont jamais été à craindre.

Lorsque je me vis tout-à-fait rétabli, je recommençai mes promenades dans la plaine; quelques quartiers que je n'avais point encore été visiter, m'occupèrent pendant plus de deux mois, sans que je remisse le pied chez M. Carlin. Il m'avait donné des lettres pour les personnes de sa connaissance, une seule suffisait pour tout un quartier; celui pour qui elle était, m'introduisait chez ses voisins, ceux-ci chez d'autres, & je parcourais insensiblement cinq ou six lieues sans m'en appercevoir. Mon patron m'annonçant toujours par-tout comme un voyageur avide de s'instruire, j'étais de plus-en-plus obligé de jouer ce rôle, qui me fesait recevoir en plusieurs endroits avec distinction.

Il est vrai que ce personnage n'était point difficile à soutenir, devant des gens qui se payaient de quelques mots vagues & indéterminés, dont je me servais, lorsqu'on me mettait sur le chapitre de l'histoire naturelle : car j'évitais d'en parler le premier ; ce qui venait d'un remords secret, & de la confusion que j'avais de tromper quelqu'un ; quoique ce fût assurément en des choses bien innocentes ; mais je n'en avais pas moins de scrupule.

Ce fut alors que je me trouvai dans un furieux embarras. Il vint au Cap quelques savans envoyés sous l'équateur, par sa Majesté, pour y déterminer la figure de la terre. Nos observateurs arrivèrent au Cap, précisément dans le tems que la réputation de mon savoir commençait à y faire quelque progrès, du moins dans le quartier où je demeurais. Mon hôte, revenant un jour de la ville, m'apprit qu'il avait dîné avec eux, chez le lieutenant de Roi ; & me vantant les charmes de leur conversation, il me proposa de leur aller rendre visite avec lui, & de les amener sur son habitation. Il m'en nomma un qui avait captivé sa bienveillance ; c'était M. de la C........, homme estimable, de qui j'étais très-connu. Le parti que je pris, fut de paraître accepter la proposition, mais d'éluder, autant que je dans différentes Colonies.

pourrais l'instant de notre départ. Je choisis le moment où mon hôte était allé chez un de ses voisins; & fesant atteler la chaise dont il m'avait permis de disposer, je me rendis dans une habitation éloignée, d'où j'allai au Fort-Dauphin sans le dire à personne. De crainte encore qu'on ne m'y vînt déterrer, je poussai jusques chez un habitant voisin des possessions espagnoles: j'avais rencontré cet homme deux ou trois fois, & il m'avait toujours fait promettre de l'aller voir. Pour me ménager une valable excuse auprès de M. Carlin, que cette absence mistérieuse devait surprendre, je me ressouvins que cet habitant m'avait parlé d'un commerce de bestiaux, qu'il fesait avec les Espagnols, & sur lequel il y avait gros à gagner. Il m'avait même proposé de m'associer avec lui, sachant que j'étais en argent comptant. Je sacrifiai une somme pour cette affaire, qui pouvait donner à mon voyage un air de commerce. L'utilité dont je me doutai bien que serait ce marché à M. Carlin, l'ayant entendu se plaindre plusieurs fois qu'il manquait de bestiaux, me porta à le conclure; & 12,000 francs que je m'obligeai d'avancer, me sortirent de l'embarras que j'éprouvais.

Nous signâmes un écrit ensemble, mon associé & moi, par lequel il s'obligeait de passer chez les Espagnols, dès que je lui aurais compté cette somme, que je n'avais point avec moi, & de me remettre la moitié des bestiaux qu'il achèterait, en me remboursant 6000 livres pour ceux qui lui resteraient. Il n'avait point d'argent, & il me fallut faire l'avance du tout. Mais j'eusse donné une somme encore plus forte en pure perte, afin d'avoir un prétexte plausible pour excuser mon absence.

Je laissai écouler une semaine entière, pendant laquelle je feignis d'avoir eu une indisposition, & dépêchant un nègre à mon hôte pour lui donner de mes nouvelles, j'écrivis une lettre qui fit tout l'effet que j'en attendais : je finissais par lui dire, que ma santé ne me permettant pas de retourner de quelque tems, je le priais de me marquer si ces Messieurs partiraient bientôt, parce que je serais au désespoir de manquer l'occasion de les voir ; qu'en ce cas, je me mettrais plutôt en chemin malade, au hasard d'en être incommodé.

Sa réponse fut telle que j'aurais pu la dicter moi-même. Il me félicita sur la société que j'avais contractée, la regardant comme une bonne affaire, par la disette des bestiaux dans tous les quartiers français, & il me prévenait d'avance du plaisir que je lui ferais en lui en cédant quelques-uns. Mais l'article de sa lettre

dans différentes Colonies. 141

qui me causa une grande joie, fut l'endroit où il me disait, que je ne m'exposasse point à tomber sérieusement malade; qu'il valait mieux renoncer à entretenir nos académiciens, qui devaient mettre à la voile au premier jour. Jamais conseil n'a été mieux suivi que celui-là, ni avec plus de goût. Il se passa encore plus de trois semaines, avant que je partisse pour me rendre chez M. Carlin; & m'arrêtant sur la route dans différentes sucreries, je n'arrivai que plus d'un mois après.

Je ne le trouvai point sur son habitation, il était allé au Cap; il ne revint qu'au bout de trois jours. Comme je savais déjà le départ de nos savans, dont j'avais eu soin de m'informer à son épouse, j'affectai beaucoup de chagrin de ce qu'ils étaient partis. Changeant après cela de propos, je lui parlai de l'affaire que j'avais faite, & tirant mon sous-seing-privé je le lui donnai à lire. Il le convoita, je n'eus pas de peine à l'entrevoir. C'était ce que je souhaitais, parce qu'au fonds, ce marché n'était nullement de mon goût, malgré l'espoir d'un profit considérable. En ayant laissé transpirer quelque chose, mon homme saisit l'occasion, & dit que, pour me faire plaisir, il se mettrait en mon lieu & place, s'il avait les 12,000 francs qu'il fallait débourser.

Il était bien sûr que cela ne m'arêterait point, car il connaissait déjà ma facilité par plus d'une expérience : nous signâmes un nouvel écrit sur-le-champ, qu'il dressa lui-même, & dans lequel il inséra de son propre mouvement, qu'il me rembourserait du produit *d'une étuvée de sucre,* actuellement au moulin(1). Je ne le lui avais point demandé, & je fus payé plus exactement que je ne m'y serais attendu. Environ deux mois après, je touchai mes 12,000 livres, sans que je l'eusse pressé ; tandis que le reste de ce qu'il me devait, ne m'est parvenu qu'avec d'extrêmes difficultés.

Il m'avoua que ce marché lui avait été grandement avantageux, en remontant son habitation, pour une modique somme de 6000 livres de toutes les espèces de bestiaux nécessaires à son exploitation, qui auraient coûté au moins 16,000 livres, s'il lui eût fallu les acheter à ceux qui font ce commerce. J'ai effectivement vu vendre des mulets 100 pistoles la pièce, & des chevaux 7 à 800 livres, dont on n'aurait pas donné en france 40 écus. C'est le seul négoce des Espagnols de Saint-Domingue, ils

―――――――――――――――――――――――
(1) *Etuvée de sucre* est sans doute une façon de parler en usage au Cap-Français pour exprimer une récolte de cannes à sucre, à qui l'on a fait subir une première préparation.

élèvent un grand nombre de bestiaux qu'ils vendent à des Français qui vont les chercher chez eux pour les revendre ensuite aux colons de la partie française. Beaucoup de ces derniers pourraient s'éviter cette dépense, en formant des troupeaux sur des terreins éloignés du bord de la mer, & situés dans des quartiers où l'on ne saurait établir de sucreries : faute de prendre cette utile précaution, nos colons courent risque d'éprouver d'affreuses disettes ; ainsi que la chose arriva pendant trois années de suite, lorsqu'en 1741 le chef des Espagnols, résidant à San-Domingo, crut devoir défendre le transport des bestiaux : les Français se virent contraints de ne plus manger que de mauvaise viande, encore était-elle si rare, qu'on fut forcé de supprimer les fermes des boucheries, qui produisent pourtant de si gros revenus aux supérieurs de la colonie. Aurait-on ressenti ce terrible inconvénient si chaque habitant eût eu chez lui une certaine quantité de bêtes à l'engrais?

Délivré de l'inquiétude d'être découvert par un savant que je connaissais très-particulièrement, M. *de la C*........, & duquel j'appréhendais bien davantage un premier mouvement de surprise, qui nous trahit quelquefois malgré nous, qu'aucune indiscrétion, je reparus au Cap, où l'on ne parlait pas d'autre chose que de l'importante expédition de nos académiciens. J'appris de quelques personnes dignes de foi, & à qui le babil de ces savans n'avait pu en imposer, qu'ils portaient, dans l'Amérique Espagnole, un grand fonds de suffisance, dont ils avaient laissé échapper plusieurs traits avant de sortir du Cap. Un négociant, au fait des pays où ils allaient, pour y avoir long-tems demeuré, prédit devant moi, que s'il ne se défesaient de certains airs de hauteur qu'on remarquait en eux, & de cette pétulance française qui déplaît tant aux étrangers, ils couraient risque de se trouver dans des situations fâcheuses, malgré la protection de la cour de Madrid ; ce qui leur est en effet arrivé. Au reste, tous les habitans du Cap & des environs s'empressèrent à les bien recevoir. On arma exprès un batteau pour les transporter à *Porto-bello*, il fut commandé par le sieur *de Saint........*, Officier des troupes de sa Majesté : ce qu'il y a de plus étonnant, M. d'H....., Lieutenant de Roi, voulut bien les y accompagner : mais une perspective gracieuse, ne rendant pas ce voyage tout-à-fait infructueux pour quiconque l'entreprend, on a dit que ces Officiers en tirèrent toute l'utilité possible. Les nations maritimes sont toujours en quête de prétextes, pour pouvoir

voir mouiller sûrement dans le port des Espagnols en Amérique : celui-ci en était un des plus favorables ; ainsi nos doctes dûrent moins ces égards à la politesse, qu'à des vues d'intérêt, qu'ils ne pressentirent peut-être point.

Le risque que je courus en cette occasion, me rendit plus circonspect ; car, indépendamment de ce que je n'en voulais point être connu, il n'était point douteux qu'on ne m'eût regardé comme un imposteur, qui projettait de faire des dupes, à l'exemple de tant de Chevaliers-errans, dont les colonies sont infectées.

Un Chevalier du nombre de ceux-là, eut l'adresse d'en imposer à l'Amiral Vernon. Ce prétendu Chevalier n'était connu à Saint-Domingue, que pour avoir joué la comédie, dans la troupe d'un nommé Tencin, qui renonça au théâtre pour devenir armateur ; il équipait des bateaux, pour le commerce de la côte d'Espagne, lorsqu'il lui en fut pris un par l'escadre de l'Amiral Vernon, dans lequel se trouva notre Chevalier, qui voulait aussi faire valoir l'argent gagné au Spectacle. C'était un jeune homme d'une assez jolie figure, ayant de l'esprit, & rempli de ces manières qu'un comédien est forcé de copier pour rendre au naturel les Comtes & les Marquis représentés sur la scène. Il se fit mener à l'Amiral, disant qu'il était homme de condition; il débita une généalogie, à laquelle Vernon, ajoûtant foi, le traita avec beaucoup de distinction. Ce Commandant Anglais poussa la générosité jusqu'à lui remettre tous les effets qu'il réclamait comme lui appartenans; & pour achever de le combler d'égards, il le renvoya à Léogane, par un des vaisseaux de son escadre. M. De Larnage, voulant punir ce comédien de son imposture, en fut désarmé par l'audace avec laquelle il soutint la gageure, affirmant toujours qu'il était de la maison de Comminge. Ce Général se contenta de lui dire que, s'il en était effectivement, il n'en avait guère les sentimens. Cette avanture ayant fait grand bruit dans le pays, ne servit qu'à rendre le Chevalier-comédien plus recommandable: il s'est depuis marié & a perdu au jeu, ou dissipé par sa mauvaise conduite, tout ce que sa femme lui avait apporté en dot.

 Tandis que j'étais au Cap, il s'y passa une avanture opposée à celles de ces Chevaliers-errans dont je viens de parler: ils voudraient se donner pour ce qu'ils ne sont point; mais un fort bon Gentilhomme, qu'on cherchait & qu'on découvrit par hasard, ne voulait absolument pas se donner pour ce qu'il était. Rebuté des mauvais traitemens de sa mère, qui n'avait pour lui que de la haine, il quitta fort jeune la maison paternelle, l'une des meilleures de la Bretagne, tant pour l'ancienneté, que pour les emplois honorables dont elle a été décorée. Il passa au Cap, où ne connaissant personne, & n'osant se nommer, de peur qu'on ne le renvoyât à sa famille, il prit le nom de Pélerin, & résolut d'apprendre un métier, pour subsister. Un maçon charitable lui enseigna le sien, & il y gagna quelque chose, & eut, comme tous les autres artisans, des nègres qu'il fesait travailler & qui le dispensaient de mettre la main à l'œuvre, que pour leur montrer. Cet état, m'a-t-il dit plusieurs fois, lui paraissait si doux, au prix des duretés dont sa mère l'accablait, qu'il était presque parvenu à oublier sa famille.

En partant de France, il avait laissé un aîné, qui mourut; & comme il était le second, que l'ordre des successions entre nobles le plaçait à la tête de sa famille, il fut question de lui en donner avis. On savait seulement, que s'il vivait encore, il devait être en quelque coin de Saint-Domingue, parce que c'était-là qu'il avait quitté le vaisseau du Roi, sur lequel il était pour lors embarqué en qualité de garde-marine. La famille n'avait point intention qu'il repassât en France, mais elle avait projetté de lui faire céder son droit d'aînesse à son puîné. Un Capitaine de haut bord, parent de la mère, s'était chargé de cette commission, au cas qu'il le rencontrât. Arrivé au Cap, il n'ébruita pas son dessein, & n'en parla qu'au Gouverneur, se doutant. bien que celui qu'il cherchait, pourrait décamper, & s'aller cacher de manière à rendre toutes ses recherches inutiles. Le maître maçon m'a en effet avoué, que s'il l'eût su, on ne l'aurait jamais retrouvé. De tels sentimens feraient honneur, inspirés par l'amour de la solitude, & d'une philosophie éclairée ; mais ce n'était assurément pas ce qui le déterminait ; une vie molle & crapuleuse y avait plus de part : content de sa condition, tant qu'il serait inconnu, je lui ai oui dire, qu'il aurait sacrifié le peu qu'il possédait à demeurer toujours ignoré.

Le Capitaine de vaisseaux qui s'était chargé de le découvrir, avait presque abandonné l'entreprise, quant au Cap, & se préparait à partir pour Léogane, afin d'y continuer ses perquisitions. Dans le tems qu'il s'y attendait le moins, le hasard fit ce que tous ses soins n'avaient pu produire. Il passait dans une rue où l'on bâtissait une maison, dont Pélerin, qu'on ne connaissait que sous ce nom-là, était l'entrepreneur. Monté sur un échaffaud & regardant travailler ses nègres, Pélerin ne se doutait nullement qu'on s'imaginât que le Marquis du P** pût être caché sous cet équipage. Son air de famille le décela, il avait soin d'ailleurs de se tenir assez bien, & depuis qu'il avait des esclaves au fait du métier qu'il avait embrassé, il ne mettait plus la main à l'ouvrage, & portait ordinairement un habit rouge : tout cela frappant le Capitaine, il l'appela par son véritable nom ; un premier mouvement lui ayant fait tourner la tête, il fut convaincu que c'était-là l'homme qu'il cherchait.

Cependant Pélerin niait toujours la noble extraction qu'on lui donnait ; il fallut vérifier s'il n'avait point un signe très-apparent sur la poitrine ; & cet indice ayant été trouvé, joint à beaucoup d'autres, il fut forcé de convenir de son déguisement : tout le Cap fut bien-tôt informé, que Pélerin maçon était le Marquis du P**.

La singularité de cette avanture me porta à aller manger ce même jour chez le Gouverneur, où je fus témoin de ce qui se passa au sujet de la cession qu'on voulait extorquer de ce jeune Gentilhomme. Il n'a point dépendu de moi qu'il n'en ait rien fait, mais le pauvre garçon avait contracté une espèce de bassesse dans les sentimens, qui ne lui permit point de goûter la solidité de mes conseils. On l'amena à bord du vaisseau de guerre que commandait son parent; & là, à force de caresses, ou peut-être de menaces, il se laissa fléchir, & signa l'acte qui le dépouillait d'un droit qu'il ne tenait que de la Nature, pour en revêtir son cadet, qui fesait les délices de la mère.

Le Ciel ne tarda point à la punir, cette mère marâtre, car son fils chéri ne vécut pas long-tems. Le droit d'aînesse revint encore à Pélerin, qui eut la même facilité à le céder au dernier frère qui lui restait.

Depuis environ deux ans que je vivais avec M. Carlin, n'ayant d'autre logement que sa maison, à la ville & à la plaine, à l'exception du tems où je m'absentais pour courir les habitations, je ne m'étais encore point avisé de songer à la quitter : je fis pourtant réflexion à la fin, que ce serait abuser de sa complaisance, & je pris sur-le-champ mon parti.

Je louai au Cap un petit appartement, que j'eus soin de meubler le plus proprement qu'il me fut possible. Je m'y installai, & partis après cela pour aller remercier mon ancien hôte : il parut surpris de ma résolution ; la crainte d'être obligé de me rembourser les sommes que je lui avais prêtées, lui fit employer tous les moyens imaginables pour me détourner d'un tel dessein. Il se tourna de cent façons différentes ; mais voyant qu'il ne pouvait rien gagner, que je persistais à vouloir demeurer au Cap, sans autre liaison avec lui à l'avenir que celle qu'exige la bienséance, il me proposa une chose à laquelle je ne me serais jamais attendu.

Cette fille, qu'on élevait si précieusement en France, me fut offerte avec une dot considérable, peut-être plus forte qu'il n'eût pu la donner, si j'eusse accepté ses propositions, & qu'il les eût faites sincèrement : car chez les habitans de l'Amérique, de Saint-Domingue sur-tout, *promettre est un, & tenir est un autre*. Il croyait apparemment que de si belles promesses tenteraient un cœur comme le mien ; il se trompait : je le lui fis sentir un peu trop vivement, j'en convins, mais est-on maître de son indignation ? Si j'avais pu me persuader qu'il me fesait cette offre de bonne foi, j'y aurais répondu plus honnêtement. J'étais au contraire convaincu qu'il ne cherchait qu'à m'amuser, pour tirer mon remboursement en longueur ; je lui répondis donc relativement à cette idée, que, sachant, par la confidence qu'il m'avait faite, ses vues sur cet objet de sa tendresse, je croirais blesser la reconnaissance que je lui devais, si je ne refusais ce qu'il m'offrait par excès de pure bonté.

Ces paroles n'avaient rien d'insultant par elles-mêmes : mais comme le ton donne l'âme au discours, dans presque toutes les langues, celui dont j'assaisonnai mon compliment était trop ironique pour que l'habitant du Cap n'en fût pas choqué : mais changeant tout-à-coup de propos, je le mis sur la voie de mon payement.

J'éprouvai combien cet homme était capable de bassesses ; il descendit avec moi à des indignités qui me firent rougir pour lui : les prières, les supplications ne furent point épargnées ; il en vint jusqu'à détruire l'idée d'opulence qu'il avait tant cherché à me faire concevoir. Ce n'était plus cet habitant si riche, qui se proposait de passer bientôt en France pour y jouir d'une fortune immense, mais un habitant des plus mal-aisés, que je ruinerais en lui refusant un long terme. J'avoue que la patience pensa m'échapper, & qu'il s'en fallut de bien peu que le mépris que m'inspiraient des façons si odieuses, ne me portât à lui témoigner avec aigreur toute l'indignation que je ressentais

Le souvenir des bons traitemens reçus dans sa maison m'arrêta encore ; je ne voulus point, par une espèce de reconnaissance, dont mon procédé à son égard m'avait cependant assez acquitté, lui laisser même appercevoir l'agitation intérieure où j'étais. Je brisai tout-à-coup un entretien qui me déplaisait si fort, en lui disant, qu'il pouvait prendre le tems qu'il lui fallait pour me payer, que je le laissais à sa discrétion, & qu'il n'avait qu'à faire son billet. Je vis la joie se répandre sur son visage, comme si je luis avais fait présent de la somme qu'il me devait. Les expressions ne lui manquèrent point pour m'assurer qu'il n'avait besoin que d'un an, & qu'au bout de ce terme, je pouvais être certain de recevoir mon argent : il m'offrit même des intérêts que je refusai, qui lui fit rejeter de son côté la poposition de compenser dès l'heure la pension que je lui devais. Il me dit qu'il n'en voulait entendre parler dans un tems ni dans l'autre, & fit même tous ses efforts pour me faire accepter un mulâtre, qui m'avait toujours servi, & auquel je m'étais attaché. Je protestai que je l'abandonnerais plutôt que de l'avoir à titre gratuit, que, s'il voulait m'obliger, il fallait me le vendre, & que j'allais le lui payer comptant. Enfin nous réglâmes sur ce pied-là, & je me vis délivré pour quelque tems de toute affaire avec un homme aussi méprisable.

Retiré au Cap, je ne m'y fixai pas tellement que j'eusse renoncé à la plaine, dont le séjour avait beaucoup plus de charmes pour moi. Les amis que j'y avais faits étaient une ressource, quand je voulais m'aller désennuyer à la campagne. La ville du Cap & toutes les autres de l'Amérique n'offrent rien d'attrayant, sur-tout pour quiconque n'y cultive point le négoce. Abandonné à soi-même, il n'est aucun délassement pour qui a vécu en France, & y a fait une certaine figure. Il ne faut là chercher ni spectacles (1), ni cafés, ni promenades publiques, encore moins de sociétés : on ne sait à quoi passer son tems, & c'est un vrai supplice pour un homme désœuvré. Le carnaval seul en chasse un peu la sécheresse des plaisirs, dans les contrées que les Français habitent : mais quels plaisirs! On ne s'aviserait jamais de s'en amuser, si ce n'était l'éloignement où l'on est de l'Europe. Les habitans aisés reviennent alors à la ville, on joue chez quelques-uns, on boit largement chez d'autres, & on s'ennuie chez la plupart. La plaine n'a guère plus d'attraits

---

(1) Il y a cependant quelquefois des Comédiens qui viennent s'établir dans la ville du Cap.

pour qui n'y possède point d'habitation ; mais outre la contrainte qui en est bannie, on y goûte, matin & soir, les agrémens de la promenade ; & lorsqu'on a le bonheur de tomber chez quelque habitant riche & de bonne société, il arrive rarement qu'on soit sans une compagnie agréable. Il est pourtant des quartiers, où les voisins se visitent à peine une fois l'année ; je m'y suis trouvé des semaines entières enseveli dans un ménage, vis-à-vis du mari & de la femme.

J'ai dit plus haut qu'on ignore souvent sous ces climats les charmes d'un amour pur & délicat. L'envie de me faire un amusement au Cap me fit rechercher une personne avec qui il fût possible de lier une intrigue. Je crus avoir découvert ce qu'il me fallait, dans une petite marchande assez jolie, qui ne manquait point d'esprit : je lui fis des propositions qu'elle accepta sans balancer ; aussi étaient-elles très-avantageuses pour sa fortune : mais je reconnus bientôt que cette liaison ne me convenait point, parce qu'elle continuait de mener une vie opposée au traité que nous avions ensemble. Je tâchai, pendant quelque tems, de la ramener à de meilleurs principes : elle n'en devenait que plus impérieuse ; ainsi je la quittai au bout d'un mois, l'abandonnant à sa mauvaise destinée.

Elle me fit renoncer à tous les engagemens de cette nature, tant que je serais en Amérique.

Ne trouvant aucune ressource du côté des femmes, je m'adonnai plus que jamais à la lecture; & comme les livres sont fort chers en Amérique, j'écrivis à mon négociant de la Rochelle de m'en envoyer un certain nombre, dont je lui fis tenir la liste: je fus servi ponctuellement; il me remplit aussi quelques autres commissions pour lesquelles je lui avais adressé du sucre, qu'il me vendit avantageusement, & dont il me fit des retours en marchandises, qui me rendirent beaucoup, & servirent à me défrayer de la dépense que j'étais obligé de faire; car il faut dépenser prodigieusement au Cap, quelque économie dont on veuille faire usage. Tout est d'une si horrible cherté dans ce pays d'opulence, qu'il serait très-difficile d'y vivre, sans les moyens qu'on a d'y gagner beaucoup d'argent. Je payais, pour moi & mon domestique, trente pistoles de pension par mois, non compris mon logement qui coûtait 900 l. par année; je n'avais cependant qu'une seule chambre & un cabinet. Mais les profits que l'on fait sur tout sont si immenses, qu'on regarde cela comme rien: j'ai vu vendre des poulets d'Inde jusqu'à 36 livres la pièce, un chapon 18 francs, & le reste de la volaille à proportion. Elle y est excellente, on peut assurer qu'en France on n'y en mange point de meilleure; ce que j'attribue à la nourriture, qui est de maïs ou bled d'Espagne, & bien au-dessus de celui qu'on recueille dans les provinces méridionales du royaume. La chair de cette volaille est tendre & délicate, la graisse, d'un jaune doré, est d'un goût exquis ; à mon gré, les poulardes du Mans ni les chapons de Barbezieux n'approchent point de ceux de cette espèce, élevés avec soin dans l'Amérique. Malgré cela les habitans en font peu de cas, parce qu'apparemment la volaille y est trop commune. Leur grand régal est la grosse viande, dont je n'ai jamais pu manger un bon morceau, du moins eu égard à celle qu'on sert en France, & dont les bouchers sont par-tout si bien pourvus. Leurs festins ordinaires sont composés de veau, qu'on accommode à toutes sauces : entrées, bouilli, rôti, tout est veau, ou plutôt bœuf, car il a quelquefois plusieurs années; aussi n'approche-t-il pas de celui qu'on mange en France.

Puisque je suis sur le chapitre de la cuisine de Saint-Domingue, je vais épuiser cette matière, avant de la quitter.

Le gibier, quoiqu'en petite quantité, y est

fort bon, mais il faut aller à la plaine pour se satisfaire à cet égard, étant toujours rare à la ville. Tout celui que l'on y mange consiste en pigeons ramiers, qui sont véritablement d'un fumet & d'un goût excellens ; en cochons marrons, c'est-à-dire sauvages, mais qui sont bien éloignés de valoir nos sangliers : ils sont pourtant meilleurs que les porcs domestiques, d'où ils sortent originairement, cette espèce venant de ceux qui furent lâchés dans les bois par les Espagnols, premiers habitans de ces colonies ; & par les boucaniers Français leurs successeurs immédiats, puisque ce sont eux qui les chassèrent de la partie que nous occupons. Ces cochons sauvages n'ont point de défenses comme les sangliers d'Europe, mais ils sont d'un assez bon goût, sur-tout lorsqu'on les a boucanés, c'està-dire, fait sécher à la fumée, ainsi que cela se pratique pour les jambons. Les Espagnols, qui habitent une partie de l'isle de Saint-Domingue, savent les accommoder d'une manière admirable ; ils les coupent par aiguillettes, ce qu'ils ont retenu des boucaniers, & les exposent ensuite à la fumée d'un feu qu'ils allument dessous, ce qui communique à la chair de ces animaux une espèce de fumet qui n'est pas désagréable. Tout cela cependant n'approche point des jambons qu'on apporte d'Europe.

Les Espagnols préparent de la même façon les bœufs sauvages, dont il y a un grand nombre du côté de Samana, dans l'est de l'isle ; on ne voit guère de cette viande chez les Français ; je n'en ai mangé que parmi les Espagnols, & deux ou trois fois sur la frontière.

On comprend aussi dans la classe du gibier, une espèce de poule, qui devrait plutôt être rangée dans celle de la volaille ; cependant, comme il y en a beaucoup de sauvages sur les terres des Espagnols, car on en trouve rarement chez le Français, ni en ayant communément que de privées, je crois qu'on en peut faire deux classes, & conserver à la sauvage la dénomination de gibier, que lui mérite en effet la différence de son goût. C'est de la poule pintade dont je veux parler, qui est aujourd'hui si connue en Europe, qu'on l'y élève aussi facilement qu'en Amérique, d'où elle n'est pourtant point originaire, étant venue de la côte d'Afrique. Elle s'est étonnamment multipliée ; celle qui n'est point apprivoisée diffère autant des pintades domestiques, que le f... de la poule ordinaire. Je ne connais rien au-dessus d'un pintadeau sauvage : son fumet lui est particulier, & notre meilleur gibier de France ne lui saurait être comparé. J'ai été exprès deux ou trois fois à plus de 15 lieues pour en tuer à la chasse, me rencontrant à Maribaroux ou Oüanaminte, quartiers qui avoisinent le plus l'Espagnol. Nous allions vers *Monte-Christ*, pays charmant pour quiconque aime la chasse.

 Le surplus du gibier que l'on mange à Saint-Domingue est presque le même qu'en France; il y a une grande quantité d'oiseaux de passage, comme canards, sarcelles, beccasses, beccassines, pluviers & autres oiseaux. Les habitans voisins de la mer profitent le plus de cet avantage : ils ont tous des nègres chasseurs, ce qui est d'une grande ressource pour leur table. Depuis le mois de septembre jusqu'à la fin de janvier ou de février, on est sûr de faire bonne chère chez eux ; les autres y envoient quelquefois de fort loin, mais on a le désagrément de n'avoir pas ce gibier aussi frais, l'hiver de ces pays étant encore trop chaud pour que la viande puisse se garder long-tems. Ces oiseaux viennent, dit-on, du nord, d'où le froid les chasse, & ils n'y repassent que quand la saison est devenue plus douce ; ainsi ils ont le même instinct qu'en Europe.

 Outre ce gibier, on y en voit encore d'autre, qui porte le nom du meilleur gibier de France, sans lui ressembler en la moindre chose ; tels sont les perdrix, les tourterelles & les ortolans : la perdrix de Saint-Domingue est petite,

beaucoup

beaucoup plus grise que nos perdrix, & du reste n'ayant rien de commun avec elles. Pour la tourterelle, elle approche un peu plus de celle de France. L'ortolan n'est rien moins que semblable au nôtre, dont il n'a ni le goût ni la grosseur; c'est plutôt une espèce de petite tourterelle qui s'engraisse dans la cage comme nos ortolans, & c'est peut-être ce qui lui a fait donner ce nom. Enfin on mange chez quelques habitans de la plaine, de petits oiseaux appelés *Maringoins*, du nom de ces petits insectes volans appelés cousins en France, & qui sont très-communs dans l'Amérique: c'est à mon avis ce qu'il y a de meilleur, étant très-délicats, & infiniment au-dessus de ces petits oiseaux qu'on nomme *Grassets* dans quelques provinces du royaume, & *Meuriers* dans d'autres.

La mer & les rivières étant extrêmement poissonneuses à Saint-Domingue, il est aisé aux habitans de se bien traiter en maigre; s'ils ont des nègres fort adroits à la chasse, ils n'en manquent pas qui sont aussi entendus à la pêche. Ce sont des douceurs que les habitans riches savent tous se procurer, qui leur rendent la vie moins dure; car elle l'est en Amérique pour tout le monde, quelque chose qu'on fasse pour se procurer le superflu. Il y a beaucoup de différentes sortes de poissons inconnus en France,

Partie I. L

qui ne font pas également bons, mais la plupart font excellens, & l'on en mange peu en Europe qui les furpaffent. Je mettrai à la tête de ceux-ci le Mulet bâtard ou de rivière, & la Vieille, deux poiffons auffi exquis qu'il y en ait en aucune autre partie du monde.

A l'égard de l'accommodage, quoiqu'on tâche, autant que l'on peut, d'y attraper la fineffe du goût français, il faut pourtant dire que les meilleurs ragoûts font bien éloignés d'approcher de ceux de nos bons traiteurs. Les cuifiniers dans l'Amérique font prefque tous des nègres, peu habiles, & fort mal-propres. Le piment y eft d'un ufage commun; il entre en beaucoup d'affaifonnemens, &, felon moi, les rend déteftables. On eft très-friand à Saint-Domingue, d'un mets appelé *pimentade*, parce que le piment domine extraordinairement dans cette forte de ragoût fait avec du veau, du cochon ou de la tortue. Je ne fais aucun doute que le piment, fi en ufage aux ifles, ne foit la caufe principale d'un grand nombre de maladies, auxquelles on eft fi fujet dans les pays où il croit abondamment : toujours eft-il certain qu'il émouffe le goût, débilite l'eftomac, énerve le tempérament, & jette dans des diarrhées qui font périr beaucoup de monde. J'ai obfervé tout le tems que je me fuis vu à portée de le faire, que ceux qui, comme moi, évitaient de manger trop de piment, étaient moins sujets aux maladies, qui proviennent d'un dérangement extrême dans l'estomac, dont les fonctions se trouvent interrompues. Le citron pour lequel on n'est pas moins passionné, & les autres acides dont l'Amérique est pleine, produisent le même effet; ensuite les boissons fortes prises sans modération; le peu de ménagement avec les femmes; tout cela achève de ruiner les corps les plus robustes, & au moins les trois-quarts des Européens qui passent sous ce climat. Que l'Europe serait moins dévastée, si les Indes occidentales étaient encore à découvrir!

Il s'en faut bien que Saint-Domingue soit peuplé comme il le devrait être. La moitié des terres y sont incultes, sur-tout dans la partie du sud, faute d'habitans.

Devenu pour ainsi dire bourgeois du Cap, je m'y occupai à examiner sa situation, qui n'est pas telle qu'on aurait dû & pu la choisir, pour fonder une ville commode, & à l'abri de toute insulte : elle est bâtie sur le côté droit de la baie que la mer forme en cette endroit, tandis qu'on pouvait lui donner le plus bel aspect, en la construisant au fond du golphe. On lui eût par-là ménagé l'utile

L ij

avec l'agréable, parce que, outre un port charmant qu'on lui aurait procuré par d'assez faibles travaux, on la fesait profiter d'une rivière qui porte bateaux. En arrivant de la mer, on aurait eu cette ville en perspective; au-lieu qu'elle fait le plus vilain effet dans l'endroit où on l'a placée : comme elle est située au pied de montagnes très-hautes, il faut être dessus pour la voir; elle est comme enterrée. Il naît de-là une autre incommodité, la hauteur des montagnes n'y fait respirer qu'un air étouffé, inconvénient d'une grande importance dans des pays aussi chauds. Les maladies y sont par cette raison beaucoup plus fréquentes qu'à la campagne. D'ailleurs on ne saurait la fortifier régulièrement, malgré les dépenses excessives faites pour y parvenir; car il a fallu abattre des mornes (1), ce qui est un travail immense, & combler dans la mer un espace très-considérable. Les frais qu'il a fallu faire pour cela auraient été mieux employés en fortifications.

Dans le lieu que j'aurais choisi pour l'emplacement du Cap, est une fort belle plaine, nommée la *Petite-ance*; on lui aurait donné toute l'étendue & la régularité désirable : on

_____

(1) On a vu qu'à Saint-Domingue c'est le nom qu'on donne aux montagnes & hauteurs.

l'eût également fortifiée de tous les côtés, en sorte qu'on en eût fait une place imprenable, à beaucoup moins de frais qu'il n'en a coûté pour fortifier & embellir le Cap, qui ne passera jamais que pour une bourgade, quelque dépense qu'on y fasse. L'autre ville aurait eu l'avantage d'avoir à sa droite & à sa gauche, deux magnifiques fauxbourgs. Cette ville située de la sorte n'aurait pu être attaquée que dans les formes, & il aurait fallu en faire le siége par terre, les vaisseaux de guerre n'ayant pu avancer assez près pour canoner jusques dans l'enfoncement de la baie.

Je ne sais qui a pu empêcher l'établissement de cette ville, dans le lieu que je viens d'indiquer, ayant oui dire aux plus anciens colons, qu'on avait toujours été persuadé que le Cap était mal situé, & que le terrein de la *Petite-ance* lui serait mieux convenu. J'oserais parier que l'entêtement d'une seule personne en place en aura été cause : car voilà dans nos colonies la source de toutes les sotises qui s'y font, & dont les ouvrages publics se ressentent presque tous.

Lorsque j'arrivai au Cap, il était ouvert de toutes parts : on y a depuis élevé nombre de fortifications, ouvrages de la nécessité plutôt que d'une sage prévoyance.

Le Cap n'était anciennement qu'un misérable amas de cabanes couvertes de roseaux ou de *taches*, qui sont des espèces d'écorces produites par un arbre d'une très-grande utilité; je veux parler du Palmiste, dont les propriétés sont admirables. Le Cap était d'abord fort resserré, marécageux, & ressemblant parfaitement à une habitation de sauvages. On l'a peu-à-peu agrandi, étendu; de sorte qu'il contient présentement un espace assez vaste pour former une ville de quelque importance; mais il lui manquera toujours la régularité, nécessaire même pour sa défense, parce qu'on ne parviendra jamais à la rendre assez forte du côté de la terre, pour résister à un ennemi qui l'insulterait par-là.

Au mois de Décembre de l'année 1736, veille de Saint-Thomas, un affreux incendie réduisit en cendres près de la moitié du Cap: il y périt tant de richesses, qu'on a fait monter cette perte à plusieurs millions. Au bout de quelques années il n'y paraissait plus; presque toutes les maisons furent rebâties en pierres de taille, qu'on fait venir de France. On prétend même que certains habitans, en un espace de tems aussi court, étaient devenus beaucoup plus riches qu'auparavant. Il est vrai qu'une partie d'entre eux s'était servi de moyens qui ne fesaient pas l'éloge de leur droiture ; & l'on raconte à cette occasion des histoires plaisantes. On dit, par exemple, que, dans la confusion que causa ce malheur arrivé la nuit, plusieurs, qui n'avaient rien, trouvèrent le secret de se rendre opulens, en réclamant des effets qui ne leur appartenaient point : toutes les marchandises de la même espèce se ressemblent ; ce fut-là le seul titre de leur possession. Ce que l'on sauvait, & qui échappa au pillage, était porté pêle-mêle dans un lieu où il fut permis quelques jours après de venir reconnaître ce qui était à soi. Le Juge présent en ordonnait sur-le-champ la délivrance. On remarqua que les gens de la réputation la plus décriée emportaient presque tout, & qu'il ne resta aux autres que ce qui ne pouvait être méconnu. Il arriva même qu'une femme, habile à s'approprier le bien d'autrui, poussa l'effronterie jusqu'à demander, comme lui appartenant, un meuble fermant à clé, qui lui fesait envie. Un particulier qui était là comme les autres, pour tâcher de trouver quelque chose de ce qu'il avait perdu, tirant aussi-tôt les clés de sa poche, les offrit à cette femme, & prouva par cette action qu'il était le vrai propriétaire. On se contenta de rire de l'avanture, que l'on aurait sûrement regardée d'un autre œil dans un endroit mieux policé.

Il est certain que le feu, en consumant une grande partie du Cap, a rendu service aux habitans, qui, pour prévenir désormais des accidens semblables, se sont mis en devoir de bâtir en maçonnerie. Quelques-uns ont réussi à faire des maisons riantes & commodes : ce n'est pas certainement le plus grand nombre ; car il faut convenir que la plupart sont d'un très-mauvais goût ; aussi les architectes ne sont-ils souvent que des nègres. Tout ce que l'on recherche est qu'elles soient bien aérées, & qu'il y ait pour cet effet beaucoup de croisées & de portes ; du reste on se soucie peu que les fondemens en soient solides, les murs d'à-plomb, qu'il y ait de la proportion entre les portes & les fenêtres, de la distribution dans les appartemens, &c. MM. les Ingénieurs ont contracté le même goût, & l'on observe dans leurs édifices tous les défauts de ceux des particuliers ; les règles de l'art ne les gênent guère, ce qui fait qu'ils parviennent bientôt à les oublier totalement. L'un d'eux, avec qui je m'entretenais un jour, portait l'ignorance si loin, qu'il disait que Vitruve était de tous les modernes, celui que M. de Vauban avait le plus suivi dans son ingénieuse manière de fortifier les places.

Ces maisons ne laissent pourtant pas de coûter

extrêmement chers les matériaux viennent en partie de France; ce sont les Nantais qui les apportent, parce que, ne venant qu'à frêt, ils se lestent de pierres, d'ardoises, &c. C'est ordinairement la pacotille du Capitaine. Plusieurs maisons sont en brique, qu'on prépare aussi bien qu'en France : la nécessité, mère de l'industrie, ou plutôt l'appât du gain a procuré ce secours & d'autres, qui sortent de la même origine; ce qui enrichit beaucoup de petits habitans. La chaux ne s'y fait pas moins bonne, de sorte qu'il est aujourd'hui plus facile & moins coûteux de bâtir des maisons en pierres, que de suivre l'ancien usage de les construire en bois, qui est devenu d'une rareté extrême. Il y a des maisons qui coûtent jusqu'à cent-mille francs, & rapportent dix à douze-mille livres par an. On les appelle *magasins*, ce qui vient de ce que presque tout le monde est ici marchand en gros ou en détail. Quelques-unes de ces maisons, ou magasins, ont de beaux balcons en fer, travaillés & ornés comme dans les meilleures villes du royaume; aussi les fait-on venir de Nantes ou de Marseille.

Tandis que je me livrais le plus au soin d'observer ce qui me paraissait mériter toute mon attention, je reçus une lettre de France, qui m'apprit que mon affaire d'honneur était arrangée. Je me hâtai aussi-tôt de m'embarquer ; & une traversée des plus heureuses me ramena dans le sein de ma famille.

LISTE

De Messieurs les Gentilshommes, qui ont leurs titres de noblesse enregistrés au Conseil-supérieur du Cap-Français, depuis 1712, jusqu'en 1730.

MESSIEURS,

Bernard de Lafonds, Ecuyer, sieur de l'Epérance, enregistré le 10 mai 1712.

Nicolas Jucherau, Ecuyer, sieur de Saint-Denis, enregistré le 4 octobre 1713.

Joseph de Linières, Ecuyer, sieur de Saint-Pompies, enregistré le 2 juillet 1715.

Joseph-Hyacinte de Saint-Paulet, Ecuyer, sieur de Gabriac, enregistré le 5 août 1716.

Abraham de Beauvais, Ecuyer, sieur du Tôt, enregistré le 13 novembre 1716.

Jacques des Portes, Ecuyer, enregistré le 9 décembre 1716.

Jacques-Maurice Mangoul, Ecuyer, sieur de la Grange, enregistré le 3 janvier 1718.

Nicolas-Joseph Hay, Ecuyer, sieur de Reneville, enregistré le 14 octobre 1718.

René Daux, Ecuyer, sieur de la Channe, enregistré le 12 février 1719.

Dominique Bonegui, Ecuyer, sieur de la Pallu, enregistré le 7 mars 1719.

Joseph-Nicolas de la Govelle, Ecuyer, sieur de Lionat, enregistré le 25 novembre 1719.

Michel Carpeau, Ecuyer, sieur de Poncery, enregistré le 4 mars 1721.

Antoine-Vincent-Joseph de Gaya, Ecuyer, sieur de la Salle, enregistré le 3 mai 1723.

Pantaléon de Bréda, Ecuyer, sieur de Trocy, enregistré le 3 août 1723.

Gabriel Charette, Ecuyer, sieur de la Verrière, enregistré le 4 octobre 1723.

Pierre Cavelier, Ecuyer, sieur de la Garenne, enregistré le 2 octobre 1724.

De Pardieu, & de Berteville, Ecuyers, enregistrés le 5 novembre 1725.

Eustache de Seran, Ecuyer, sieur d'Andrieux, enregistré ledit jour.

Louis-François-Barthélemi de Marigo, Ecuyer, enregistré ledit jour.

Jean-Baptiste de Villiers, Ecuyer, sieur de Vansterenne, enregistré le 4 février 1726.

Bernard Fortage, Ecuyer, sieur de Boisantran, enregistré le 1er juillet 1726.

Augustin Anier, Ecuyer, sieur de la Mothe, enregistré le 6 mai 1727.

dans différentes Colonies.

Alexandre Soulfour de Pauville, Ecuyer, sieur de Novilé, enregistré ledit jour.

Dujarriay, Ecuyer, Major au Cap, enregistré le 4 août 1727.

Balthazar-Louis le Silleur, Ecuyer, sieur de Sougé, enregistré le 4 août 1728.

Jules-Bonnaventure Marisson, Ecuyer, sieur de la Vaulière, enregistré ledit jour.

Guillaume de Saffray, Ecuyer, sieur de Tournemine, enregistré le 3 mars 1728.

Henri-Gabriel Pinneault, Ecuyer, sieur de la Joubertière, enregistré le 6 décembre 1728.

André de Biars, Ecuyer, Chevalier, sieur de Saint-George, enregistré le 9 février 1730.

Collationné par moi Greffier en chef dudit Conseil, soussigné,

LAPEYRE.

ANECDOTES
SUR DES RELIGIEUX
D'UNE SOCIÉTÉ ABOLIE,
Qui furent établis au Cap-Français.

LE Cap vit éclore une affaire, qui, quoiqu'elle ne parût rien dans le principe, devint pourtant d'une importance extrême. Elle n'a été qu'humiliante pour des Religieux d'une société abolie, mais elle pensa leur être plus funeste. Le plus grand nombre des habitans voulait les faire embarquer pour France, & demander d'autres ecclésiastiques. M. de Larnage qui en sentit d'abord la conséquence, agit sagement pour ralentir l'ardeur des esprits, & en vint à bout, par la justice qu'il sollicita à la Cour, mais qui ne fut accordée, par le crédit des Révérends Pères, que près de deux ans après cette étrange avanture, qui ne fit pas d'honneur à ces Religieux. Leur conduite imprudente en cette occasion méritait de la part de leurs supérieurs mêmes une punition exemplaire, parce qu'elle avait réellement quelque chose de révoltant. Voici ce dont il était question.

Un nommé *Olivier*, marchand ou négociant au Cap, mais assez mal partagé des biens de la fortune, mourut, & les Religieux ne le voulurent point enterrer : non-seulement ils en vinrent à cet excès d'inhumanité, qui était un crime irrémissible dans le paganisme, mais ils commirent encore des indignités sur son corps, qui seraient à peine croyables, si elles n'avaient été prouvées au procès.

Ce particulier, originaire de la Rochelle, avait eu pour père un de ces hommes durs & aveugles, qui, n'ayant point une piété éclairée, font des présens de leurs biens à l'Eglise & en dépouillent leurs enfans. Peut-on s'imaginer que de telles offrandes soient agréables à la Divinité ? Celui dont il s'agit, avait fait son testament en faveur des Révérends Pères Religieux du Cap, & ne laissa pas même à son fils de quoi vivre. La vérité de cette histoire a encore été prouvée au procès ; c'est donc ce qui rendit les Révérends Pères encore plus criminels. Le fils, indigné des dernières dispositions de son père, qui le privaient même du nécessaire, put tenir de mauvais discours contre les légataires qui se comportèrent, dit-on, durement avec lui. Il était homme ; & quel est l'homme assez maître de lui-même pour se contenir sur des abus qui le ruinent ?

Enfin, soit cela, soit autre chose, le sieur Olivier fils demeura toujours brouillé avec les Religieux du Cap, détenteurs, à ce qu'il prétendait, de son patrimoine. On va voir avec indignation que les Révérends Pères lui conservaient les mêmes sentimens, & que leur haine éclata jusqu'après sa mort, selon les passions qu'on leur a reprochées assez souvent ; mais que je ne saurais croire avoir été une loi de cette institution si fameuse.

Le sieur Olivier fils étant donc tombé dangereusement malade, se fit transporter, pour jouir d'un meilleur air, dans le morne du Cap, sur une petite habitation voisine de la ville, où tout le monde avait la liberté de le voir & de le visiter. Le Père *Le Gros* qui fesait les fonctions curiales, y vint comme les amis du malade, & ce fut en présence de quelques-uns qu'il en fut bien reçu ; mais le bon Père s'étant offert pour le confesser, le malade répondit qu'il lui était obligé de ce soin charitable, que la confession étant libre, il allait envoyer chercher l'Aumônier de l'hôpital pour lui rendre ce dernier devoir, & qu'ensuite il le ferait prier de lui venir administrer les sacremens, comme son pasteur. Il n'y avait là rien que de très-orthodoxe ; mais le fougueux Religieux prenant la parole,

le

dans différentes Colonies. 177

le traita d'hérétique, d'impie, & lui donna tous les noms que lui suggéra la colère la plus emportée; il sortit, ajoûte-t-on, en disant qu'il ne reviendrait plus.

Le malade se confessa, & l'envoya chercher pour lui apporter le Viatique, ainsi qu'il l'avait annoncé: on assure même qu'il lui dépêcha plusieurs messages; aucun des Religieux ne se présenta, & le mal empirant, le mourant perdit entièrement connaissance & expira.

Comme le défunt n'était rien moins que riche, qu'il n'avait point de parens dans le pays, la personne chez qui il venait de mourir se contenta de faire coudre ce malheureux dans de la toile, & de le faire porter de la sorte à la porte de l'église paroissiale, pour qu'on l'enterrât de la manière qu'on fait les esclaves ou les pauvres gens.

Le même père Le G... demanda, de qui était ce cadavre? lui ayant été répondu que c'était celui d'Olivier: *Eh bien*, dit-il, *qu'on l'aille enterrer où l'on voudra, il n'y a point ici de sépulture pour lui.* Les nègres qui le portaient se retirèrent sans le vouloir aller déposer nulle part, & ce corps resta à la porte de l'église.

Sans doute que les Religieux tinrent conseil. Le Curé se rendit à son couvent, & retournant quelque tems après, il ordonna aux nègres

Partie I.   M

qui appartiennent à l'œuvre, de traîner ce misérable cadavre sous la potence plantée à l'autre bout de la place, en perspective à la porte de la paroisse. Tous ceux qui virent ce trait plus infamant pour le Religieux que pour le mort, l'eurent bientôt semé dans la ville; les citoyens s'en émurent, & l'on fut sur le point d'y voir naître une sédition.

Le défunt s'y était fait estimer; de sorte qu'on ne put supporter le traitement indigne fait à sa mémoire, & chacun regarda cet affront comme le sien propre. Malgré cela, la lenteur avec laquelle on agissait, eût laissé un triomphe parfait aux Religieux, sans deux ou trois citoyens fermes qui prirent les mesures convenables pour en avoir raison.

Ces Pères voyant alors l'indiscrétion d'une pareille démarche, auraient peut-être voulu être à recommencer; mais leur immense crédit, leur inspira un parti violent : on entendit dire à quelques-uns d'eux, que, *puisque le vin était tiré, il fallait le boire*. Ils agirent en conséquence, persistèrent dans leur refus de l'inhumer, ce qui aigrit encore davantage les habitans de la ville du Cap. Néanmoins tout était terminé, s'ils eussent enfin daigné le faire transporter au cimetière.

Durant tous ces pour-parlers, la corruption, qui fait du progrès en peu de tems dans les páys chauds, fit appréhender à quelques voisins, que ce cadavre, venant à se corrompre, n'infectât l'air d'alentour; ils le firent donc prendre par leurs nègres, & l'envoyèrent porter dans le fond du marécage parmi les Mangles, où on lui creusa une fosse. Cet endroit est à l'extrémité de la ville en tirant au sud. Mais pendant ce tems, deux ou trois citoyens, animés d'une juste indignation, avaient fait leurs diligences pour avoir raison de cette insulte, qu'il n'était point de famille qui ne regardât comme faite à elle-même.

L'objet de ces indignités inouies était membre d'une compagnie de milice bourgeoise, les *Dragons du Cap,* dans laquelle a coutume de s'enrôler ce qu'il y a de mieux; elle est presque composée de négocians, & par conséquent de gens aisés. Ce furent ceux qui se cotisèrent pour fournir aux frais de cette affaire. Ils s'engagèrent par écrit d'y contribuer de leur bourse, & le sieur H......, Praticien, qui était de la même compagnie, homme qu'on a vu depuis Conseiller au Conseil supérieur du même lieu, se chargea de la procédure, & des correspondances nécessaires pour la mener à sa fin.

Aussi-tôt il y eut plainte donnée au juge, par le sieur L........, & sur les conclusions du substitut du Procureur-Général, M.

C...., information fut faite, dans laquelle on entendit plus de cent témoins : les uns déposèrent des bonnes vie & mœurs du défunt, qu'il était catholique, apostolique & romain, qu'on l'avait vu différentes fois à la messe, aux divers Offices de l'Eglise, approcher même des sacremens ; d'autres rappellèrent ses démêlés avec les Religieux, la cause, les motifs tels que nous les avons détaillés, & la plûpart déposèrent *de visu* du transport au-dessous de la potence par l'ordre & les conseils du curé, le Père Le G... Les Religieux, croyant faire tomber cette procédure, s'adressèrent au Conseil-supérieur, & s'en plaignirent comme d'un attentat ; mais sur le vu des informations commencées, le Conseil ordonna qu'on passerait outre ; l'information fut donc close & achevée, le cadavre déterré au bout de quelques jours, & pour avoir toujours un corps de délit existant, on le fit embaumer par les chirurgiens-majors en présence de la Justice, qui l'ayant fait reconnaître, cimenta toute cette procédure par un procès-verbal, & son cachet fut appliqué sur la bière dans laquelle on déposa le corps. Tout fut fait avec une vivacité & une diligence inexprimables, tout le monde s'y croyait intéressé, & il n'y a pas jusqu'aux nègres qui s'y prêtèrent avec un zèle extrême. Les Religieux durent connaître par-là combien ils étaient peu aimés dans la Colonie. Il faut convenir que cette dernière action était odieuse.

Ils virent alors qu'elle leur deviendrait plus fatale qu'ils ne l'avaient d'abord pensé, & qu'ils ne s'en tireraient pas auſſi facilement que la préſomption le leur avait perſuadé. Ils s'adreſsèrent au Général (1), duquel ils obtinrent une ordonnance, par où il ſe réſervait la connaiſſance de l'affaire. Ne trouvant point encore ce tribunal aſſez conforme à leurs deſirs, parce qu'on y voulait les contraindre à enterrer le ſieur Olivier, quoique ſans pompe, ils refuſèrent d'obéir, & ſe pourvurent en France. Pouvaient-ils manquer d'y être peu favorablement écoutés, après une déſobéiſſance ſi formelle, & de la plus dangereuſe conſéquence ? Auſſi eurent-ils totalement du deſſous dans cet inique procédé. Ils auraient mieux fait de paſſer tout doucement ſous le joug légitime qu'on voulait leur impoſer ; cette affaire ne fût peut-être jamais parvenue juſqu'en France. Au-lieu qu'elle y fit grand bruit; leurs ennemis les J..... ne contribuèrent pas peu à la répandre de tous côtés ; les Nou-

―――――――――――――――――

(1) C'eſt ainſi qu'à Saint-Domingue on appelle le Gouverneur en chef des iſles ſous le Vent.

velles Ecclefiaftiques, cet ouvrage de parti, en firent mention, & toute l'Europe fut bientôt une nouvelle fi révoltante. Voilà comme la paffion fit faire les plus grandes fautes aux gens même les plus prudens.

La compagnie des Dragons du Cap, qui s'était rendue partie dénonciatrice & pourfuivante de cette affaire, laquelle lui fait un honneur infini, fuivit les Religieux jufqu'à la Cour. Elle fit confulter l'affaire par les plus célèbres Avocats du Parlement de Paris; leurs confultations furent imprimées, on les diftribuait *gratis*; ce qui rendit l'affaire notoire aux yeux de l'univers, & nous force conféquemment à ne la point paffer fous filence.

Le Gouverneur de Saint-Domingue, fans doute, en rendit compte au Miniftère; le rapport ne pouvait être avantageux. Il ne fallait pas moins que cela pour réuffir, car tous les protecteurs de la Société de ce vafte corps, qu'un Poéte a dit *qui étendait fes bras jufqu'à la Chine*, travaillaient vivement pour faire avoir le deffus aux Religieux du Cap. La Cour fut long-tems à fe déterminer; mais à la fin elle décida que le corps d'Olivier ferait inhumé avec les cérémonies de l'Eglife. L'ordre tant attendu fut envoyé à M. de Larnage pour le faire exécuter, qui l'adreffa à M. De Chaſtenoye Gouverneur, n'étant point lui-même ſur les lieux.

Jamais joie n'a été plus univerſelle. Il ſemblait à chaque habitant de la ville & de la campagne, qu'il eût gagné un procès conſidérable, d'où dépendait ſa fortune & ſon repos. S'il n'avait pas tombé une groſſe pluie, le jour pris pour l'enterremment, le ſieur Olivier aurait eu le cortège le plus beau & le plus nombreux qu'on puiſſe voir dans une Colonie. Il fut, malgré ce contre-tems, aſſez diſtingué des convois ordinaires, pour faire triompher tous les citoyens qui y parurent en foule. La Compagnie à qui cette réuſſite était due, voulut faire les frais de ce convoi, qui était pour elle une grande victoire. La ſonnerie, le luminaire, rien ne fut épargné, & les Religieux ſe feraient bien paſſé de cet appareil inſultant.

Le défunt dont on avait embaumé précieuſement le corps, était depuis près de deux années dans une chambre du marécage murée, de peur que les Religieux ne le fiſſent enlever, le bruit en ayant couru. Les habitans le gardèrent en armes, pendant plus de ſix mois; après quoi, pour leur ſauver une corvée ſi pénible, on prit le parti de faire clorre toutes les ouvertures, où veillaient cependant exactement des nègres bien payés.

Lorsqu'on voulut enlever le cercueil, pour être porté à l'église, on y fit transporter la Justice, afin de reconnaître ses scellés. Tout se fit avec un cérémonial, qui témoignait que le Public prenait encore à cette affaire autant de chaleur que jamais. Blancs, nègres, esclaves & libres voulurent avoir un cierge à la main, & il y eut une consommation surprenante de cire ce jour-là. Le père Le G... ne s'y trouva point, étant dès le matin même monté à cheval pour aller à la plaine : on assure qu'il dit en partant, que cela ne venait point de lui, mais du père L........, son supérieur, & *que puisqu'il avait fait la faute, il pouvait bien en avoir le désagrément.* Ce fut en effet ce Religieux qui officia, & l'on observa que, tout politique qu'il était, il ne fut presque point à lui durant la cérémonie, ayant même laissé tomber jusqu'à l'encensoir. Ainsi finit cette étrange affaire, que les Religieux du Cap s'attirèrent de gaieté de cœur, & que le Ciel ne voulut sans doute pas laisser impunie.

MÉMOIRE
SUR LA RÉVOLTE DE 1723,
AU CAP-FRANÇAIS.

LES colons de l'isle supportaient déjà depuis quelque tems, avec une impatience extrême l'établissement d'une compagnie qui paraissait avoir pour but de se rendre maîtresse de tout le commerce, à l'exclusion des négocians & armateurs du royaume. Cependant le génie Français, accoutumé à une soumission aveugle pour les ordres de son Prince, les eût peut-être empêchés de s'y opposer jamais, si cette compagnie n'avait eu dans la colonie que des gens sages & prudens, qui eussent su se concilier les esprits, & les asservir doucement au joug qu'on leur préparait. Mais les directeurs, agens, & employés qu'elle y tenait, n'avaient rien moins que cette qualité: ils se servirent presque en arrivant dans le pays, de termes & d'expressions peu mesurés, qui annonçaient aux habitans un sort encore plus dur qu'on ne le leur préparait sans doute. Quelques-uns de ces commis indiscrets furent même, à ce qu'on assure, jusqu'à dire publiquement, en voyant des dames fort bien mises, *qu'avant qu'il fût peu, tous ces beaux habits seraient changés en étoffe de bure.*

En fallait-il davantage pour indisposer des gens qui souffraient impatiemment qu'on les voulût gêner dans leur négoce ; qui savaient comme l'on gouverne les colons uniquement soumis à des compagnies ; les conditions tiranniques qu'on leur impose, tant sur la vente de leurs denrées que sur l'achat des marchandises d'Europe ; & qui se ressouvenaient encore que la conquête de Saint-Domingue était leur propre ouvrage, n'ayant rien coûté à l'Etat ?

Malgré cela, ils auraient encore peut-être eu bien de la peine à se déterminer à une rupture ouverte, sans le secours que leur promirent sous mains beaucoup de personnes en place, qui craignaient & la perte de leur crédit, & la diminution de leurs biens.

Celui qui les excita le plus (ce qui a été ignoré par le Père de Charlevoix), fut le Comte d'A........, Gouverneur du Cap, homme emporté, d'un caractère tirant un peu sur le despotisme, livré sans réserve à des plaisirs qui n'étaient rien moins que délicats, & qui lui attirèrent souvent des traitemens peu faits pour un homme de son rang: il courait toutes les nuits les rues du Cap, & allait jusques dans la plaine, attiré par des rendez-vous avec des filles ou femmes de sang mêlé, qui lui occasionnèrent plus d'une fois, de la part de leurs maris ou de leurs amans, des réceptions désagréables. Peu brave, il avait été exilé dans nos colonies de l'Amérique, pour avoir laissé prendre, sans coup férir, un des plus beaux vaisseaux de notre marine en ce tems-là, le *Bourbon*, qui lui fut enlevé aux isles du Vent, en 1712, & conduit à la Jamaïque par un vaisseau de guerre Anglais, beaucoup moins fort, contre lequel il ne daigna seulement pas se battre. Il fut heureux d'appartenir à la célèbre d'A....... qui eut le bonheur de se voir Reine de P....... par son mariage avec le grand S........: cette alliance le sauva, mais il fut envoyé en exil aux isles du Vent, où il devint Gouverneur de Sainte-Croix; ce qui lui procura le gouvernement du Cap, dont les Gouverneurs se sont long-tems intitulés *Gouverneurs de Sainte-Croix, isle de la Tortue & côte Saint-Domingue*. Il paraît que la Cour n'ignora pas la part qu'il avait eue à la sedition dont je vais parler, puisqu'elle ne tarda point à le rappeler, & qu'il a été assez long-tems sans avancement. Il est pourtant mort Chef d'Escadre, commandant dans le port de Rochefort, Commandeur Grand-Croix de l'ordre militaire de S. Louis; & à peine était-il mort, qu'il lui fut expédié le brevet de Lieutenant-Général, dont on ne voulait pas sans doute qu'il fit aucun usage: politique usitée quelquefois. Il mourut à Rochefort en 174.., sans postérité, n'ayant jamais été marié.

On sent bien qu'un tel Officier était propre à donner dans tous les travers dont l'esprit humain est capable: il n'y manqua pas dans cette occasion critique, & c'est proprement à lui qu'il faut attribuer la rébellion arrivée à Saint-Domingue. Il y encouragea les habitans, fit sous mains mouvoir tous les ressorts de cette grande affaire, & un nombre infini de personnes, qui vivent encore, me l'ont certifié d'une manière qui ne permet pas d'en douter (vers 1750).

La révolte éclata, comme le rapporte l'Historien de cette colonie, tout d'un coup, & dans tous les quartiers de l'isle en même tems. Ce fut un soulèvement général aussi-bien mené qu'on le puisse; ce qui prouve évidemment que de simples particuliers n'en furent pas seuls les auteurs. Jamais conspiration n'a été plus secrète, mieux exécutée, moins tumultueuse, & accompagnée d'aussi peu de désordres; autre preuve à laquelle il n'est pas possible de méconnaître des chefs qui la réglaient secrettement : les entreprises du peuple, & d'un peuple aussi insubordonné que la plupart de ceux qui composaient alors le corps des colons de Saint-Domingue, gens retirés de ce corps redoutable de milice nommé *Flibustier*, n'auraient-elles pas sans cela été plus violentes ? A l'exception de quelques jeunes étourdis, qui coururent la campagne, & qui se fesaient donner dans les habitations de quoi exercer leurs débauches, ce qui ne dura encore pas long-tems, tout se passa avec la plus grande tranquilité du monde, & cet ordre admirable fut suivi dans les deux parties du Cap & de Léogane.

Le Cap en fut le théâtre, parce que ce devait être le principal magasin de la compagnie, comme un endroit très-commerçant, & le plus à portée d'y établir ce négoce immense qu'elle avait avec raison en vue, & qui l'aurait plus enrichi que les Indes Orientales. Mais il eût fallu encourager les habitans plus qu'une compagnie n'en est capable, attendu qu'elle songe trop à ses intérêts présens.

Le Directeur de la compagnie & quelques employés soupaient chez le sieur du L......, négociant au Cap, lorsque l'affaire éclata. Les conjurés, qui ne parurent être que des femmes, quoiqu'il y eût parmi elles plusieurs hommes déguisés, s'y transportèrent, uniquement pour faire peur à ces gens-là ; car il est constant qu'on n'eut jamais dessein de les tuer, mais simplement de le leur faire appréhender, & de les obliger par-là à s'embarquer pour repasser en France : parmi ces femmes étaient la fameuse *Sagona*, & la dame R......., veuve du Procureur-Général au Conseil-supérieur. Ces deux femmes étaient comme les chefs de l'expedition ; mais celle qui parla le plus affirmativement, & que la Cour regarda comme le chef de l'entreprise, fut la première, à qui l'on a fait trop d'honneur par l'exil où elle s'est vue condamnée. C'était une femme d'une grande résolution, qui avait autrefois été comédienne dans le royaume ; jeune, belle & d'un esprit distingué pour son sexe, fort propre à la société, d'un caractère liant & aimable, de mœurs plus épurées que l'état critique qu'elle avait quitté ne semblait devoir le comporter, elle s'était fait aimer du mari qui l'avait épousée, lequel s'attira par-là l'inimitié de sa famille, ce qui l'obligea de passer aux isles, pour tâcher d'y faire fortune. Il y fut marchand, & sa femme s'y fit généralement estimer. Après son exil, qui avait été précédé de la mort de son époux, elle se retira avec assez peu de bien ; mais les parens du mari, l'envisageant apparemment comme une héroïne, se firent alors un plaisir de la reconnaître, & de lui fournir de quoi terminer ses jours un peu plus à l'aise. J'ai cru qu'on ne serait pas fâché de savoir l'histoire de cette femme extraordinaire.

Elle était déjà dans un âge assez avancé, lorsqu'elle se chargea du soin d'intimider le Directeur de la compagnie, & ses commis. La tête lui branlait continuellement, ce qui, joint à l'équipage dont elle s'affubla, ayant un sabre nud à la main avec ses manches retroussées par-dessus le coude, devait naturellement faire une figure assez plaisante, & propre au nouveau rôle qu'on lui fesait jouer. Elle entra à la tête de sa troupe, précisément au moment que le Directeur allait avaler un verre de vin : *Bois, f....., lui dit-elle, ce sera le dernier de ta vie.* Il n'en fallut pas davantage pour faire trembler un homme qui ne s'attendait à rien moins qu'à ce compliment. Toute la gaieté du soupé disparut, on ne songea qu'à se sauver, & l'hôte qui était du complot comme les autres, fit semblant de se prêter à lui en procurer les moyens: On fut de-là au magasin de la compagnie, nommé la *Maison d'Afrique*, on y enfonça les portes ; les marchandises furent jetées sur le carreau, quelques livres & papiers mis en pièces ; enfin on agit de façon à persuader aux agens de la compagnie que c'était tout de bon, & que le meilleur parti pour eux était de se retirer tout-à-fait.

Pour garder les dehors de la bienséance & de l'autorité qui lui avait été confiée par S. M., le Comte d'A......, en qualité de Gouverneur, feignit d'accourir aux premières nouvelles du désordre; il affecta d'abord beaucoup plus de chaleur qu'il n'avait sans contredit envie d'inspirer de crainte; mais il avait affaire à gens instruits de ses sentimens secrets, qui par conséquent lui laissèrent dire tout ce qu'il voulut sans trop l'écouter, & redoublèrent au contraire de leur côté l'insolence & les clameurs. Cette manière, sans doute concertée, ralentit le feu du Commandant, qui leur promit justice sur leurs griefs, & qu'il ne serait plus question du privilège exclusif de la compagnie. On se retira là-dessus, mais jusqu'à nouvel ordre, & jusqu'à ce qu'il fallût commencer le second acte de cette comédie. Un navire négrier de cette compagnie, qui arriva dans ce tems-là, en fournit un prétexte plausible : l'émotion des citoyens du Cap reparut de nouveau, on cria plus fort que jamais contre la compagnie, & le Gouverneur, qui, sous mains, fomentait ce tumulte, montra de son côté encore plus de fermeté que la première fois. Il voulait que le négrier traitât,

tandis

tandis qu'il fesait dire par-tout qu'on ne le voulait point, & qu'il se répandit même dans le public qu'on avait intention de le brûler.

Les habitans de la plaine, de leur côté, ne restèrent point tranquiles durant toutes ces rumeurs; cela était ainsi arrêté la ville & la campagne devaient se remuer dans le même tems, afin que la sédition fît plus d'effet, & parût l'ouvrage de tous les esprits. On avait semé par-tout des billets signés *LA COLONIE*, où il était enjoint à chacun en état de porter les armes, de trouver armé un tel jour dans certain endroit indiqué, sous peine d'incendie & d'exécution militaire. Ces billets furent en partie écrits de la main d'une dame qui me l'a elle-même conté. Il y eut de semblables placards affichés aux portes des églises; de sorte que personne n'eut garde d'y manquer: il s'agissait d'ailleurs de l'intérêt commun.

Toutes ces troupes rassemblées, où l'on peut dire qu'étaient tous les colons du gouvernement, jusqu'à des Conseillers, arrivèrent au haut du Cap, à prendre depuis Maribaron & Oüanaminte, les quartiers les plus éloignés. On y fit halte, parce qu'il y eut sur-le-champ ordre de ne point entrer dans la ville. Ce n'était qu'un jeu: mais comme il fallait qu'il eût l'effet qu'on s'en était promis, les révoltés de la plaine

Partie I. N

imaginèrent, pour se faire davantage redouter, de mettre le feu à la *Foſſette*, petite habitation à la sortie du Cap, appartenante à la compagnie, & à une sucrerie qui n'en est pas fort éloignée, qui était au sieur *de Boismorand*. C'était le mobile des établissemens que la compagnie cherchait à se faire, le premier & le principal auteur des progrès auxquels on voulait s'opposer. Il parut donc juste aux factieux de l'immoler à leur courroux.

Ce Boismorand était un fils de Dominique, cet Arlequin renommé de la Comédie Italienne fixée à Paris; homme inimitable, qu'il a été si difficile de remplacer, & dont la profession jurait avec les sentimens. Il a laissé une nombreuse postérité digne de l'éducation qu'ils tenaient d'un tel père. Celui-ci était d'un esprit fin, & capable de grandes choses; aussi la compagnie l'avait-elle fait choisir entre mille pour lui confier la démarche délicate qu'elle entendait faire dans cette importante colonie, qu'elle cherchait à soumettre au joug le plus insupportable. Le Français veut être libre. La Cour l'avait nommé écrivain principal; mais il ne s'attendait pas à de pareilles oppositions. Une terreur panique le saisit des premiers, il se refugia dès le commencement de la révolte à Léogane; mais n'y trouvant pas les esprits moins aigris qu'au Cap, sur-tout contre lui qu'on regardait comme l'artisan de cette manœuvre, il partit pour la France, d'où il n'est point revenu.

Son habitation fut incendiée, & l'on n'y laissa rien sur pied, pas même les cannes; elle fut ravagée de fond en comble : mais c'était si bien un jeu concerté, qu'on avertit auparavant ses nègres de ne se point retirer dans les cannes, de crainte d'y être brûlés, & que là-dessus celui qui gérait l'habitation, qu'on disait être son neveu, eut le tems de jeter l'argenterie dans un puits. Ce sont des faits qui m'ont été confirmés par les principaux acteurs mêmes. Ces sévères exécutions convainquirent, encore plus que ce qui s'était passé au Cap, les directeurs & agens de la compagnie, que tout était perdu pour elle, & qu'il fallait abandonner un établissement à peine commencé.

Le directeur & les employés s'étaient jetés à bord de *la Bellone*, navire de la compagnie, dans lequel ils repassèrent en France : mais il y eut de longues & de vives discussions pour un second qui avait sa vente à faire, & qui était arrivé pendant le trouble. Il se nommait le *Comte d'Estrées*; sa cargaison consistait en noirs, & le plus grand nombre des séditieux ne voulaient absolument point qu'il traitât. La fureur s'étant un peu modérée depuis le départ du directeur & des employés, quelques-uns se laissèrent gagner, & enfin on se servit, pour appaiser la populace, d'une circonstance qui sembla faite exprès. Le Capitaine de ce vaisseau, nommé *Sicard*, qui a été ensuite Capitaine de port au même endroit, était dans la plus triste situation, perclus de tous ses membres, & entièrement hors d'état de quitter le Cap sans courir risque de la vie. On se servit donc de cette conjoncture pour lui faire obtenir la permission de faire sa traite : on remarqua que la plupart des nègres de cette cargaison furent donnés aux plus mutins, & à ceux qui avaient crié le plus fort dans cette affaire. Cependant la compagnie ne fit plus de tentatives pour s'établir dans la colonie, exclusivement aux négocians du royaume.

Cet accord, qui fut fait dans les formes, & par manière de traité avec les habitans, fut annoncé aux colons assemblés en armes au haut du Cap, où on les avait contenus sous promesse de leur accorder la satisfaction qu'ils desiraient. Le Comte d'A....... y alla lui-même pour leur en porter la nouvelle, sous prétexte de leur ordonner de se retirer de la part du Roi. Il voulut, pour le *décorum*, leur faire un discours en forme de mercuriale ; mais la licence qui s'empare toujours de quelques esprits en semblables occasions, mit un peu de confusion dans cette assemblée. Il arriva qu'un âne se mit par hasard à braire, & un factieux de la troupe, par une insolence accommodée au tems, élevant la voix, dit à l'âne *de se taire, & de laisser parler M. le Gouverneur qui en savait plus que lui*. Ce badinage insolent fit rire tout le monde, & l'on se sépara, non sans que ce levain de sébellion ne fermentât encore d'instant à autre jusqu'à l'arrivée de M. de C............, qui vint exprès l'année suivante pour pacifier tous les troubles.

Il se passa au Cap quelque chose de plus que ce que nous avons ci-dessus rapporté. Le sieur du L......, chargé de la recette de l'octroi, délivrait depuis deux ou trois ans des quittances imprimées, ce qu'il fesait apparemment par ordre de la compagnie, qu'on payait quatre escalins la pièce, en sorte que cela était une espèce d'impôt onéreux au public. Quelqu'un s'en étant ressouvenu, les séditieux l'entourèrent, le menèrent sur la place au-devant du gibet, & là lui firent jurer de ne plus percevoir ce droit, & de restituer ce qu'il en avait jusqu'alors perçu. Tout cela n'était qu'une plaisanterie pour le mettre à couvert des poursuites de ses supérieurs.

Le sieur L........, receveur de l'Amiral, avait

été pourvu d'un emploi de commis-garde-scel: il devait sceller comme en France toutes les expéditions des Notaires, les actes de la justice, &c. On prétendait même qu'il devait être établi à la suite un contrôle encore plus à charge au pays. Là-dessus on alla prendre le sieur L.... dans sa maison ; on lui fit, pour le disculper, comme à l'autre, des insultes & des indignités en apparence, afin qu'on ne crût point que ces émeutes venaient d'eux. On parut le forcer à remettre ses pouvoirs, registres, instructions ; & tout fut sur-le-champ lacéré. Il serait pourtant à souhaiter, pour éviter les friponneries des Greffiers, Notaires, Huissiers, qui tous les jours soufflent ou enlèvent des pièces de la dernière conséquence, qu'il y eût au Cap-Français un léger droit de sceau, dont le bureau exact & régulier ne servirait qu'à parer aux fraudes qui se commettent sans cesse, & deviennent nuisibles à beaucoup de personnes.

Les révoltés du Cap se transportèrent durant les troubles ci-dessus chez M. le Comte d'A......, ayant à leur tête le sieur *de V......*, pour demander une prompte & entière justice à ce Gouverneur. On était convenu de toutes ces manœuvres : le Gouverneur joua dans tout ceci un personnage qui ne surprit que les personnes nullement instruites du mistère. Il avait à ménager la Cour, & la compagnie puissante & accréditée l'y pouvait desservir; il gronda, menaça même vivement les auteurs de la sédition, pour faire croire qu'il n'y avait aucune part; mais il savait bien que ses discours ne feraient pas grand effet. Il prétendait que les employés, qui s'étaient sauvés à bord de la Bellone, déguisés en matelots, revinssent & rentrassent à la maison d'Afrique, jusqu'à ce que la Cour en eût décidé; mais on était résolu, de son consentement tacite, de n'y point adhérer; il cria donc en vain. Enfin il s'adressa au sieur V........ qui paraissait le chef, homme doux, tranquile, & d'un esprit temporiseur; il le chargea d'adoucir la multitude, & de lui inspirer d'autres sentimens; mais il avait lui-même arrêté qu'on ne lui accorderait pas ce point. Le sieur de V........ agit, sollicita en apparence les révoltés; il lui fut seulement accordé, ainsi qu'on en était convenu, la traite du Comte d'Estrées, ce négrier commandé par le Capitaine Sicard. La Bellone partit avec le directeur & ses commis fugitifs; & tout fut pacifié.

Ce qui contribua le plus à animer les habitans du Cap, c'était un bruit qui se répandit, & qui était véritable, que la compagnie voulait introduire dans la colonie cette monnaie de cuivre, qui portait d'un côté l'empreinte du visage du Roi & de l'autre ce mot *Colonies*. Elle voulait aussi qu'on se servît de sous-marqués, appelés *Carolus*. On en trouva en effet quelques bariques remplies. C'eût été ruiner la circulation de l'argent blanc, dans un pays où la plus petite monnaie vaut 7 f. 6 d. ; ce qui se nomme un demi-escalin, & l'on ne saurait donner moins à un pauvre. Les petits habitans, qui ne recueillent que des vivres dont ils vendent la plus grande partie, s'en seraient le plus ressentis, parce qu'ils auraient à peine fait de quoi subsister. Une de ces pièces de cuivre, ou un sou-marqué, aurait suffi pour payer un paquet de légumes, qui, quelque médiocre qu'il soit, ne peut toujours l'être moins d'un demi-escalin. Cela aurait influé sur bien d'autres choses ; en sorte que le commerce des denrées aurait été moins lucratif pour les pauvres, tandis que les autres objets eussent toujours resté au plus haut prix.

NAUFRAGE

De quatre vaisseaux de guerre Espagnols, à Samana, &c.

EN l'année 1725, il se perdit dans la Baie de *Samana* (1), quatre beaux vaisseaux de guerre Espagnols, qui allaient au Mexique & y portaient un Gouverneur. Ces vaisseaux avaient malheureusement jeté l'ancre sur des Cayes (2), de sorte que leurs cables se coupèrent & qu'ils furent à la côte où ils restèrent tous quatre. Peu de jours après, les lames qui brisent étonnamment le long de cette côte, apportèrent beaucoup de débris dans toutes les anses de la partie de l'isle possédée par les Français, parmi lesquels on trouva des ballots d'une marchandise qui n'a pas grand cours chez notre nation. C'étaient des livrets d'une dévotion plus qu'outrée ; ils roulaient presque tous sur un culte de latrie rendu à la Sainte-Vierge, dont on déifiait la personne vénérable jusques dans toutes les parties de son corps, en leur

---

(1) Dans la partie Espagnole de San-Domingo.
(2) Ce sont des rochers.

adreſſant des prières fort biſarres. Il y avait outre cela de petites feuilles volantes, ſur chacune deſquelles ſe voyait la repréſentation groſſière de ſes habits, avec une oraiſon particulière. Je trouvai encore chez un habitant du bord de la mer, vers l'année 1760, une main de papier de ces imprimés, où l'on remarquait une image du *ſaint-ſoulier* de la Sainte-Vierge, & au-deſſous l'oraiſon propre à cette portion d'habillement. C'eſt ainſi que les gens d'Egliſe ſavaient autrefois tirer des ſommes immenſes de tous les Eſpagnols qui demeurent dans l'Amérique. On me dit que ce naufrage avait inondé le Cap de Bulles & d'Indulgences, qu'elles y couraient les rues. Il eſt inconcevable combien ces indulgences rendent d'argent aux moines & aux prêtres Eſpagnols; j'en ai vu payer à la terre ferme, dans ces régions fortunées qui approchent le plus des riches mines du Potoſi, juſqu'à 1000 piaſtres; & l'on m'y a aſſuré qu'il y avait des Eſpagnols, en certain cas, qui donnaient encore davantage.

Sur la fin de 1731, il arriva dans la rade du Cap Français, une eſcadre de vaiſſeaux de guerre Eſpagnols, qui avaient eſſuyé une tempête dans le Golphe du Mexique, dont pluſieurs furent endommagés & démâtés. Ils étaient au nombre de sept à huit ; & ce qu'ils purent faire, avec beaucoup de peine, fut de gagner Saint-Domingue & d'entrer dans l'un de nos ports. Cependant il y avait de leur faute & encore plus de mal-habileté dans leurs manœuvres ; car une frégate Anglaise qui vint mouiller dans la rade du Cap, quelques jours après, dont le Capitaine disait avoir ressenti la même bourasque, n'avait pas perdu un cordage : un vaisseau de la même escadre, commandé par un Français, évita aussi cet accident, qui ne l'empêcha pas de continuer sa route pour l'Espagne.

Cette escadre avait pour Commandant *D. Manuel Lopez Pintado*, revêtu du titre de Lieutenant-Général des armées navales du Roi Catholique. Il montait un fort beau vaisseau nommé le Saint-Louis, de 76 canons, quoiqu'il fût percé pour 80. Les autres étaient la plûpart des galions richement chargés & qui firent grand bien au Cap Français, où ils laissèrent une partie des espèces qu'ils portaient en Europe. On s'y ressouviendra long-tems de cet heureux événement, dont profitèrent beaucoup de particuliers, qui même s'y enrichirent.

Celui qui aurait dû gagner le plus n'a pourtant trouvé que de l'ingratitude ; il s'en est même peu fallu qu'il ne lui en ait coûté la ruine de sa fortune. Il s'agissait de mâter en entier le vaisseau du Commandant, & de fournir de quelques mâts moins gros d'autres navires de l'escadre. Cette entreprise fut regardée comme impossible, par la prévention où l'on est que les bois de l'isle de Saint-Domingue sont trop lourds & qu'ils ne peuvent que surcharger extrêmement un vaisseau. Malgré ce préjugé, qui n'est pas tout-à-fait dénué de fondement, le sieur Lambert Camax, habitant de Maribarou (1), homme à tout faire, & que les difficultés ne rebutèrent jamais, entreprit cet ouvrage & en vint heureusement à bout. Il lui fallut surmonter des obstacles, contre lesquels on pensait qu'il échouerait; il tira de l'intérieur des montagnes les arbres les plus monstrueux; & parvint, par les seules ressources de son génie, à procurer un grand mât qui a été l'admiration des plus habiles ouvriers que l'Espagne ait pour la construction de ses vaisseaux. Cependant cet homme eut bien de la peine à être payé, suivant les conventions qu'il avait faites. Comme il ne se connaissait point à la valeur d'un pareil ouvrage, on ne lui promit que 8000 piastres; encore quand il fut achevé lui disputa-t-on que ce

_____

(1) Village auprès du Cap.

fût des piastres gourdes; il lui fallut recevoir son payement en argent courant, ce qui lui fit perdre près d'un sixième de la somme.

Lorsque cette escadre se fut radoubée, elle mit à la voile au bout de cinq mois, ayant abandonné deux navires, quoiqu'on eût pourtant bien pu les mâter. Des négocians du Cap en achetèrent même un, qu'ils ne trouvèrent point de difficulté à armer, & qui a depuis navigué comme s'il ne lui était rien arrivé. La mortalité diminua extraordinairement les équipages de toute cette escadre. On prétend qu'elle occasionna l'espèce de mal pestilentiel qui a long-tems régné dans le Cap, & que l'on traitait faussement du nom de maladie de Siam, parce qu'elle en avait quelques simptômes.

Jamais la ville du Cap n'avait autant renfermé de richesses & peut-être n'en contiendra-t-elle jamais autant que pendant le séjour de ces galions. La maison du sieur *Perrere*, située proche l'église & au-devant de la place, avait été choisie pour leur servir d'entrepôt : elle était remplie de caissons, & l'on y montait la garde. Entr'autres choses précieuses, Dom Pintado emportait avec lui un grain d'or très-pur pesant un grand nombre de marcs dont il voulait faire présent au Roi son maître ; il y avait aussi une image de la Vierge, d'argent massif, & toute garnie des plus belles pierreries. Mais ces morceaux précieux ne sont encore que de faibles échantillons des richesses que les Espagnols ont retirées & retirent tous les jours du Nouveau-Monde, dont ils pourraient recueillir encore de plus grands avantages.

SUR LA VILLE DE LÉOGANE.

IL paraît bien que le Père de Charlevoix, pour travailler son histoire de Saint-Domingue, n'a eu recours qu'aux seuls mémoires du P. Lepers, son confrère ; ce qui fait qu'il ne s'est presque borné à faire connaître que la partie du nord, que l'Auteur des mémoires a uniquement fréquentée. Il eût sans cela parlé d'un évènement qui entrait dans son plan, pour le moins autant que divers autres faits de moindre conséquence.

Avant l'année 1711, la ville de Léogane n'était point située où on la voit aujourd'hui. Un accident imprévu l'y fit placer. Elle avait été bâtie le long de la *Petite rivière*, qui coule à environ une bonne demi-lieue de l'endroit où elle est maintenant. Ce n'était pour-lors qu'une seule rue fort longue, à-peu-près comme est Saint-Pierre de la Martinique. Le jour du lundi gras, sans qu'on ait pu savoir la cause de cet accident, toutes les maisons se trouvèrent consumées par un incendie dont il fut impossible d'arrêter les progrès, & qui les réduisit en cendres. Cette ville commençait déjà à être considérable, & peut-être l'était-elle plus qu'elle ne l'est maintenant, parce que beaucoup de gens, qui y étaient établis, & qui perdirent leurs biens dans cet embrasement, se retirèrent ailleurs pour tâcher de réparer ce malheur. La nouvelle position ne plut pas même à tout le monde; il n'en est guère en effet de plus mal-saine. Il n'est pas trop aisé de comprendre, comment étant maître de choisir une situation avantageuse à cette ville, on l'a été mettre dans le plus mauvais endroit de toute la dépendance : mais ce sont des fautes capitales que l'on a commises dans presque tous les établissemens de l'isle, formés par les Français.

DE L'INTERDICTION

DU MARQUIS DE ✱✱✱,

PAR LE COMTE DE C✱✱✱.

Nous, Comte de C✱✱✱, Chevalier de l'ordre royal & militaire de S. Louis, Chef d'escadre des armées navales, Gouverneur & Lieutenant-Général des isles Françaises de l'Amérique sous le Vent.

Etant informé que M. le Marquis de ✱✱✱, Gouverneur de l'ouest, Commandant du sud & Commandant-Général de cette colonie sous mes ordres, a commis des fautes très-grièves contre l'autorité du Roi, l'obéissance qu'il nous doit & les devoirs qui lui ont été confiés; & voulant, pour éviter de plus grands maux, arrêter le cours de ces attentats & de ces insubordinations qui ne sont déjà que trop accumulées, nous avons cru qu'il était du devoir de notre charge de nous servir du pouvoir que S. M. nous a donné ; en conséquence, nous avons suspendu ledit sieur Marquis de ✱✱✱ de toutes ses fonctions & commandemens dans les deux gouvernemens d'ouest & du sud, & dans toute

toute l'étendue de la colonie, tant par rapport à l'autorité qu'au lucratif & l'honorifique, lui en interdisant l'usage jusqu'à ce qu'il ait plu au Roi d'en ordonner autrement ; lui fesons défenses, sous quelque prétexte que ce soit, de s'absenter de la colonie sans une permission expresse & par écrit de nous, à peine de désobéissance & de plus grande s'il y échoit. Mandons à M. du R***, Lieutenant de Roi, Commandant dans le gouvernement du nord par l'absence de M. de C...., de lui notifier la présente interdiction au moment qu'il la recevra en présence de MM. de C..., C..., & des autres Officiers qui composent l'Etat-Major du Cap, & aussi de quelques autres Officiers de la garnison, s'il le juge convenable ; & en cas que ledit sieur de *** ose s'exhaler en propos indécens & inconsidérés contre l'autorité qui réside en nous, nous ordonnons au sieur du R.... de le faire arrêter sur-le-champ, & conduire sous bonne & sûre garde dans la forteresse du Fort-Dauphin, & de l'y faire consigner jusqu'à nouvel ordre. Nous lui ordonnons de plus de rendre cette interdiction notoire aux troupes entretenues, à celles des milices, & à tous ceux qui doivent en être instruits dans toute l'étendue du gouvernement du Cap, afin que personne n'en ignore & ne lui obéisse en chose qui concerne le service : il défendra définitivement aux Capitaines de vaisseaux marchands & à tous autres de donner passage audit sieur Marquis de ***, ni de favoriser sa sortie de l'isle, & il nous rendra compte de l'exécution du présent ordre ».

A Léogane, le . . . . .

Copie de la lettre de M. de C*** à M. du R***.

M. de ***, Monsieur, ayant commis des fautes très-graves contre le service du Roi, l'obéissance & la subordination qu'il me doit, m'a imposé, pour éviter de plus grands maux, malgré l'amitié que j'avais pour lui, la triste nécessité de l'interdire, & de suspendre toutes les fonctions que le Roi lui avait confiées dans les gouvernemens de l'ouest & du sud, & dans le commandement général de cette colonie, qui lui avait été conféré. Je vous adresse cet ordre d'interdiction, afin que sans différer vous ayez à l'exécuter suivant sa forme & teneur, & à m'en rendre compte.

Vous aurez agréable aussi, Monsieur, de m'informer désormais de tout ce qui se passera dans le gouvernement du nord, de tout ce qui s'est passé depuis que je vous ai marqué d'adresser vos détails directement à M. de *** ; quels sont les ordres que vous avez eu à exécuter de sa part, & ce qui s'en est ensuivi : mais sur le tout je desire savoir comment M. de *** s'été sur la frontière Espagnole, si c'est en grand ou en petit cortège ; quelles troupes & milices il avait avec lui, quel était son dessein, si vous l'avez pénétré ; s'il est vrai qu'il ait été jusqu'à la garde Espagnole ; qu'il ait eu des entretiens & des propos vifs avec les Officiers de la garde, & à l'occasion de quoi cela s'est passé : ayez, s'il vous plait, agréable de ne rien omettre. Répondez-moi par le retour du courier que je vous dépêche exprès, & ne le retenez que le tems nécessaire pour exécuter mon ordre, & m'informer du résultat.

J'ai l'honneur d'être, &c.

De C*** (1).

---

(1) Cette affaire extraordinaire n'eut aucune suite, les deux Généraux s'étant réconciliés.

MÉMOIRES

Sur l'affaire du sieur D....., Procureur du Roi, & M. le Marquis de ✱✱✱.

LE sieur D✱✱✱, par ses protections auprès de M. le Marquis de ✱✱✱✱, fesant les fonctions de Général à Saint-Domingue, & auprès de M✱✱✱✱, Intendant, avait eu le secret de se faire pourvoir de la commission de Procureur du Roi, au Port-au-Prince, quoiqu'on l'en ait cru depuis fort incapable à tous égards. L'esprit de cet homme paraissait propre à l'intrigue ; sa conduite, a-t-on prétendu, n'annonçait point une bonne éducation, malgré sa naissance qu'on croyait distinguée : son caractère ne tarda point à se développer ; on veut qu'il ait été un de ceux qui ont le plus contribué à mettre mal ensemble ces deux chefs d'une colonie importante.

On a trouvé sous les scellés apposés sur ses papiers, quand il fut arrêté, le projet extravagant de perdre M. le Marquis de ✱✱✱, qui s'était moqué des prétendus conseils qu'il avait voulu lui donner. Il avait sans doute écrit à ses protecteurs à Paris, que M. de ***, l'honorait de sa protection à Saint-Domingue, ce qui dans un esprit de sa trempe emporte les plus grands éloges dont sa lettre était apparemment accompagnée. Mais changeant d'idées en prenant de nouveaux sentimens, on a entrevu dans des brouillons de lettres qu'il avait pris un autre stile, & que la calomnie la plus atroce dictait toutes les suivantes.

Il ne s'en cachait point sur les lieux ; il vomissait sans cesse quelque invective contre un homme qui était son supérieur, & qui a long-tems méprisé cette insulte. Enfin le sieur D*** poussa les choses si loin, que M. le Marquis de *** crut devoir venger l'autorité blessée en sa personne.

Ce Général rencontrait toujours cet inférieur dans son chemin : fier des puissantes protections qu'il se flatait d'avoir, il allait jusqu'à menacer tout le monde, & les termes les plus indécens sortaient continuellement de sa bouche. Il se vantait d'être venu pour réformer les abus du pays, chose utile s'il en avait eu la capacité ; il disait avoir une commission secrète, & d'être à même de faire repentir quiconque s'opposerait à ses desseins. Cependant à en juger par le témoignage que lui rendaient le Général & l'Intendant, dans une lettre commune que j'ai vu: écrite lorsqu'il fut renvoyé en France, il était accusé d'ineptie, de mauvaises qualités ; elle contenait un détail de faits, qui, s'ils étaient tous vrais, en fesaient un homme incapable d'être revêtu d'un emploi aussi délicat que l'est celui de Procureur du Roi, sur-tout dans les Colonies, où il est facile d'abuser de tout.

Je n'entrerai point dans le récit indifférent de deux ou trois petites avantures, où ce Procureur du Roi manqua de propos délibéré au Marquis de ***. Celle qui occasionna la rixe dont je rendrai seulement compte, vint au sujet d'un soldat qui était à l'hôpital, que le sieur D*** accusa de lui avoir volé un bord de chapeau, & d'avoir induit son nègre à voler à son maître de la bougie ; misères, qui ne valurent jamais le bruit qu'elles ont fait : ce Procureur du Roi débitait que, pour le noircir, on disait hautement qu'il fesait exprès vendre cette bougie par son nègre, parce qu'il voulait en faire commerce, &c. Pour détruire ce bruit, D*** usant de l'autorité de sa charge, ordonna à la Maréchaussée de prendre ce soldat & de le conduire dans les prisons royales. Sur les représentations du Prévôt, il s'emporta violemment & voulut le faire arrêter lui-même par ses archers. Cette contestation fut portée devant M. le Marquis de ***, comme chef de la Colonie ; il envoya chercher le Procureur du Roi, par l'Aide-Major de la Place ; au-lieu d'obéir, il tint de mauvais propos & dit qu'il n'irait que le lendemain. M. de *** renvoya le Sergent d'ordonnance, qui menaçant de l'amener de force, il le suivit en veste ; & en présence de plusieurs personnes qui se trouvaient au Gouvernement, cet homme mêla, dit on, parmi ses raisons des personnalités qui touchaient trop au chef de la Colonie, pour que tous les auditeurs n'en fussent point révoltés. M. le Marquis de*** était sourd, ce qui fesait qu'il n'entendait à peine que la moindre partie de ce que ce Procureur du Roi lui disait, qui fut finalement congédié. Suivant la maxime des flateurs, qui ont souvent tâché de séduire M. le Marquis de ***, dont le caractère au fond était excellent, on lui rendit tout ce qu'il n'avait point ouï ; mais malgré cela, l'affaire en serait demeurée là, si le sieur D***, ne pouvant se contenir, n'était point allé faire lever le Greffier pour l'obliger de recevoir une déclaration contre M. de ***. Le Greffier n'en voulut rien faire, & ce serait en effet d'un exemple dangereux si l'on tolérait de pareils abus dans les Colonies. On rendit encore compte de cette nouvelle incartade au Général, qui envoya chercher ce Greffier pour lui en rendre compte. Pour lors ce Général ne se possédant plus, donna ordre d'arrêter le Procureur du Roi. Un peu trop de vivacité peut-être lui fit commander quatre fusiliers, pour aller avec l'Aide-Major se saisir de D***, dont les injures redoublèrent. Il était environ dix heures du soir. Il fut mis en prison, on le chargea de chaînes comme un criminel; en quoi la passion se dévoile un peu trop. Il est vrai que le sieur D***, doué d'une fermeté qui pourrait être nommée entêtement, ne chercha point à adoucir son sort : il se répandit encore en de plus grandes invectives, & ce n'est pas le moyen de fléchir les gens qui ont l'autorité en main. Ce Procureur du Roi, comme on le menait au cachot, avait dit qu'il avait 3000 louis d'or, outre les dépôts du Public; ce qui fit qu'on fut sur-le-champ apposer les scellés chez lui, qu'on y mit un gardien, & qu'il y eut deux factionnaires posés à sa porte.

L'Intendant fut informé le lendemain par son collègue dans l'Administration de la Colonie, de tout ce qui s'était passé la veille. M. L*** applaudit au traitement, & en instruisit le Ministre conjointement avec le Marquis de ***. C'est de cette lettre, datée du

28 Avril 17.... que j'ait tiré la plupart des faits qu'on vient de lire.

Les deux chefs jugèrent à propos de faire passer ce Procureur du Roi en France : il fut embarqué les fers au pieds & aux mains ; violence qui a fait murmurer quelques personnes.

On ne saurait s'empêcher d'applaudir à la justice que la Cour rendit à ce Procureur du Roi : il fallait le rétablir à cause de l'oppression exercée envers lui ; il est bon de faire sentir qu'un gouvernement équitable, comme celui de la France, n'admet point un semblable despotisme ; le sieur D*** fut non-seulement blanchi ; mais la place de Procureur du Roi au Cap, étant venue à vaquer, il en fut pourvu. Voici ce qui se passa à cette occasion.

Cet homme arriva au Cap quelque tems avant M. B***, qui a remplacé M. le Marquis de *** ou plutôt M. du B*** de***, l'exercice de M. de *** n'ayant été qu'un *interim*. On doit penser que ce Marquis ne vit point ce triomphe avec tranquilité ; il reçut la commission qui lui était adressée & à M. L***, avec la ferme résolution de la retenir, comme il s'en était expliqué au Ministre. Il la retint en effet, & M. B*** étant arrivé au Cap, eut besoin d'intéresser la générosité du Marquis pour la faire remettre. Voici la lettre qu'il fallut que le nouveau Général écrivît.

Extrait d'une lettre de M. B...., à M. le Marquis de ✦✦✦.

Du Cap, le 30 avril 17...

« M. le Garde des Sceaux, Monsieur, par une dépêche du 21 Septembre dernier, me donna avis qu'il vous avait adressé, & à M. de L***, les provisions du sieur D*** pour les places de Procureur du Roi de la Juridiction & de l'Amirauté du Cap, & qu'il ne doutait pas qu'à mon arrivée je ne trouvasse ses provisions enregistrées. Le sieur D*** épuise ici toutes les ressources de ses amis pour vivre, & excite la commisération publique, en attendant qu'il puisse être reçu dans l'exercice de ses charges. Je sais, Monsieur, que cet homme vous a manqué, mais je n'ai jamais voulu entrer dans le détail de cette malheureuse affaire ; & comme vous avez naturellement le cœur bon & généreux, je suis persuadé que vous pensez trop bien pour ne pas mettre au-dessous de vous tout ce qui peut regarder cet homme, que je vous supplie d'oublier totalement. Il est des choses dans la vie qui méritent plus de mépris que d'attention ; je crois celle-là de cette espèce. Lorsque vous aurez eu la bonté de m'adresser ses provisions pour être enregistrées conformément à la volonté du Roi, je ferai observer ledit sieur D***, & je ferai éclairer sa conduite de façon qu'à la moindre prévarication, je l'interdirai, & le renverrai en France, aux ordres du Ministre.

M. le Marquis de *** répondit à cette Lettre avec toute la dignité de la place qu'il venait de remplir.

Extrait d'une lettre de M. le Marquis de ***, à M. B.....

Ce 12 mai 17..

» Vous me demandez, Monsieur, les provisions du sieur D*** ; les voici. Lorsque le Ministre m'annonça qu'il était pourvu des places de Procureur du Roi à la juridiction & à l'Amirauté du Cap, je lui fis les représentations qu'exigeaient de moi mon attachement au service du Roi, & le maintien de la dignité de la place que j'occupais ; j'ajoutai qu'en attendant de nouveaux ordres du Roi, je garderais ses provisions & ne les ferais point enregistrer. Les motifs de mes représentations importaient trop au service du Roi, & à l'intérêt public pour que le Ministre n'y eût point égard ; cette raison & ce qu'il vous marque qu'il ne doute point que ces propositions ne soient enregistrées à votre arrivée, prouve que ma lettre ne lui était point parvenue. Au reste, aucun intérêt personnel ne me portait à retarder cet enregistrement, celui seul de la place que j'occupais l'exigeait. C'est aujourd'hui vous, Monsieur, que cela regarde, & je ne balance point à vous mettre à portée d'exécuter les ordres que vous avez reçus ».

En conséquence, ledit sieur D*** fut installé dans ses emplois, & M. B*** se trouva à cette installation, exprès pour faire exécuter les ordres de la Cour. On craignait que le Conseil du Cap n'y formât des obstacles, parce qu'on le savait particulièrement lié avec M. le Marquis de ***. Il y eut en effet quelques petites rumeurs, mais, qui ne servirent de rien, M. le Général ayant prévenu les opinions, en fesant entendre la volonté de Sa Majesté. Il fit aussi une vive semonce au nouveau Procureur du Roi, par laquelle il lui déclara que s'il ne se comportait bien dans les fonctions de sa charge, il le punirait exemplairement.

Fin de la Première Partie.

VOYAGES INTÉRESSANS

DANS

DIFFÉRENTES COLONIES

FRANÇAISES,

ESPAGNOLES, ANGLAISES, &c.

LA VERMUDE.

La Vermude, ou *les Bermudes* comme on la nommait anciennement, est une isle divisée en deux parties. Son nom lui vient de Juan Bermudez, Espagnol, qui la découvrit au commencement du XVIe siècle. Elle appartient maintenant aux Anglais, qui y ont élevé des fortifications considérables. Cette terre ne semblait pas faite pour être habitée ; car, outre qu'il est extrêmement difficile d'y aborder, son terroir est l'un des plus ingrats de toute cette vaste partie du Nouveau-Monde : elle donne principalement des choux pommés d'une beauté & d'une bonté admirables, dont ses habitans font commerce dans nos colonies, quand on veut bien leur en permettre l'entrée. Apparemment que ce n'est point le seul légume qui y vienne; cependant on y a besoin de tout, & la nouvelle Angleterre ou les contrées voisines y fournissent les vivres nécessaires pour la subsistance des colons, bœufs, beurre & autres provisions. Le terrain n'y est en effet qu'une espèce de tuf, qui dénote assez que cette isle n'est autre chose qu'une roche, peut-être autrefois cachée sous l'eau, & que, par succession de siècles, elle aura découverte. Il est plus d'un endroit dans l'Amérique, dont on en pourrait dire autant. Elle est peu élevée au-dessus du niveau de la mer, qui en couvre quelquefois une partie : elle est sujette à de fréquentes tempêtes, dont on se ressent même au large; on y craint toujours quelque coup de vent, qui ne manque guère de s'y faire sentir. Il faut nécessairement passer à la hauteur de cette isle, en partant pour l'Europe, des Antilles ou de la Terre-Ferme qui les avoisine; c'est le lieu le plus ordinaire où l'on se met en latitude.

Les coups de vent ou les tempêtes ne sont pas le seul danger qu'il y ait à craindre, en reconnaissant ou approchant cette dangereuse terre, puisqu'elle est entourée d'écueils à fleur d'eau, dont une chaîne s'étend dans le nord-est à près de six lieues. Il s'y est perdu bien des vaisseaux. Le côté de l'ouest est moins dangereux. Malgré tant de périls, il est plus sûr d'aller reconnaître l'isle de la Vermude, & les meilleurs navigateurs n'y manquent que quand la chose leur est impossible, par des évènemens imprévus assez communs dans la navigation. Mais il faut prendre garde de s'en trop approcher.

C'est un embarras encore plus grand lorsqu'on y veut entrer, & il faut être extrêmement habile ou bien connaître ces parages pour oser le faire. Il est vrai qu'il vous vient des pilotes, mais avant qu'ils puissent remarquer l'intention qu'on a, il est mille périls à courir, sur-tout quand on n'y a jamais été. On ne doit point abandonner la sonde ; il faut examiner attentivement les brisans, & gouverner, si l'on a le bonheur de l'appercevoir, sur une cahute blanche qui sert de balize. Plus on approche de terre, & plus on découvre d'islets à travers desquels il n'y a qu'une seule passe pour les gros vaisseaux. L'ouverture de ce passage regarde presque le levant. Il y a plusieurs havres pour les petits navires, mais tous sont une retraite peu sûre ; & encore une fois il est difficile d'y aborder.

Lorsqu'on est ancré dans la rade, qui n'est

pas d'une fort bonne tenue, on voit un nombre de maisonnettes éparses çà & là, toutes blanches, tout-à-fait basses, & couvertes d'un tuf qui se lève par écailles comme l'ardoise. La ville, qui est assez petite, est sur la moindre des isles, & c'est où le Gouverneur fait sa résidence. Le commerce de la Vermude a toujours été la construction des bâtimens de mer, d'une médiocre grosseur, que l'on y fabrique d'une extrême légèreté. Ses bateaux sont sur-tout estimés à cause de cet avantage ; mais on y en a tant construit, que les gros bois sont aujourd'hui devenus rares, & l'on y est obligé d'en faire venir de quelques autres colonies Anglaises. La terre y est fort unie & sans montagnes ; ce qui fait que les ouragans soufflent par-tout en même tems, & qu'il n'y a guère de partie dans les deux isles à couvert de leur fureur : c'est pourquoi les maisons sont si basses. On cherche ailleurs à les bâtir sur les hauteurs ; & là l'endroit le plus bas est toujours préféré. La terre y est hachée d'une étrange manière. La Vermude est à environ 200 lieues de la *Nouvelle-Yorck*.

PREMIERS

PREMIERS ÉTABLISSEMENS

FAITS PAR LA GRANDE BRETAGNE

Dans le nord de l'Amérique.

LES Anglais prétendent être les premiers qui découvrirent les côtes de l'Amérique septentrionale. Dès le XVe siècle, disent-ils, ils eurent connaissance de la Virginie; & en ce tems-là même la Nouvelle-Ecosse & la Nouvelle-Angleterre furent appelées le *Nord de la Virginie*. En 1583, on envoya des vaisseaux pour faire d'autres découvertes; ils remontèrent le fleuve Saint-Laurent, & prirent possession du Canada; mais les Français ne tardèrent pas à s'en emparer. Sous le règne de la Reine Anne, la Grande Bretagne publia un manifeste, dans lequel il est dit que le Canada appartenait aux Anglais, comme l'ayant découvert les premiers; & qu'ils ne l'avaient cédé que pour un tems à la France, qui jouissait de Québec depuis 1632. D'ailleurs, ajoûtent les Anglais, nous en avons acheté la possession des naturels du pays. Le Traité de paix de 1656 porte la clause extraordinaire, que les Français n'auront pas une seule possession dans l'Amérique Septentrionale; qu'ils n'y feront aucun commerce, & n'entreront même dans les ports de cette partie du monde, que lors d'une extrême nécessité, comme pour obtenir des vivres, faire du bois & de l'eau.

Mais le Traité d'Utrecht rétablit notre nation dans ses droits; nous eûmes non-seulement la liberté de pêcher la morue au banc de Terre-Neuve, mais les lieux les plus avantageux nous furent réservés; nous eûmes les environs du cap *Bonavista*, & toute la côte de l'ouest de l'isle de Terre-Neuve, jusqu'à la pointe *Ricke*. Les morues, dont l'espèce paraît un peu diminuée, étaient en si grande quantité en ces parages, & s'y trouvaient si proche de terre, que les pêcheurs Français les attrapaient sans lignes ni hameçons, au moyen d'une sorte de crampon.

Par ce même Traité d'Utrecht, la Cour de Londres concéda à la France l'isle du Cap-Breton & les autres isles du golphe Saint-Laurent, avec le pouvoir de fortifier le Cap-Breton, l'isle Royale, & d'élever une forteresse à Louisbourg qui nous avait déjà appartenu. On convint aussi des bornes & des lignes qui sépareraient les deux Puissances; mais ces lignes de démarcation n'ont point empêché les Anglais d'envahir ce qui nous avait été solemnellement concédé;

& ce fut l'injustice de leurs entreprises qui alluma la dernière guerre, sous le règne de Louis XV; guerre qui commença au Canada, & s'étendit bientôt dans le continent de l'Europe. Par la paix qui suivit enfin, en 1763, nous leur avons cédé le Canada, source perpétuelle de discorde entre les deux Nations, depuis plusieurs siècles.

BOSTON.

L'AMÉRIQUE septentrionale offre des Colonies Anglaises très-considérables, dont la première & principale est celle de Boston, ville peut-être des mieux bâties qu'il y ait dans le Nouveau-Monde. La partie où elle est située fut d'abord découverte par des Français, & habitée par eux vers la fin du XVI siècle. Ils jetèrent les fondemens de cette Colonie; mais la mésintelligence en arrêta bientôt les progrès; il fallut en rappeler les restes; & les Français, songeant dans la suite à se ménager des possessions dans cette partie de l'Amérique, se portèrent d'un autre côté: le Canada nouvellement découvert devint l'objet de leur attention.

Les Anglais ayant conçu le même projet sous le règne de leur infortuné Roi Charles I, abordèrent à l'établissement que venaient d'abandonner les Français ; ils en trouvèrent le lieu commode & fort propre à s'y fixer. Mais cette contrée n'est parvenue au point de splendeur où elle est aujourd'hui, que depuis la révocation de l'Edit de Nantes. Un nombre infini de Protestans s'y retira. Ce sont eux qui contribuèrent à l'embellissement de cette Colonie la plus fameuse de toute la côte. Leurs descendans composent encore la plûpart des habitans qui se voient dans Boston & aux environs.

Cette ville, grande & peuplée, est construite sur un terrain qui avance dans la rivière, & qui forme presque une isle, étant environnée d'eau de tous les côtés, à l'exception d'un seul endroit vers la partie de l'ouest où il y a une porte. Les maisons y sont fort belles, quelques-unes bâties en bois, mais le plus grand nombre en maçonnerie, avec des ornemens qui en rendent la perspective très-agréable ; les édifices publics y effacent quelques-uns de ceux de l'Europe, ou en égalent au moins la magnificence. On compte plusieurs églises des diverses communions reçues ou tolérées en Angleterre ; mais il n'y a plus maintenant qu'une église française, d'un grand nombre qu'il y avait autrefois. La police s'exerce avec beaucoup d'exactitude ; Genève à cet égard ne lui cède en rien. Dès le samedi au soir les portes de la ville se ferment ; elles ne s'ouvrent que le Lundi matin ; & tant que dure le service divin, il ne faut point vaguer dans les rues, à peine d'être conduit en prison. Les Etrangers sont seuls exempts de cette régularité apparente, encore doivent-ils prendre garde de ne causer aucun trouble ni le moindre bruit. Le Presbitérisme n'y domine pas à beaucoup près autant que dans la Grande-Bretagne. Cette diversité d'opinions, la haine du parti contraire, cette liberté tant aimée des Anglais & qui règne souverainement dans leurs Colonies ; l'indépendance qu'elle occasionne, le peu de crédit de la Cour en ces pays éloignés, & par conséquent hors de toute crainte, pourrait bien y faire naître un jour quelque révolution qui leur ferait secouer le joug de l'Angleterre (1). Le Gouverneur qu'elle y tient n'a qu'une ombre d'autorité, il est payé par la Colonie ; & ses appointemens ne sont considérables qu'autant qu'il a l'art de se faire aimer des habitans, en prenant leurs intérêts à cœur sur toutes choses.

---

(1) On écrivait ceci il y a plus de vingt ans.

Il arrive souvent que de simples particuliers lui tiennent tête, & qu'il n'oserait les punir, n'étant qu'un fantôme sans pouvoir, quoique revêtu de l'autorité royale.

Mais ce pouvoir qui lui manque est quelquefois usurpé par un habitant riche & puissant, qui, sachant gagner le cœur de ses compatriotes, en profite pour réunir en sa personne un crédit despotique. On a vu à Boston une famille entière de réfugiés Français s'y faire adorer au point d'être plus considérée dans la ville que le Gouverneur lui-même : cette famille, originaire de la Rochelle, avait acquis des biens immenses dont elle a toujours fait un usage utile à ses concitoyens. *Pitre Faneuil*, qui avait hérité des richesses d'un oncle nommé *André Faneuil*, qui les accumula le premier, s'est distingué par tout ce qu'il a répandu de largesses dans cette Colonie ; & il est bien certain que s'il avait eu une ambition sans bornes, il aurait suscité en sa faveur toutes les révolutions dont il aurait voulu tirer parti. Mais, content d'une opulence qui le mettait à même de signaler son humanité envers les pauvres, il n'a eu pour but que de rendre son nom cher, & l'on peut dire que toute cette famille y a réussi. Le nom de Faneuil sera perpétuellement recommandable dans Boston ;

l'hôtel de Ville, qui est un fort beau morceau, & quelques autres édifices, sont dûs à la libéralité de ceux de ce nom, & leur maison est un Palais qui se fait admirer.

Les biens de cette famille & de tant d'autres aussi puissantes par leurs richesses, proviennent du commerce. L'industrie des habitans de Boston leur en a procuré un des plus étendus, tandis qu'à leur place, toute autre nation serait misérable, dans un lieu où l'on n'a presque pour ressource que des bois de construction ; aussi y bâtit-on un nombre prodigieux de navires de toutes les grandeurs, & c'est-là où beaucoup de nos Marins vont s'en pourvoir. Ils s'y donneraient à fort bon compte, sans la mauvaise foi des Commissionnaires qu'on est contraint d'employer, & qui fesant des traités particuliers avec les constructeurs, qu'ils ne paient ordinairement que d'une manière qui leur est avantageuse, les obligent de demander plus qu'il ne feraient, & les commettans en sont toujours les dupes. Comme il y a peu d'argent dans cette Colonie, on stipule le payement en telle ou telle denrée, souvent en marchandises dont ces Commissionnaires sont embarrassés, ce qui fait qu'on les paie plus chérement qu'il n'arriverait sans cette façon de traiter désavantageuse pour celui qui achète.

Ce n'est point à quoi se borne tout le commerce de Boston ; la pêche de la morue ou autre poisson qu'on sale ou que l'on sèche, en fait aussi une branche importante, de même que les interlopes qui se répandent dans toutes les parties méridionales de l'Amérique.

La rivière qui passe à Boston est considérable & porte des vaisseaux de guerre : il y a trois lieues de son embouchure à la Ville, & dès l'entrée on trouve une tour ou fanal pour éclairer les navires qui veulent entrer ou sortir. Cette rivière n'est point dangereuse, quoiqu'elle soit couverte d'islets & qu'elle serpente extraordinairement. En approchant de la Ville on rencontre une forteresse assez bien munie de canons & qu'il faut raser de très-près ; du reste, cette ville n'est pas des mieux fortifiées (1) ; il ne serait pas impossible de s'en emparer ou d'y faire bien du mal. Elle a un très-beau fort, avec une longue jetée sur laquelle on a élevé des magasins qui sont d'une grande utilité pour les navires qui viennent

___

(1) Il faut se souvenir que ceci a été écrit avant la guerre que les Anglo-Américains viennent de soutenir contre la métropole, & qui a fait perdre à l'Angleterre environ deux-mille lieues de pays, & près de deux-millions de sujets.

s'amarrer jusques au bord des quais. Enfin cette ville fournit en abondance tout ce qu'on peut souhaiter, & le dispute aux plus commerçantes d'Europe. La vie y est douce & aisée, la populace plus affable que ne l'est ordinairement l'Anglaise ; ce qui vient du besoin qu'elle a de commercer pour se soutenir.

Boston est remplie d'ouvriers de toutes les sortes ; de manière qu'on ne s'apperçoit pas d'être transplanté en Amérique, & qu'on croit être dans une bonne ville d'Europe. Les cafés, les gazettes, les promenades, les carrosses, l'abord continuel d'une infinité de navires venant de toutes les parties du monde, tout annonce une capitale célèbre & l'entrepôt d'un commerce qui embrasse une multitude de branches. On y imprime comme à Londres des livres & des feuilles hebdomadaires connues sous le nom de *papiers*, qui ont de tout tems entretenu chez ce peuple la crédulité & le fanatisme ; ce serait un recueil curieux, que de rassembler toutes les espèces de gazettes qui se sont imprimées dans Boston pendant l'avant-dernière guerre, & qui de là se répandaient dans tout le Nouveau-Monde : l'histoire des travers de l'esprit humain y ferait une ample moisson de mensonges & d'absurdités, inventés exprès pour en imposer sur des évènemens non douteux en Europe. Il m'est tombé en main quelques-unes de ces prétendues gazettes, & je ne pense pas qu'il y ait jamais eu rien d'aussi fou ; nous n'avons pas gagné une bataille, que, selon ces étranges nouvellistes, nous n'ayons été battus à plate couture ; la France était aux abois, & les Anglais allaient sous peu faire changer de face à notre monarchie.

La campagne qu'on voit autour de Boston est belle & riante ; l'Europe n'a point de fruits qui ne croissent & ne viennent aussi bons que dans leur terroir naturel : le climat y est assez tempéré ; car le froid excessif, tant que dure l'hiver, est remplacé par un printems & un été comme dans l'Europe. La terre y est fort bonne, & très-propre pour la culture du bled, qui ne vient pas moins beau qu'en France. Les Bostoniens apportent à la Martinique & à Saint-Domingue des farines d'une blancheur & d'une bonté que n'ont point les meilleures farines Bordelaises. Mais ces farines ne sauraient se conserver aussi long-tems que celles qui viennent de France ; elles semblent tenir des bois de ce pays-là, qui ne durent jamais autant que ceux d'Europe, ce que savent bien ceux qui y font construire des navires ou qui en achètent de fabriqués dans la nouvelle Angleterre, qu'ils ont pour cette raison à beaucoup meilleur marché. La cause de cette singularité me paraît venir de ce qu'on n'y a point soin des arbres, ou bien de l'usage où l'on est, après les avoir abattus, de les laisser trop long-tems dans les forêts, où ils essuient toutes les inclémences de saisons souvent pluvieuses ; ou bien encore de ce qu'on ne les choisit point avec assez de soin, employant indifféremment tous les bois qui se présentent, avariés ou non. Un riche habitant de Boston m'a assuré avoir fait construire des navires pour lui, qui ne duraient pas moins que d'autres de la vieille Angleterre, parce qu'étant présent il n'y avait employé que des bois de choix & qui n'avaient souffert aucune altération. Les forêts sont immenses dans toutes cette partie de la terre ferme, & plus l'on coupe de bois, plus il semble y en avoir à couper. Les principaux arbres, & ceux dont on devrait uniquement faire usage dans la construction marine, sont le *Chêne*, le *Cèdre*, le *Sapin*; mais pour avancer davantage, on y emploie d'autres bois bien éloignés de les valoir. Ce serait aux personnes qui achètent des navires bâtis à Boston, à dicter cette loi dans leurs marchés ; ce qui sera toujours difficile, tant qu'il faudra s'en fier à des Commissionnaires résidans sur les lieux.

Les dehors de Boston ont un aspect des

plus gracieux, par la quantité de vergers qui s'y voient, & dont la plupart ne font jamais fermés. Il eft permis d'y entrer, de s'y promener, de s'y rafraîchir de toutes les fortes de fruits qui s'y trouvent ; les habitans font là-deffus d'une extrême politeffe. Leurs maifons même dans la campagne ferment rarement ; on peut s'y repofer fans en demander la permiffion, & tous les Etrangers fe louent de leur affabilité à cet égard : ces maifons qui font fort jolies, fe nomment *Contrées*. Les voleurs ne font pas connus dans cette partie de la Nouvelle-Angleterre. L'ouvrier laiffe fes outils dans l'endroit où il travaille, fûr de les retrouver le lendemain ; le linge refte étendu plufieurs jours fans gardien ; en un mot, tout eft confié à la foi publique, & l'on ne trompe prefque jamais cette confiance, qu'il ferait imprudent d'avoir dans les Colonies Françaifes. S'il arrive que quelque chofe foit pris, ce qui eft rare, on eft dans l'ufage de n'en accufer que les Irlandais; imputation qui a peut-être plus fa fource dans l'inimitié que les Anglais ont pour cette nation, que dans la vérité.

La juftice s'y adminiftre tout comme en Angleterre ; il y a des juges fubalternes & une efpèce de tribunal fupérieur, où les procès fe

dans différentes Colonies. 237

décident souverainement, ainsi qu'au Cap-Français. Cependant on peut être appelant de ses jugemens à la Cour de Londres en donnant caution (1).

Une maxime sage & prudente suivie dans les Colonies Anglaises, & qui empêche bien des abus trop communs dans les nôtres, c'est la servitude où tombent ceux qui ne sauraient payer leurs dettes. On les vend juridiquement pour un certain tems suffisant, pour que leurs gages puissent payer le créancier : beaucoup de gens dans Boston, où il n'y a que peu d'esclaves noirs, servent de la sorte. Si cette coutume s'introduisait dans les Colonies Françaises, on n'y verrait pas tant de débiteurs insolens braver leurs créanciers, qu'ils réduisent souvent dans une extrême indigence (2).

---

(1) Ce Tribunal suprême juge actuellement en dernier ressort.

(2) On sait les abus affreux qui résultèrent de l'esclavage dans lequel tombaient les malheureux débiteurs Romains. Ne renouvelons point cette barbarie parmi les Nations modernes. Le Congrès a conçu une juste horreur contre l'esclavage des nègres ; il vient de le proscrire des Etats-Unis, & de former une cotisation pour briser chaque année les fers d'un certain nombre de ces infortunés, dans quelque contrée qu'ils soient. Une pareille association vient aussi de se former en Angleterre. Quand est-ce que les habitans de Saint-Domingue desireront de n'être plus servis par des esclaves?

Les engagés, que l'on ne connaît plus guère dans nos Colonies, sont encore très-communs parmi les Anglais; on en voit arriver à Boston, & dans quelques autres de leurs Colonies septentrionales, des navires chargés qui font leurs ventes de la même manière que les négriers: on va les choisir à bord; mais il faut convenir que, malgré la férocité naturelle à quelques Anglais de basse origine, ces engagés sont traités moins durement qu'ils ne l'étaient chez les Français, lorsqu'ils servaient à Saint-Domingue aux travaux dans lesquels ils sont aujourd'hui remplacés par les Esclaves noirs.

Une autre petite ville nommée *Charles-Town* est presque contiguë à celle de Boston, & semble en faire partie, n'étant séparée d'elle que par un court trajet.

LA NOUVELLE-YORCK.

LA *Nouvelle-Yorck* est une province assez considérable du continent septentrional de l'Amérique. On sait que les Anglais avaient le long de cette côte des établissemens nombreux; car ils occupaient inclusivement depuis l'*Acadie* à eux cédée par le traité d'Utrecht, jusqu'au

Miſſiſſipi excluſivement ; ce qui formait une très-grande étendue de côtes : & il y a une telle quantité d'habitans dans tous ces immenſes pays, que l'Angleterre, autrefois leur métropole, n'eſt preſque rien en comparaiſon. Toute cette vaſte contrée compoſe pluſieurs provinces, dont celle de la Nouvelle-Yorck eſt une des principales. Elle confine d'une part à la Nouvelle-Angleterre, où eſt ſitué Boſton, qui eſt preſque à ſon levant ; de l'autre part, elle eſt bornée par les provinces de Penſilvanie, Maryland, la Virginie, qui lui confinent ſucceſſivement au couchant ; elle a la mer au midi, & la terre-ferme, où eſt la partie de la Nouvelle-France, au ſeptentrion.

La partie, nommée la Nouvelle-Yorck proprement dite, eſt une iſle formée par deux bras de mer qui aboutiſſent enſuite à un ſeul canal par où coule la rivière d'*Hudſon*, dont le cours eſt nord & ſud. Cette iſle, qui eſt beaucoup plus longue que large, peut avoir de tour environ 15 lieues françaiſes. La ville eſt placée à ſon extrémité vers l'oueſt-nord-oueſt, dans la partie qui regarde un des bouts de *Long-Iſland*, ou l'iſle longue : cette ville contient environ 1200 feux ; & comme la plupart des villes Angloiſes de ce continent, elle n'eſt entourée que de pieux & de paliſſades à la mode des sauvages (1) : son abord n'est pas facile, à cause des bancs de sable & des écueils dont l'isle est presque environnée de tous côtés ; aussi n'a-t-elle qu'un fort assez médiocre pour la défendre. L'isle est fertile, & produit abondamment ce qu'il faut pour la subsistance de ses habitans ; elle pourrait même envoyer une grande quantité de ses grains superflus, pour subvenir au besoin de ses voisins, s'ils n'en avaient eux-mêmes une extrême abondance. En général, cette côte produit tout ce qui est nécessaire à la vie, à l'exception de quelques petites contrées dans les terres, qui se trouvent infertiles par la nature du terroir sec & pierreux. Telle est la *Nouvelle-Rochelle*, dépendante de cette province. L'isle est jointe à la terre-ferme par un pont de pierre, qui fait qu'on y passe quand on veut, soit pour aller à Rhode-Island, Boston, ou à Philadelphie, de l'autre côté de la Nouvelle-Yorck. Mais pour abréger le chemin de cette dernière, on en fait ordinairement le trajet par mer.

Les maisons de la Nouvelle-Yorck sont bien bâties, commodes, & les habitans savent s'y procurer toutes les douceurs qui peuvent rendre

―――――――――――――――――――――
(1) Les choses peuvent avoir un peu changé, lors de la guerre des Etats-Unis.

la vie aisée. Ils ne sont pas moins industrieux que leurs compatriotes de Boston, & commercent avec fruit dans les riches colonies de l'Amérique, où ils exercent la contrebande avec une merveilleuse adresse. Cette ville embrasse les mêmes branches de commerce que Boston, la pêche, l'interlope, la construction des navires, & l'on y apporte une quantité prodigieuse de chanvre. Tous les fruits d'Europe sont abondans sur son terroir ; avantage qui est commun à cet heureux continent. On y vit à grand marché : le vin, qui n'y croît point, est uniquement ce qu'il y a de cher, & l'on y paie une barique de vin de Madère, le seul qui soit prisé, jusqu'à cent piastres ; mais cela n'empêche point qu'on y en consomme beaucoup, les habitans de la Nouvelle-Yorck aimant à boire, & passant pour les meilleurs buveurs de toute la contrée : ils semblent même mettre leur gloire à le faire dire aux étrangers, qu'ils provoquent sans cesse à les imiter. La plupart ont de fort belles maisons de campagne, dont quelques-unes sont très-éloignées de la capitale, en étant quelquefois distantes de plus de 30 milles. Ils y vont en chaises lestes & brillantes, attelées chacune à un seul cheval mené par celui qui est dedans, & l'on a l'agrément d'y chasser dans de grandes & vastes plaines, sans sortir de sa chaise ; car le terrain n'y est point montagneux. Ses prairies nourrissent de beaux chevaux Anglais, dont il se fait un grand négoce dans nos colonies. Ces chevaux sont en effet plus hauts & plus vigoureux que ceux de race Espagnole, mais bien moins propres pour les pays de montagnes.

L'isle où est bâtie la ville de la Nouvelle-Yorck, est soigneusement cultivée, & présente un aspect agréable. Les maisons, dont elle est parsemée, y offrent un coup d'œil qui prévient en sa faveur. On rencontre dans l'est, au bord de la mer, un bourg nommé *Harlem*, qui est un reste des établissemens des Hollandais, autrefois possesseurs de cette terre. Il y est même resté un certain nombre de ces peuples, qui vivent sous les lois du pays. Ils ont en conséquence une église particulière dans la ville de la Nouvelle-Yorck, de même que les Français refugiés, & les différentes communions permises ou tolérées; mais l'Anglicane y est toujours la religion dominante.

Pour la province de la Nouvelle-Yorck, son étendue de l'est à l'ouest jusqu'à Philadelphie est de plus de 30 lieues, & dans les terres, en tirant au nord, elle avance jusqu'aux anciennes colonies Françaises. Les Français de Québec y venaient de tems en tems sous quelques prétextes, afin d'y acheter des indiennes ou autres marchandises prohibées, sur quoi ils fesaient des profits immenses.

Le sistême fédératif des Etats-Unis vient enfin de se consolider dans une assemblée presque générale, sous le nom de *Convention*, présidée par le célèbre Washington. Il est probable que le Congrès en adoptera la sagesse des vues, & que le corps législatif de l'Amérique Septentrionale sera composé de deux chambres, l'une sous le nom de Représentans, & l'autre de Sénat, dont les membres seront électifs; savoir, ceux de la première tous les deux ans, & les autres tous les six ans. Il n'y a que l'Etat de Rhode-Island qui veut être indépendant. Celui de Neuw-Yorck, & quelques autres auront huit Représentans, à raison d'un par 30,000 hommes. Qu'on juge par-là de l'immense population de ces contrées.

LA NOUVELLE ROCHELLE.

Il y a dans la dépendance de la Nouvelle-Yorck une bourgade de Français refugiés, qui n'étaient apparemment dans le principe que des Rochelais, puisqu'ils lui ont donné le nom de *Nouvelle-Rochelle*. C'est le plus vilain endroit de toute la contrée ; c'est un terroir tout-à-fait stérile, & peu propre à fournir les commodités de la vie. On dit pourtant qu'on avait offert le choix dans tout le pays à ceux qui ont établi cette colonie : ainsi, si cela est vrai, le lieu où ils se sont fixés ne fait pas l'éloge de leur discernement. Le terrain n'est qu'un amas de pierres, qui ne produit presque rien ; aussi les habitans y sont-ils assez peu à l'aise ; le bourg renferme à peine vingt maisons, mais la paroisse a près de deux lieues d'étendue. Elle n'est occupée que par des Français, & c'est où l'on parle le mieux cette langue, dans les Etats-Unis : on n'y en connaît presque point d'autre ; les enfans sont envoyés de toutes parts dans ce petit endroit pour l'apprendre ; & tout le monde la parle, jusqu'aux nègres.

La Nouvelle-Rochelle est située dans le nord de la ville d'Yorck, dont elle est distante d'environ 24 milles ou 8 lieues Françaises. Elle est sur le chemin de Boston, après le pont qui joint l'isle où est bâtie Yorck à la terre-ferme. Tout ce qu'on y recueille est un peu de blé pour nourrir ses habitans ; mais le terroir y fournit abondamment de l'ail & des oignons ; c'est à quoi il paraît uniquement propre.

Quoique la Nouvelle-Rochelle soit dans les terres, à quelques huit ou dix lieues de la côte, il y passe un bras de mer en forme de rivière, qui est l'un des deux qui font de la Nouvelle-Yorck une isle : il n'y va que des chaloupes & de petites barques, l'eau n'y étant point assez profonde pour de plus grands bâtimens. Les habitans de la Nouvelle-Rochelle subsistent d'une nombreuse quantité d'écrevisses de mer appelées *Homards*, qu'ils y pêchent, & d'un seul poisson qu'on y trouve, nommé le *Poisson-noir*, fait à-peu-près comme l'instrument appelé vielle : il porte le nom de poisson-noir, parce que sa peau est toujours noire ; pour sa chair, elle est fort blanche, & d'une bonté qui le rend délicieux.

HISTOIRE ET DESCRIPTION DE LA LOUISIANE

OU LE MISSISSIPI *,

Lorsqu'il était à la France.

L'ÉTENDUE de ce pays du côté de la mer, ou Golphe du Mexique, est d'environ 200 lieues, depuis Pensacole, jusqu'à la baie de Saint-Bernard; du côté de la terre, il s'étend depuis la latitude de 29 degrés, jusqu'à 50 au nord-ouest. La Louisiane est bornée à l'est par la Floride & la Caroline; au nord-est par la Virginie & le Canada, qui en est à 900 lieues. Cette contrée est sujette aux diverses influences des saisons, de même que les climats de l'Europe.

---

* Par le Traité de paix conclu en 1783, les limites de la Floride ont été reculées jusqu'au fleuve Mississipi. Depuis 25 ans la Louisiane appartient à l'Espagne.

La Louisiane s'étend principalement dans le cours d'un long & spacieux fleuve, nommé communément le *Mississipi*, mot sauvage qui veut dire grande rivière : on le désigne dans les cartes sous le nom de fleuve *Saint-Louis* ; & toute la colonie sous celui de la *Louisiane*. Ce fleuve reçoit dans son cours plusieurs grandes rivières, dont il conduit les eaux dans le Golphe du Mexique. On le met justement au rang des plus beaux & des plus grands fleuves du monde, puisqu'il parcourt une étendue au moins de 600 lieues. Les Espagnols l'ont connu sous le nom de baie de *Spiritu Sancto*. Les Anglais ont remonté ce fleuve environ 24 lieues, jusqu'à un détour qu'il fait en serpentant, & où il forme près des trois quarts d'un cercle ; mais n'ayant pas eu la patience d'attendre les différens vents qu'il fallait pour aller plus loin, ils retournèrent, & le nom de *retour des Anglais* lui est resté à cet endroit. Le Missouri, grande rivière, donne son nom à un pays vaste & inconnu, qui fait partie de la Louisiane.

Les côtes de la Louisiane ont dû être découvertes par les Espagnols dès 1521, attendu qu'elles touchent au Mexique. Mais ce qu'il y a de bien certain, c'est que les Français en prirent possession lors du règne de Charles IX, & qu'ils y établirent un fort au lieu appelé aujourd'hui *Penfa-Cola*, & un autre 45 lieues plus à l'orient, qu'ils nommèrent Charlefort.

L'entrée du Miffiffipi avait été découverte vers la fin du dernier fiècle, par M. de la Salle, gentilhomme de Rouen. Il était parti des environs du Canada ; & ayant fuivi fa route jufqu'au Golphe du Mexique, il y trouva l'embouchure du fleuve du Miffiffipi : après avoir pris hauteur, il retourna fur fes pas, revint enfuite au Canada ; & de-là en France, où il obtint du Roi quelques vaiffeaux pour venir prendre poffeffion du Pays & s'y établir. Mais il manqua l'embouchure du fleuve, étant tombé plus bas vers la baie de Saint-Bernard, où il débarqua, efpérant trouver le pays qu'il cherchait en traverfant les terres. Mais il fut malheureufement affaffiné par fes propres gens. Deux ou trois fe fauvèrent par terre au Canada. La plûpart des autres furent tués tant par les Efpagnols que par les fauvages. Ainfi échoua cette première découverte.

L'entrée du fleuve refta encore quelques années inconnue aux Français, jufqu'à ce que M. d'Hiberville, frère de M. de Bienville, que l'on a eu long-tems pour Gouverneur à la Louifiane, la retrouva au commencement de ce fiècle.

D'abord, on ne commença qu'un ou deux

établissemens très-médiocres. Ce furent des Canadiens, qui ayant descendu le fleuve, s'occupèrent plutôt à la traite de la pelleterie qu'à toute autre chose. On leur envoya quelques femmes, d'où sont sorties nos premières Créoles : le premier né a sollicité en cette qualité des lettres de noblesse.

M. Crozat, riche financier, obtint ensuite une concession de ce pays, sous prétexte d'y former des établissemens. Il remplit mal cette condition, n'envoyant de tems-en-tems que quelques navires sur la côte pour trafiquer avec les Espagnols ; aussi à la mort de Louis XIV, ayant été recherché comme tous les autres gens d'affaires, il remit sa concession au Roi, qui réunit cette Colonie à son domaine. On y envoya des troupes qui commencèrent l'établissement de la Mobile.

Vers l'année 1717 le pays fut concédé à une compagnie, sous le nom de *Compagnie du Mississipi*. En 1719 on y joignit la compagnie du Sénégal, & toutes deux furent réunies à la compagnie d'occident, qui n'en ont fait depuis qu'une seule sous le nom de compagnie des Indes.

Dans cette année le sistême de Law commençait à faire du bruit en France ; il fallait, pour éblouir le peuple & lui faire prendre de la confiance, l'amuser d'un brillant établissement au loin. Ce fut le chef-d'œuvre de la politique du Régent. On fut quelque tems indéterminé quel pays on choisirait ; enfin on jeta les yeux sur celui dont on avait nouvellement fait la carte. Rien ne fut oublié pour en donner de magnifiques idées ; on l'appela le nouveau Mexique ; il semblait qu'il ne fallait qu'y aller pour trouver la fortune. On envoya trois ou quatre concessionnaires, afin d'en commencer l'établissement.

Pour donner quelque relief à la Colonie naissante, on prit cette année Pensacole sur les Espagnols ; mais ils le reprirent bientôt après. On le prit de nouveau, & il fut rendu à la paix faite avec l'Espagne en 1719.

Les deux années suivantes on envoya coup sur coup une foule de concessionnaires ; l'empressement était si grand, qu'il semblait que l'on s'imaginait en France que cette vaste Colonie manquerait de terrain. Law lui-même s'était retenu 8 lieues en quarré, pour y pouvoir placer 4000 familles. Il fut aussi envoyé quelques cargaisons de nègres. Mais comme tout se fesait avec trop de précipitation, & sans avoir eu la précaution de songer aux vivres nécessaires pour tant de monde, croyant en trouver suffisamment dans le pays, il arriva que la plus grande partie des blancs & des noirs mourut de faim sur le sable, sans qu'il fût possible même de leur fournir des voitures pour les transporter dans les terres. Du nombre de ces derniers furent beaucoup d'Allemands, gens laborieux & très-propres à cultiver un pays.

C'est-là le premier échec arrivé à cette malheureuse Colonie : car si ce commencement eut été bien mené, il était plus que suffisant pour lui faire prendre dès-lors une forme avantageuse, & l'on aurait évité les malheurs survenus depuis, causés par la faiblesse où la Colonie s'est trouvée faute de monde.

On fut long-tems à se décider pour l'emplacement de la ville capitale. Enfin l'endroit fut fixé, on lui donna le nom de la Nouvelle-Orléans.

La fuite de Law & l'anéantissement des billets de banque mirent fin à la grande ardeur qu'on montrait pour l'établissement de la Louisiane. On ne pensa plus, au contraire, qu'aux moyens de s'en retirer, après tant de dépenses inutiles. Les concessions échouèrent pour la plûpart. Ce fut de leurs débris que cette Colonie commença de se former telle qu'on l'a vue jusqu'en 1763 ; mais les progrès en ont été très-lents. Elle était si faible d'abord, qu'on n'y voyait point de monnaie, peu de marchandises, encore moins de vivres. Ce qui tenait lieu d'argent n'avait qu'une valeur imaginaire: c'était les billets des concessionnaires & ceux du Directeur de la compagnie, qui payaient fort mal, parce qu'il n'y avait rien dans les magasins.

Tout étant ainsi en désordre, il fallut chercher un remède utile. On envoya de France, pour cet effet, deux Commissaires, dont l'un mourut en arrivant; ils étaient accompagnés d'un Procureur du Roi, & de trois Conseillers: ce qui a formé le Conseil-supérieur; leurs actes s'intitulaient, *La Nouvelle Régie*. Tous les comptes furent refaits, il y eut beaucoup de diminutions & de changemens; les anciennes cartes des directeurs furent reprises & annulées, sur quoi ceux qui ne devaient rien à la compagnie perdirent la moitié. Point de commerce, presque point de marchandises, encore mal distribuées; ce qui les fesait monter à des prix exorbitans pour le public. En ce tems-là (17 3), on envoya de France pour servir d'argent, de petites pièces de cuivre rouge, sur lesquelles on lisait le mot de *Colonies* (1). Mais, par l'excessive cherté de toutes

---

(1) C'est la même petite monnaie que les habitans de Saint-Domingue refusèrent de recevoir. Voyez ci-dessus, page 200. Elle est encore en usage en France dans quelques ports de mer.

choses, ce prétendu secours devint presque aussi incommode que la monnaie de fer des Lacédémoniens. Une paire de souliers coûtait dix écus, & un pot d'eau de-vie 50 francs, de sorte que les soldats & les matelots jouaient ces ridicules espèces à pleins chapeaux, & les jetaient ensuite dans le fleuve, ne sachant à quoi les employer. Enfin la plus grande partie de cet argent retourna en France par le moyen des pacotilleurs, qui s'en chargèrent pour l'y vendre au poids, & en accommoder les chaudronniers. On établit à leur place de nouveaux billets, appellés *billets du Caissier*, qui eurent cours dans le commerce.

Avec la nouvelle régie vinrent des Capucins, pour desservir la colonie & y mettre ordre au spirituel; car on y était aussi mal de ce côté-là, que du côté de la police.

Quelques mutins d'entre les sauvages Natchez ayant tué plusieurs bestiaux & blessé un concessionnaire, qui en mourut quelque tems après, on arma ce qui se trouvait de monde, & l'on se rendit aux Natchez, où après avoir brûlé des cabanes, on les obligea de donner quelques têtes de leurs Capitaines qu'on leur demandait. Cette belle expédition finit la guerre, qui fut suivie d'une paix de peu de durée. Parce qu'on avait porté à cette expédition une prodigieuse quantité de volailles, & qu'elle n'eut pas un succès bien glorieux pour la Nation, on l'appela, par dérision, *la guerre aux poules*. C'est la première guerre contre les Natchez.

Il vint cette même année 1723 une cargaison de nègres; mais ils ne furent distribués qu'aux habitans qui s'engagèrent d'en faire le payement en indigo l'année suivante.

On embarqua en 1725 pour plus de 60,000 l., tant en indigo crû dans le pays, qu'en argent d'Espagne, provenant de quelques traites faites avec les Espagnols; mais le navire eut le malheur de périr sur la côte, le jour même qui précédait celui fixé pour son départ. C'était le premier retour que fesait la colonie naissante, & on en tira un mauvais augure.

On jeta, en 1726, les premiers fondemens de l'église de la Nouvelle-Orléans. Les habitans virent augmenter leurs forces par l'arrivée d'un négrier.

Le nouveau Gouverneur qu'on vit arriver l'année suivante (M. Perrier), vint avec de grandes espérances & de nouvelles vues. Il fit abandonner la culture de l'indigo, pour s'attacher uniquement au tabac. Il se trouva excellent, & c'est avec raison qu'on croit le pays plus propre à cette production qu'à toute autre. Comme ce projet venait de France, on en fit partir des gens pour la Virginie & Mariland, afin d'aller s'y inftruire de tout ce qui concerne la préparation de cette denrée, qui devenait utile & intéreffante à l'Etat, par rapport à la grande confommation qui s'en fefait dans le Royaume. On fit venir, pour le même deffein, des Anglais de ces quartiers. Il arriva auffi plufieurs membres de la compagnie qui s'était formée à Clairac. Tout promettait une réuffite, qui manqua comme les autres projets, par la faute des entrepreneurs.

La colonie y gagna quelques habitans de plus qui s'y rendirent, attirés par l'appât du gain. Ainfi la ville ayant befoin d'être agrandie, on y voulut bâtir plus folidement; & de-là vint l'établiffement de diverfes briqueries. Une cargaifon de nègres vint même fort à propos: on en promettait d'autres, ce qui fefait efpérer de voir bientôt cette colonie peuplée & floriffante.

M. Perrier de Salvert, nouveau Gouverneur, avait amené avec lui des Jéfuites; on les plaça tout auprès de la ville: ils fe deftinèrent aux miffions des fauvages. Quelques mois après on eut fix Religieufes de l'ordre de Sainte-Urfule, auxquelles on fonda un fort beau couvent. Tout cela perfuadait que la Cour fongeait férieufement à cette colonie, & qu'on l'allait voir profpérer de plus-en-plus.

En 1728 il arriva encore de France une recrue de nouveaux habitans, à qui on donna des établissemens. La ville s'augmenta: on y construisit des magasins & une grande prison, avec plusieurs bâtimens pour la compagnie; le tout de briques, & d'un assez bon goût. On proposa d'établir les Natchez à 80 lieues de la Nouvelle-Orléans, dans un endroit qu'on jugea le plus convenable pour cultiver le tabac. Plusieurs habitans s'y transplantèrent: on y éleva d'autres magasins; & un navire y fut même se charger de tabac.

Ces heureux commencemens furent appuyés par l'arrivée de deux négriers, qui vinrent apporter un nouveau secours. On eut un autre sujet de se réjouir, lorsqu'on vit débarquer un Astronome venu de la part de la Cour & de celle de l'Académie des sciences, non-seulement pour faire des observations dans cette partie du ciel, & sur les productions de la terre, mais encore avec des ordres très-positifs de tout mettre en œuvre pour découvrir un chemin qui menât à la mer de l'ouest. Cette attention fit croire que l'on voulait travailler tout de bon à enrichir la colonie, & qu'on ne négligerait rien pour parvenir à ce but: mais si le conseil de S. M. a jamais eu un pareil dessein, en envoyant cet Académicien, il est certain qu'il

dans différentes Colonies. 257

ne pouvait plus mal choisir, puisque cet homme perdit aussi-tôt de vue la commission dont on l'avait chargé. Le goût du climat, & quelques autres raisons l'arrêtèrent plusieurs années dans le pays, sans s'embarrasser de ce qui l'y avait appelé.

Deux cargaisons de nègres qui vinrent l'année suivante (1729), relevèrent le courage des habitans, & donnèrent à penser que tant de belles espérances, dont on ne cessait de les entretenir, se réaliseraient à la fin. La nouvelle qu'on reçut presque en même tems paraissait devoir le confirmer : on apprit que la compagnie venait de rompre le Traité qu'elle avait avec les Hollandais, pour la fourniture du tabac, & que ce n'était qu'afin de favoriser cette colonie. Il n'y aurait eu rien de mieux, le Français eût profité des sommes immenses que cet achat fait passer chez l'Etranger, & chez l'Etranger ennemi de notre commerce, & envieux de celui de toutes les nations. On apprit encore que la compagnie avait fait un arrangement avec le Vice-Roi du Mexique, pour fournir la valeur d'un million de marchandises à prendre à la Louisiane. Ces deux projets, s'ils ont jamais existé, eussent fait de cette colonie un second Pérou, parce que le commencement de commerce, qui s'y établissait par-là, aurait extrê-

Partie II. R

mement fructifié en peu d'années, & serait devenu le plus considérable de toutes les parties de l'Amérique. Ne pourrait-on pas aujourd'hui faire revivre ces mêmes projets? Ont-ils moins d'utilité? sont-ils plus impraticables?

Quoi qu'il en soit, les circonstances étant changées, la compagnie résolut de tout abandonner, jusqu'à ses moindre liaisons avec cette malheureuse colonie; elle prit pour prétexte un accident qui plongea le pays dans une grande détresse; mais ce malheur n'était point irréparable.

Le 30 novembre 1729, jour de St.-André, les Natchez, sur lesquels on n'avait eu jusques-là aucun soupçon, & qui paraissaient être les plus dociles des sauvages, ce qui est marqué par le choix qu'on en avait fait pour la culture du tabac, se jetèrent sur les blancs par un complot concerté de longue-main. Ils étaient au nombre de 7 à 800 hommes, dont on ne se défiait nullement. C'est ce qui leur donna la facilité de mettre à fin cet horrible complot, dont l'exécution dura depuis 8 jusqu'à 10 heures du matin. Ils se divisèrent, & s'étant distribués dans toutes les habitations, afin de faire leur coup en même tems, ils tuèrent à coups de fusil, ou assommèrent avec leurs casse-têtes environ 300 blancs de leurs quartiers, parmi lesquels se trouvaient plusieurs officiers & nombre d'honnêtes gens ; entr'autres un fameux banquier de Paris, intéressé dans les affaires de la colonie, qui n'était arrivé avec son fils que de la veille. Les femmes & les enfans, au nombre d'environ 70, furent faits esclaves, les maisons brûlées, & les nègres enlevés avec tous les bestiaux & autres effets. Ainsi fut détruit en moins de deux heures le plus bel établissement de la colonie.

Ces sauvages paraissaient fort soumis, on les regardait comme très-fidèles. On tirait d'eux presque autant de services que des nègres : ils fournissaient abondamment & à vil prix de la viande de leurs chasses, de l'huile & de tout ce qu'on avait besoin. On entrait sans crainte dans leurs villages, de jour & de nuit : on croyait tellement être en sûreté parmi cette nation, qu'on avait laissé tomber en ruines un petit fort élevé pour la défense de la colonie. Cependant on abusait honteusement de leurs femmes, on prenait leurs terres, & on les maltraitait en plusieurs occasions ; il n'est donc pas surprenant qu'ils aient cherché à s'en venger : peut-être étaient-ils encore excités par les Anglais. On a cru même que le coup devait être général, & que tous les autres sauvages étaient de la ligue, pour détruire en un même jour tout ce qu'il y avait de blancs à la Louisiane. Mais les Natchez avancèrent, dit-on, cette fatale journée, par une méprise occasionnée par leurs buchettes. Il faut savoir que leur manière de compter se réduit à prendre autant de petits morceaux de bois qu'ils ont de supputations à faire. Lorsqu'ils conviennent entr'eux d'un certain jour auquel ils doivent se retrouver, ou qu'ils assignent pour quelque expédition, ils prennent autant de ces buchettes qu'il y a de jours d'intervalle, & en ôtant chaque jour une, il se trouve que la dernière répond précisément au jour indiqué. On dit que s'étant trompés dans leur calcul, ils éclatèrent trop tôt, & que cette heureuse erreur avait sauvé le reste de la colonie, qui aurait péri toute entière.

Le secret avait été éventé le jour d'auparavant, par quelques-unes de leurs femmes. On en donna avis à l'Officier Français qui commandait ces sauvages : on le pria, on le supplia même les larmes aux yeux de prévenir un coup si funeste ; mais il fit plus que négliger l'avis, car il ordonna de mettre aux fers les personnes qui l'importunaient à ce sujet, comme cherchant à lui inspirer une fausse crainte. Cet Officier, simple Lieutenant, fut établi Commandant des Natchez, parce qu'il entendait leur langue, la parlait bien, & paraissait assez avant dans leur confidence; ce qu'on obferve toujours dans le choix des Commandans qu'on donne aux fauvages. Il était de la Bifcaye : le bonheur qu'il eut d'être tué lui épargna la honte du fupplice ignominieux qu'il méritait. Tout le cas qu'il fit de l'avis falutaire qu'on lui donnait, fut de fe tranfporter à minuit, à demi-ivre, au village des Natchez, accompagné de quelques Officiers, où tout lui parut tranquile ; il fe coucha à fon retour, & ne s'éveill' que pour recevoir un préfent de volailles, que des fauvages lui apportaient. Au même inftant ils lui cafsèrent la tête, & ce fut le fignal pour commencer le maffacre. On lui avait confeillé d'avertir au moins les habitans de fe tenir fur leurs gardes ; il n'en voulut rien faire, quoique cette fage précaution eût déconcerté un peuple, dont la méthode n'eft point d'attaquer lorfqu'il eft découvert.

Après un fi grand malheur, il fallait fonger à en arrêter les fuites, & fur-tout aux moyens de retirer les femmes & les enfans que ces barbares avaient faits efclaves, ainfi que nous l'avons dit. On arma toutes les forces du pays, qui n'étaient pas bien confidérables, après l'échec terrible qu'elles venaient d'éprouver, & on les pourfuivit avec un courage qu'animait le defir de la vengeance. Les fauvages, déconcertés d'une attaque si subite, se fermèrent dans un fort qu'ils avaient nouvellement construit : on les y assiégea ; mais, trop faibles pour les forcer, il fallut se contenter d'une espèce de paix qu'on fit avec eux, dont la principale condition fut de rendre nos prisonniers ; ce qu'ils firent : & par-là se termina cette expédition, qui est la deuxième guerre contre les Natchez.

Ces barbares ne s'étaient point réconciliés sincèrement avec nous. Ayant changé de demeure, ils allèrent se fortifier ailleurs. On fut long-tems sans savoir ce qu'ils étaient devenus ; mais on savait qu'on avait tout lieu d'attendre une nouvelle incursion. Heureusement ils donnèrent le tems de faire venir des troupes de France, auxquelles on joignit le plus grand nombre d'habitans qu'il fut possible. Ensuite on les chercha, & ils furent attaqués à l'improviste. Leur dernière ressource fut de se renfermer dans leur fort, dont on forma le siège, suivi d'un meilleur succès que le premier. On les força : il en fut pris environ 400, les autres se sauvèrent à la faveur d'une nuit obscure. Les prisonniers furent amenés à la ville, liés & garottés, où on en brûla quelques-uns ; le reste fut embarqué pour être envoyé hors de la colonie : ils se révoltèrent en route ; il en fallut assommer quelques-uns, en jeter d'autres à la mer ; & l'on conduisit le reste aux Antilles, où ils devaient être vendus.

Ceux qui s'étaient sauvés du fort commirent beaucoup de désordres, avant que d'être dissipés : enfin on tua leur Chef, & les autres se débandèrent ; une partie se retira chez les Chicachats, leurs amis, & l'autre alla s'établir à la Caroline, près de Charles-Town. Telle est la fin de cette misérable nation des Natchez, qui transmirent aux Chicachats la haine violente qu'ils nous portaient. Ces nouveaux ennemis se déclarèrent bientôt ouvertement, en voulant fermer le passage qui conduit chez les Ilenois ; ils saisirent nombre de voitures, tuèrent & brûlèrent plusieurs voyageurs, & prirent un bateau du Roi, chargé de poudre. Il était important de tirer vengeance de tant d'affronts, ou s'exposer à souffrir encore d'autres insultes. On verra dans la suite ce qu'il fallut faire pour punir efficacement cette nouvelle Nation ennemie.

Ce fut en cette année 1730, que l'on vit arriver le dernier négrier de la compagnie. La distribution de ses nègres se fit, pour la plûpart, à crédit, & par préférence aux habitans qui s'étaient trouvés dans l'armée qui venait de défaire les sauvages.

La compagnie rétrocéda à S. M. toute la Louisiane, sous le prétexte frivole que les affaires y étaient embrouillées de façon qu'il était impossible d'en continuer l'établissement. Elle avait possédé cette colonie pendant 12 à 13 ans, & y avait importé, durant ce tems, autour de 3000 nègres, nombre insuffisant à beaucoup près. Elle eût mieux fait d'y employer les gros fonds qu'on lui dispersa dans le pays, en bâtimens magnifiques & superflus, multipliés à l'infini : car il faut convenir que, par le peu d'économie de ses agens, on lui occasionna des faux frais immenses, & qui tombèrent en pure perte par l'abandon qu'elle fit du pays. La colonie n'en a pas non-plus profité, ni de tant de millions qu'elle a coûté au Roi jusqu'en 1748. Le ministère, malgré ses bonnes intentions, a manqué l'essentiel ; il négligea de peupler un pays qui ne saurait se soutenir faute d'habitans ni d'esclaves (1).

On éprouvera toujours les plus grands inconvéniens, quand des compagnies auront seules un pays : leurs fonds sont insuffisans, ou mal distribués. Les deux riches colonies de la Martinique & de Saint-Domingue seraient-elles ce qu'elles sont, si on les eût laissées au pouvoir des compagnies qui ont cherché à les dominer ? Le Prince, en établissant lui-même sa

---

(1) Ou d'engagistes.

colonie, & laissant ensuite le commerce libre à ses sujets des deux hémisphères, forme entre eux une relation qui lui devient avantageuse. Leurs liaisons réciproques ouvrent bientôt un crédit qu'il est moralement impossible qu'une seule compagnie puisse procurer ni soutenir. Tout le monde s'empresse d'y contribuer, & s'il arrive que quelqu'un échoue, il est remplacé par mille autres; ce qui entretient les colonies, & y répand une abondance qui tourne également à l'avantage des colons, de l'Etat & des sujets de l'intérieur du royaume.

Les commencemens d'une colonie, dans des pays incultes & la plupart inhabités, sont toujours durs & pénibles; il faut des années entières avant de s'y mettre un peu au large; il faut abattre de vastes forêts, préparer soi même des logemens propres à se garantir des injures de l'air, & se procurer des vivres; ce n'est qu'après tous ces travaux, qu'on doit penser aux revenus que la terre peut produire. Souvent les premiers essais ne sont pas suivis d'une heureuse réussite; il faut pour lors songer à consulter, pour ainsi dire, le terroir. Les forces doivent donc être proportionnées à une entreprise de cette conséquence : & l'on a vu que c'était en quoi péchait la compagnie de la Louisiane; aussi s'est-elle rebutée du peu de progrès de ses colons : mais ils ne pouvaient faire mieux, parce qu'elles ne les mettait point en état de mieux faire. Les secours de nègres venaient si lentement, qu'avant l'arrivée d'un second négrier, les habitans avaient quelquefois le tems de perdre tous ceux que le premier leur avait apportés. C'était encore pis pour les marchandises : on n'y gardait aucune proportion. Il aurait au moins fallu le double de ce que les navires de la compagnie apportaient, à ne parler que du nécessaire. De-là naquirent des abus crians & un agio insupportable : les marchandises, dont on pouvait le moins se passer, devinrent d'un prix excessif. Quelles furent les suites d'un pareil procédé ? La plupart des habitans se retira, & la colonie se serait entièrement dépeuplée, sans la nouvelle qui arriva sur ces entrefaites, de la rétrocession que la compagnie venait de faire au Roi.

On s'imagina de nouveau que la colonie allait reprendre une meilleure forme sous un si puissant protecteur : les habitans s'en réjouirent, comptant sur des changemens prompts & certains. Ils n'en osèrent plus douter lorsqu'on sut que le vaisseau, qui apporta le premier cette nouvelle, avait 40,000 écus d'argent de France pour le payement des troupes. Mais toutes ces belles apparences s'évanouirent bientôt ; il ne resta plus aux habitans qu'un affreux désespoir, en voyant leurs espérances toujours trompées. Ils se figuraient que l'argent de France allait devenir commun dans la colonie, qu'on n'y connaîtrait plus ni cartes ni papier; mais il parut qu'on se flatait trop, car les 40,000 écus retournèrent d'où ils venaient, & par le même navire, n'ayant été utiles qu'aux agioteurs qui en achetèrent des pacotilles chèrement revendues. Le réel disparut, & l'imaginaire demeura dans le pays, comme ci-devant.

Attendu que ceux qui régissaient à la Louisiane les affaires de la compagnie, ignoraient son dessein & la remise qu'elle fesait de la colonie au Roi, ils avaient trouvé à propos de rétablir les Natchez. Dès l'année précédente, on avait bâti un fort, afin de contenir cette Nation qui avait été rappellée, & de protéger les habitans qui voudraient s'établir en cet endroit. La nouvelle qu'on apprit dans ces circonstances, fit changer de vues: on fortifia seulement un poste à 30 lieues de la Nouvelle-Orléans, dans un lieu où la culture du tabac réussissait assez bien. Ce fort subsiste encore aujourd'hui sous le nom de fort des Natchez.

Cette même année 1739 fut remarquable par le plus furieux ouragan que la colonie eût essuyé depuis dix ans. Il dura deux jours, le 29

& le 30 du mois d'août : on en avait éprouvé un le 11 septembre de l'année 1722 ; mais beaucoup plus long, & dont la violence fut extraordinaire : les vents firent le tour du compas, presque à force égale. Celui-ci n'en parcourut que la moitié : il commença au sud-est, & un coup de tonnerre l'arrêta au nord-ouest. L'Amérique est sujette à de pareils orages.

Le retour de M. de Bienville, ancien Gouverneur du pays, fit espérer de voir ranger les sauvages à la raison : ils le craignaient & l'aimaient. On croyait donc être tranquile de ce côté-là, quand, malheureusement pour la colonie, des évènemens imprévus privèrent les Mississipiens de cette consolation. Ils se virent replongés de nouveau dans les horreurs d'une guerre qui détruisait leurs espérances, & dont les commencemens furent des plus malheureux.

Les *Chicachats*, amis des Natchez, comme on l'a déjà dit, commettaient des hostilités sans nombre, & troublaient sur-tout la navigation du fleuve, quelque soin qu'on eût pris d'en faire un peuple allié. Il fut donc nécessaire d'employer contre eux la force des armes : on entreprit de les détruire ou de les dissiper, comme on avait fait les Natchez. Cette expédition n'était pourtant pas aisée, vu l'éloignement où ils sont, leur habitation étant à près

dans différentes Colonies.

de 300 lieues de la Nouvelle-Orléans, dans un lieu de difficile accès, très-éloigné du fleuve (1). Afin de réussir dans une entreprise qui présentait tant d'obstacles, on résolut de les mettre entre deux feux, en assemblant deux armées, une aux Islenois, & l'autre près de la capitale. Elles devaient se joindre au jour marqué; mais par un mal-entendu qui leur devint funeste, celle des Islenois arriva trop tôt au rendez-vous, qui était précisément l'endroit où demeuraient les Chis ou Chicachats; & s'étant engagée trop avant, il lui fallut attaquer seule. Elle aurait, malgré cela, remporté tout l'avantage, sans la lâcheté de quelques sauvages auxiliaires, qui tournèrent le dos & s'enfuirent. Les seuls Français tinrent ferme; mais ils furent enfin accablés par le nombre des ennemis. La plus grande partie se fit tuer sur le champ de bataille; ceux qui ne se trouvèrent que blessés, étant tombés entre les mains de ces cruels sauvages, furent brûlés avec la dernière barbarie: on les entassa pêle-mêle dans une cabane où l'on mit ensuite le feu. Du nombre de ces infortunés furent M. Darsaguette, Lieutenant de Roi & commandant aux Islenois & à l'armée; un Jésuite qui remplissait

---

(1) Il s'agit toujours du vaste fleuve appelé le Mississipi.

les fonctions d'Aumônier ; & plusieurs braves Officiers & habitans. Les débris de cette malheureuse armée retournèrent aux Islenois.

L'autre corps de troupes parties de la Nouvelle-Orléans apprit en chemin ce triste évènement, mais elle n'en continua pas moins sa route. Il n'eut pas plus de bonheur que ceux qui les avaient précédés, si ce n'est qu'il se retira moins en désordre. Dès le premier choc nos troupes s'apperçurent de la supériorité des ennemis ; & la perte de quelques-uns de leurs Officiers les ayant rebutées, elles rebroussèrent chemin, & revinrent d'où elles étaient parties. Telle fut le sort de la première expédition contre les Chis.

Cette même année 1735 & les deux suivantes, on travailla aux casernes des soldats & aux autres bâtimens du Roi. On avait fixé des fonds en France pour la construction de ces ouvrages : sur ces fonds l'on fabriqua une quantité de billets, depuis 1000 liv. jusqu'à dix sols, signés du Gouverneur & de l'Intendant. L'ancien papier fut retiré ; on donnait en échange des cartes coupées de différentes façons, depuis 20 francs jusqu'à la plus petite monnaie. Lorsque ces fonds furent épuisés, on y pourvut par des billets du caissier, sans autre sûreté que cette étrange clause : *Qu'il les payerait quand il aurait des fonds.* Tel fut l'argent dont on enrichit cette colonie, & qui eut cours jusqu'à ce qu'on l'eut remplacé par celui d'Espagne; ce qui n'arriva qu'en 1745.

Pour encourager les négocians & les armateurs du royaume à fréter des navires pour la Louisiane, S. M. leur accorda en ce tems-là une gratification de 40 francs par tonneau. Plusieurs d'entre eux profitèrent de cet encouragement; la Rochelle y établit deux ou trois magasins, où l'on trouvait différentes sortes de marchandises à des prix raisonnables. Cet heureux tems dura environ six années, pendant lesquelles la colonie fut très-florissante: les retours se fesaient partie en lettres-de-change sur les fonds assignés par le Roi, partie en denrées du pays; mais ces fonds ayant été consommés, les revenus de la colonie ne parurent pas suffisans pour soutenir ce commerce, qui fut abandonné.

Il se déclara alors une maladie sur les bestiaux, qui a toujours continué depuis avec plus ou moins de progrès. C'est un flux de sang urinaire qui les emporte en peu de jours, & auquel on n'a encore pu trouver de remède. Ce fléau a fait bien du tort à la colonie, qui commençait à se peupler de bestiaux.

La préférence que la compagnie donnait au

tabac, & la guerre contre les sauvages, avaient obligé de discontinuer la culture de l'indigo, depuis plusieurs années. On la reprit en 1737, & on n'a jamais discontinué cette utile plantation. Cet arbrisseau y réussit assez bien, particulièrement l'indigo bâtard.

Afin d'affermir la paix dans la colonie & d'effacer, s'il était possible, la honte de la dernière guerre des Chis, on se mit en devoir de les attaquer de nouveau; &, devenu barbare par leur exemple, on ne se proposa rien moins que de les exterminer. On commença par envoyer établir un poste à 300 lieues, afin de servir de rendez-vous à deux nouvelles armées ou corps de troupes. Ceux qui furent chargés de l'établissement de ce poste, eurent ordre d'amener avec eux des charpentiers pour construire des magasins, & des charrons pour travailler à tout ce qui serait nécessaire au transport des bagages & de l'artillerie. Qu'on juge par-là des précautions que l'on prit.

Il n'en arriva pas comme la première fois: les deux petites armées se rencontrèrent au poste indiqué; celle des Islenois était assez nombreuse, parce que plusieurs Nations sauvages des environs du Canada s'y étaient jointes. On se reposa quelques mois, en attendant qu'il se pût découvrir un passage pour les voitures au

travers

travers des bois ; mais on le chercha inutilement. Cet obstacle, qui n'avait pas été prévu, fit prendre la résolution de détacher 500 hommes tant blancs que sauvages, pour aller parlementer avec ces redoutables ennemis. Il se fit avec eux une paix, dont le résultat fut la remise qu'ils firent de trois prisonniers Français. Le détachement étant revenu au camp, on leva le piquet, & après avoir achevé de manger les bœufs jusqu'à ceux de charroi, on mit le feu aux bâtimens du poste qui avait été nommé l'Assomption. Les deux armées se retirèrent chacune de son côté. Ainsi finit la deuxième guerre contre les Chis, laquelle fit trop d'honneur à 500 misérables dont cette Nation est composée. Elle nous a coûté bien des peines & de la dépense, sans nous être d'aucune utilité, tant de vains efforts n'ayant abouti qu'à nous faire mépriser des autres sauvages.

Les mines du Mexique n'avaient pas été le moindre objet de l'établissement de la Louisiane : on comptoit d'en profiter, au moins en commerçant avec les Espagnols, s'il n'était pas possible d'aller nous-mêmes chercher l'argent aux mines. Cependant on n'avait pas encore su pénétrer à aucun poste Espagnol, dans ces quartiers, quoiqu'on en fît la recherche depuis plus de vingt ans. A la fin, sept ou huit Canadiens, soit en chaffant, soit à deffein de faire des découvertes, parvinrent à Sainte-Foy au nouveau Mexique, mais ville qui est encore loin des mines. Ils y séjournèrent quelque tems, & de-là se rendirent aux Islenois: il y en eut deux ou trois qui vinrent à la capitale, où ayant raconté leur avanture & offert d'y mener des troupes, on les encouragea par des présens, ensuite on leur donna un détachement de soldats, commandé par un Officier. Cette espèce de caravane partit avec un assortiment de marchandises propres pour la traite Espagnole, espérant ouvrir par-là un commerce avantageux à la colonie; mais les conducteurs furent plusieurs mois dehors sans pouvoir jamais retrouver le chemin, ou, comme ils le dirent à leur retour, un passage convenable pour le transport de leurs marchandises. Cette découverte n'a donc servi de rien jusqu'à présent.

L'année 1743 vit arriver un nouveau Gouverneur pour la Louisiane, le Comte de Vaudreuil qui l'était encore en 1748. Les habitans reçurent aussi une nouvelle cargaison de nègres, le premier négrier qu'on eût vu dans le pays depuis douze ans, & le dernier depuis ce tems-là. Cet armement avait été projetté dans le pays même, par deux colons ennuyés de l'abandon où on les laissait. L'un, le sieur Dalcourt, passa en France pour cette entreprise, & fut sans doute si mécontent, qu'il alla s'établir à Saint-Domingue, où il devint Conseiller au Conseil-supérieur du Cap.

Le dérangement des affaires de la colonie, occasionné par la disette d'argent dont le papier tenait lieu, inspira à la Cour le dessein d'y remédier d'une manière efficace. On choisit, pour discuter les meilleurs moyens, M. le Normand de Mézi, Commissaire-ordonnateur au Cap-Français, qui répondit à ce que le ministère attendait de lui. S'étant transporté à la Nouvelle-Orléans, muni des ordres de la Cour, & revêtu du titre d'Intendant, il liquida les dettes du pays, & supprima toutes les cartes & le papier qui gênaient extraordinairement le commerce depuis plus de 25 années. Cette colonie aurait toujours été malheureuse, si on eût laissé subsister une monnaie si ridicule. L'argent d'Espagne, qui a cours dans toutes les colonies de l'Amérique, de quelque Nation qu'elles soient, y fut établi sur le pied de cent sols la piastre gourde ou de poids. Mais comme si on avait craint que les habitans de la Louisiane devinssent trop riches, on mit sur-le-champ une modification à ce bienfait, qui le réduisit presqu'à rien ; car ils furent soumis à une diminution de trois cinquièmes, par l'opération suivante: pour avoir une piastre, il leur fallut donner 12 liv. 10 f. de papier; ce qui était une perte réelle, dont il eſt impoſſible qu'ils ne ſe ſoient reſſentis. Cette perte tomba ſenſiblement ſur l'ancienne compagnie qui, ayant égard aux déſordres du pays, avait remis aux habitans la moitié de ce qu'ils lui devaient. Ceux-ci s'acquittèrent en papier, de ſorte que 1000 liv., valeur d'un nègre, ne revenait plus qu'à 500 liv., & ces 500 liv. à 200 francs. Elle en accordait le quart à ſon agent, pour tous les frais du recouvrement; ainſi elle ne retirait ſeulement pas 150 liv. par tête de ſes nègres, ce qui n'eſt environ qu'un ſeptième.

La guerre, qui règnait entre les Puiſſances de l'Europe, en 1747, feſant appréhender que les Anglais ne fiſſent quelque tentative ſur cette colonie, on y travailla à des fortifications qui puſſent mettre le pays à l'abri de toute inſulte: mais ils n'y tentèrent rien pour-lors, ſi ce n'eſt en ſoulevant quelques hordes de ſauvages contre nous. Cette révolte n'eut aucune ſuite, parce qu'on trouva le moyen de les animer les uns contre les autres, & de les porter à s'entre-détruire réciproquement : politique barbare, qui n'eſt que trop adoptée par les peuples de l'Europe.

M. le Normand de Mézi, ayant rempli les

vues de la Cour, & fait peut-être plus qu'elle ne desirait, puisqu'il n'est point croyable qu'elle ait eu intention de ruiner de malheureux habitans qui n'étaient déjà pas trop fortunés, songea à quitter le pays. Ce Magistrat a pourtant rendu un très-grand service à la colonie, en y changeant les affaires de face. Elles ne pouvaient qu'empirer, si le papier eût continué d'y tenir lieu d'argent : il est vrai que les habitans y ont perdu gros, mais ce mal put être réparé peu-à-peu.

M. le Normand, en partant de la Louisiane, nomma, pour lui succéder dans l'intendance, M. d'Auberville, suivant la permission qu'il en avait de la Cour. Il le jugea sans doute plus capable que tout autre de maintenir son ouvrage & le bon ordre qu'il venait d'établir. C'est improprement qu'on appelait du nom d'Intendant celui qui en fesait les fonctions dans cette colonie ; car ce n'était qu'un Commissaire-ordonnateur.

Le dernier convoi, venu des Islenois en 1748, apporta une fort bonne nouvelle, parce qu'elle parut, avec raison, devoir contribuer à l'augmentation du commerce de la colonie : ce fut la découverte d'une mine de cuivre abondante, trouvée à 300 lieues de là. On s'en réjouit beaucoup. L'essai satisfit tellement, qu'on fit sur-le-champ partir un détachement pour aller prendre possession de cette mine. Les diverses épreuves faites depuis ont répondu aux espérances les plus flateuses.

Après ce précis historique, venons à la description de la contrée. Le vaste continent de la Louisiane est, en général, le pays le plus fertile qu'il soit possible de voir : il produit toutes sortes de fruits épars dans les bois & dans la campagne; les prairies y sont émaillées des plus belles fleurs. Mais lorsqu'on arrive à la Louisiane, on se forme de cette contrée une idée très-défavorable ; le terrain du bord de la mer est entièrement noyé & impraticable. L'embouchure du fleuve Saint-Louis ou Mississipi offre sur-tout un aspect affreux; l'entrée en est défendue par plusieurs isles, qui paraissent autant d'écueils : mais à mesure qu'on avance dans les terres, qui vont toujours en s'élevant, on découvre un terrain extrêmement fertile, uni, couvert de bois, entre-mêlé de plaines. Le climat de la Louisiane est le meilleur de l'Amérique pour la santé ; les Européens qui l'habitent y vivent beaucoup plus long-tems que dans leur pays natal; ils y sont sujets à moins de maladies, & s'accoutument plus facilement à l'air de cette contrée qu'à celui de toute autre colonie. La chaleur & le froid n'y font point si insupportables qu'ailleurs, & tiennent un juste milieu entre les deux extrémités, également nuisibles au corps humain : on n'y passe point subitement du froid au chaud.

Jamais pays ne fut peut-être plus propre à la construction des navires : les bois y sont excellens, particulièrement le chêne, le ciprès, l'orme & autres bois de construction, qui y croissent en abondance. Le brai, le goudron, le lin & le chanvre y viennent en perfection : les mines de fer y sont très-communes, & d'une exploitation extrêmement facile, si on voulait en faire l'ouverture. Vers 1748 on a construit à la Nouvelle-Orléans deux ou trois brigantins, quelques demi galères & plusieurs bateaux plats ; & ces ouvrages ont prouvé que le bois de la Louisiane a toutes les qualités requises pour des bâtimens de mer, la légèreté & la durée. Nos colonies, qui consomment tant de bois, & qui en sont presque totalement privées, comme Saint-Domingue & la Martinique, contribueraient à un débit surprenant de celui de chauffage ou propre à bâtir.

A cinquante lieues de la mer, on trouve des mûriers, & le nombre en augmente prodigieusement à mesure qu'on avance dans les terres. Des voyageurs prétendent même qu'on y voit des vers-à-soie qui s'y perpétuent natuturellement, & ne font point sujets aux maladies qu'ils effuient en Europe.

La Louifiane avait, avant la guerre de 1755, une branche de commerce très-lucrative dans la culture des arbres à cire. On avait planté plufieurs milliers de ces arbres : ils demandent très-peu de foins, & la récolte s'en fait dans la plus morte faifon de l'année. Il n'eft queftion que de les planter & de les entourer de haies, afin de les préferver des beftiaux qui les détruiraient en broutant. On ramaffe les graines qui fe trouvent mûres vers la fin de novembre, & qui, bonnes à cueillir dès ce tems-là, le font encore jufqu'à la fin de Janvier ; après quoi on les fond : voilà toute la fabrique pour en faire de très-belle cire verte. Il en coûte un peu plus de peine pour la blanchir, mais le profit dédommage bien de la façon. Ces arbres commencent à rapporter la feconde année, & ils ne font dans leur force qu'à la quatrième. Dans l'efpace de fix ou fept femaines que l'on s'occupe à cette récolte, on en peut amaffer fuffifamment pour compofer 300 livres de cire par tête d'efclave ; en forte que ce travail produirait un très gros revenu aux habitans, d'autant plus qu'il n'y en a point de plus facile, & que tout le monde en eft capable, jufqu'aux femmes & aux enfans. L'arbre à cire eft un arbuste toujours vert; il porte un nombre infini de graines continuellement vertes, à-peu-près semblables au poivre; elles sont attachées aux tiges de ses branches comme les boutons d'un arbre qui commence à bourgeonner. Il leur faut deux ans pour venir à maturité; la première, elles sont mollasses comme de petites mûres; les noyaux des graines & la matière onctueuse qui les couvre ne se forment que la deuxième année. Pour avoir ces graines, on casse les branches par une très-mauvaise coutume, & on les dépouille à loisir. On les fait ensuite bouillir dans l'eau, sur laquelle il s'élève une matière grasse qu'on enlève, & qui, étant refroidie, devient une très-belle cire verte. D'un seul de ces arbustes on en tire jusqu'à cinq quarterons. Pour la blanchir, on l'expose pendant plusieurs jours à la rosée; alors elle devient très-blanche & transparente. Les Anglais sont les seuls qui se soient adonnés à faire cette cire, particulièrement à la Bermude & à la Providence.

Le casinier est un petit arbrisseau dont une seule tige en pousse plusieurs: ses feuilles étant bien sèches, on les fait bouillir dans l'eau, qu'on prend ensuite comme du thé. Avant que les Européens eussent corrompu les mœurs des sauvages, en leur prodiguant des boissons fortes, celle qu'ils fesaient avec les feuilles du casinier était leur unique regal ; ils en font même encore un grand ufage dans toutes leurs affemblées ; & c'eft la boiffon la plus générale chez la plupart des Nations de l'Amérique, à-peu-près comme le vin en Europe.

Ils font auffi un grand ufage des feuilles du bakchonchi, appelé *vinaigrier* par les Français. C'eft encore un petit arbriffeau, mais qui s'élève fur une tige très-haute & fort menue, dénuée de branches, & dont l'intérieur eft moëlleux comme le fureau. Ces feuilles, qui deviennent rouges en automne, étant grillées à la flamme, fervent de tabac aux fauvages, dont la coutume eft de fumer avant & après leurs feftins, & dans toutes leurs cérémonies.

Le commerce Efpagnol ne ferait pas un des moindres objets de cette colonie, fi l'on a foin de la pourvoir des marchandifes propres à cette traite, comme le font les colonies de la Martinique & de Saint-Domingue. Il eft fûr que le pays eft avantageufement fitué pour cela, & qu'il n'y a eu que la difette où il a toujours été qui en détourna les Efpagnols. Il eft de toutes parts environné de cette Nation ; d'un côté par la Mobilie voifine de Penfacole, de l'autre par Natchetoch peu éloigné d'un pofte Efpagnol.

Les mines ne font point encore un objet à

mépriser, quoiqu'on ne paraisse pas en avoir fait grand cas jusqu'aujourd'hui. Dans l'origine de la colonie, la plupart des possessions étaient chargées d'un attirail d'outils nécessaires pour les découvrir & les exploiter. Il fut même envoyé à la Louisiane, dans ce dessein, une compagnie de mineurs; mais après bien des recherches, on ne s'arrêta qu'à une mine de plomb aux Islenois, du moins n'en a-t-on pas fait valoir d'autre. Cependant il est constant que le pays n'en manque point, & de toutes les espèces: car, outre la mine de cuivre découverte dans le canton des Islenois, il y en a une peut-être plus essentielle proche de la Nouvelle Orléans: c'est une mine de fer extraordinairement abondante, placée au bord de la mer.

La Nouvelle-Orléans est la ville capitale de la Louisiane, le siége du gouvernement & de la justice. Elle a plusieurs maisons bâties en brique & à deux étages, bien alignées, & formant un beau coup d'œil. Les autres ne sont qu'en bois, ornées d'une galerie qui les rend d'un aspect fort agréable. Les rues sont larges & tirées au cordeau. Elle en a cinq dans toute sa longueur, partagées par onze rues; la place d'armes est magnifique; elle est en face du fleuve, a cinquante toises en carré; les cazernes, bâtimens vastes, sont sur les deux aîles, & l'on voit dans l'enfoncement la prison & la principale église. Il y a dans cette ville de très-beaux jardins, tels que celui du Gouvernement, de l'Intendance, &c. Une superbe chaussée, élevée pour arrêter les débordemens du fleuve, sert de promenade aux habitans.

La seconde ville de la colonie est la Mobille, dont l'établissement a même précédé celui de la Nouvelle-Orléans (1). Elle est défendue par un fort de briques. Les habitans ne cultivent guère que du blé, du riz & des légumes pour eux, mais ils en vendent quelquefois aux Espagnols de leur voisinage. Ils élèvent aussi une grande quantité de bestiaux, & envoient à la capitale d'assez bons fromages. Voilà presque en quoi consiste tout leur commerce. Cette ville n'est pas située sur le fleuve, comme la Nouvelle-Orléans, mais dans une baie sur la côte maritime : ce qui servirait peut-être à la rendre très-propre à la construction de nos vaisseaux de guerre. C'est un gouvernement particulier, & le poste d'un Lieutenant de Roi.

---

(1) J'ai cru devoir laisser subsister la description des villes Françaises, quoiqu'elles ne soient plus tout-à-fait de même depuis qu'elles appartiennent à l'Espagne. Je n'en aurais donné qu'une idée imparfaite, si je m'étais attaché à ne les faire connaître que dans leur état actuel.

dans différentes Colonies. 285

Ensuite est l'Islenois, à 500 lieues de la Nouvelle-Orléans, sur le fleuve & à moitié chemin du Canada : c'est un ancien établissement bien peuplé, où l'agriculture est aussi florissante qu'en France ; on y recueille du blé, de l'orge, &c. Ce canton est habité par des sauvages dont il tire son nom, & qui nous sont les plus affidés : ils ont une mine de plomb, ainsi qu'on l'a observé plus haut, & des salines où ils font du sel pour leur usage. Ce quartier fournit à la capitale, toutes les années, un convoi de 18 à 20 voitures chargées de farine, de jambons, de pelleteries & autres denrées.

Les Natchetochès ont un ancien établissement à 80 lieues de la Nouvelle-Orléans, sur une branche du fleuve, & du côté d'un poste Espagnol. Il descend de-là beaucoup d'huile d'ours, du tabac en carottes & quelques pelleteries : il en vient aussi quelquefois un peu d'argent d'Espagne, provenant de la petite traite qui s'y fait avec les Espagnols, mais qui deviendra plus considérable à mesure que la colonie se fortifiera.

La *Pointe-coupée* est un poste établi depuis la défaite des Natchez, & le principal endroit où l'on cultive le tabac. Il est au bord du fleuve, à 60 lieues de la Nouvelle-Orléans.

A 10 lieues de cette capitale sont établis les

Allemands, gens très-laborieux. Leur demeure n'est pas proprement une ville murée, mais leurs habitations sont si proche-à-proche, qu'elles composent une fort belle bourgade.

Il y a encore plusieurs cantons habités, plutôt pour tenir les sauvages en bride, que par rapport au commerce qui se fait avec eux, lequel ne consiste qu'en quelques pelleteries.

Voyons maintenant les différentes espèces d'oiseaux propres au climat de la Louisiane.

Les *Cardinaux* sont des oiseaux tout rouges : leur chant, au printems, imite celui du rossignol, mais il n'est pas poussé avec autant de force, ni aussi continu : ils sont très-communs. On les conserve facilement, & ils chantent dans la cage ; ce qui fait que tous les navires en emportent un grand nombre. Le cardinal est un manger délicat : son bec est à-peu-près comme celui du moineau, gros & fort, & sa tête est surmontée d'une hupe qui fait un bel effet.

L'oiseau appelé *Pape* est presque tout violet, mais les mâles sont les plus beaux, parce que la Nature les a coiffés d'un plumage superbe : leur chant est assez agréable. Ils sont plus petits & plus rares que les cardinaux ; aussi sont-ils beaucoup plus recherchés.

En certaines saisons de l'année, on voit au

Mississipi une grande quantité de petits perroquets d'un fort beau plumage ; mais on leur apprend à parler difficilement. Ils sont ordinairement les avant coureurs de la pluie ; c'en est un signe certain lorsqu'ils paraissent.

Un autre oiseau mérite par sa beauté une plus ample description, étant d'ailleurs particulier dans son espèce. Il n'est guère plus gros qu'un insecte, ce qui lui a fait donner par les Français le nom d'*Oiseau-mouche*. La Nature semble s'être épuisée en ornant ce petit animal des couleurs les plus agréables & les plus variées. Ses plumes semblent n'être qu'or, argent, azur, incarnat ; mais ce qui plaît sur tout en lui est le mélange imperceptible de ces diverses couleurs, lequel forme des nuances que la main du plus habile artiste ne saurait imiter. Il a un bec comme les autres oiseaux, mais il a cela de singulier qu'il ne s'ouvre point ; ce n'est qu'une trompe déliée par où il suce sa nourriture : il s'attache aux fleurs comme les abeilles. Sa vivacité est extrême : à peine les yeux peuvent ils discerner ses mouvemens, tant ils sont prompts & subits : comparable à l'éclair par sa légèreté, il éblouit de même. Il semble ne point s'arrêter pour prendre le suc des fleurs, étant toujours dans un mouvement continuel par le balancement de son corps, & la prompte vibration de ſes ailes, qui font entendre une eſpèce de bourdonnement ; c'eſt pourquoi les Anglais l'ont nommé l'*Oiſeau bourdonnant*. On n'a pas encore pu parvenir à le garder en vie ; on n'en peut porter en Europe que de morts ; ce qui ternit beaucoup l'éclat de ſon magnifique plumage. Les ſauvages les pendent à leurs oreilles en guiſe de perles. Bien des gens confondent ce joli petit animal avec le colibri qui lui reſſemble à-peu-près, mais qui eſt beaucoup plus gros & n'approche point de ſa beauté.

On trouve en grand nombre à la Louiſiane le coq d'Inde, ſemblable à celui qu'on élève dans les baſſes-cours, avec cette ſeule différence qu'il n'eſt point privé, & qu'on en fait la chaſſe dans les bois. Ces animaux ſont ſi communs, qu'un homme n'a qu'à s'aſſeoir à la portée d'un arbre, & que dans une heure il en tuera, à coup de fuſil, autant qu'il eſt poſſible d'en porter ; ces animaux venant toujours ſe percher an même endroit, les uns après les autres.

Les quadrupèdes de cette immenſe contrée ſont auſſi nombreux & auſſi diverſifiés dans leurs eſpèces que celle des oiſeaux. Les forêts ſont peuplées de daims, de chevreuils, de cerfs, en ſi grande quantité que la chair de ces animaux ſe vend à la boucherie. On y rencontre fréquemment
des

des ours, nullement féroces, & dont la graisse est employée à différens usages.

Les bœufs sauvages sont très-singuliers : ils ont sur le cou une bosse comme celle du chameau ; leur poil est fort long, quoique semblable à de la laine très fine. Leur chair est exquise ; rien de si délicieux qu'une de ces bosses bien grasses qu'ils ont sur le cou.

Les écureuils ordinaires sont aussi un manger délicat : mais il y en a d'une autre espèce, appelée *Écureuil volant*, qui est rare & recherchée pour en faire des présens. Ils n'ont point d'ailes, quoiqu'ils semblent voler avec facilité ; mais une peau mince qui s'étend le long du ventre, depuis le quartier de devant jusqu'à celui de derrière, & qu'on peut comparer aux ailes de la chauve-souris.

Le rat des bois est un petit animal fort curieux ; il est de la grosseur d'un chat ordinaire ; il a une queue de rat, & la Nature lui a donné une poche sous le ventre, dans laquelle il met ses petits lorsqu'il s'enfuit.

Le fleuve Mississipi, & particulièrement les lacs & les rivières qui s'y jettent, sont très-poissonneux. On y pêche en abondance des carpes d'une grosseur prodigieuse.

Parmi les animaux dangereux, particuliers à la Louisiane, il faut ranger d'abord le serpent à sonnettes, appelé de la sorte à cause des petites écailles qu'il a au bout de la queue, emboîtées les unes dans les autres, & qui, au moindre mouvement, font un bruit qu'on peut entendre à la distance de quinze ou vingt pas. Il y a de ces serpens qui sont plus gros que la jambe & longs à proportion.

Un très petit insecte, le maringouin, peut être rangé dans la classe des animaux nuisibles, quoiqu'il soit sans venin, & qu'on en soit quitte pour des piqûres ; mais il se trouve en si grande quantité, qu'il vous persécute tout le jour, & vous ôte le repos pendant la nuit : les sauvages ne s'en délivrent qu'en remplissant leurs cabanes d'une épaisse fumée.

Les bords du Mississipi sont souvent infestés par des crocodiles qui dévorent des chevreuils, & quelquefois des bœufs sauvages : heureusement qu'ils ne paraissent que dans l'été, & qu'ils dorment tout l'hiver au fond du fleuve, où ils sont tout-à-fait insensibles. La queue est la seule partie qui soit bonne à manger, le reste du corps sentant trop le musc. Les œufs de cet amphibie sont de la grosseur d'un œuf d'oie, mais plus alongés ; il les dépose dans le sable comme les tortues : en les frappant les uns contre les autres, ils font un bruit pareil à de la ferraille.

Il faut maintenant donner une idée des peuples qui habitaient originairement la Louisiane. Ils sont d'une stature au-dessus de la médiocre, ont les cheveux longs & noirs, le regard farouche, & n'ont point de barbe: leur teint est olivâtre. Avant de connaître les Européens, ils allaient tout nus, ou couverts seulement de peaux de bêtes lorsque le froid était excessif; mais à présent quelques-uns d'eux s'enveloppent dans des couvertures, ou se parent d'habits à la Françaife, rouges ou bleus; & d'autres portent une chemise, jusqu'à ce qu'elle tombe en morceaux. Ce qui les caractérise particulièrement, c'est qu'ils ont presque tous la tête fort pointue, non qu'ils naissent de la sorte, mais on leur donne cet étrange ornement dès leur enfance, à force de leur presser la tête entre deux planches; opération si douloureuse, que l'enfant court risque de la vie. Lorsqu'il est parvenu à l'âge de la raison, il brigue un autre ornement qui n'est guère moins douloureux; il consiste à se faire piquer avec des aiguilles les jambes, & quelquefois tout le corps, de diverses figures bisarres, & qui deviennent ineffaçables, au moyen d'une poudre noire dont ils les frottent. Indépendamment de l'extrême douleur, cette opération dure plusieurs années, car il faut attendre qu'une partie soit guérie avant de piquer l'autre.

Plus le corps d'un sauvage est bigarré de ces figures, & plus il donne une idée respectable de sa valeur & de son origine. Ils n'ont jamais pu s'accoutumer à porter des culottes; ils attachent devant eux un *braguet*, espèce de tablier fait d'un morceau de drap ou de peau. Lorsqu'ils veulent faire usage de leur plus belle parure, ils se peignent le visage de différentes couleurs opposées; quelquefois on voit un visage dont la moitié est rouge & l'autre noire, ou bien tout au milieu d'une couleur blanche, ce sont des raies bleues & jaunes, larges comme le pouce; chaque Nation a sa manière de se peindre ou de se barbouiller: les unes se font un cercle autour du visage, d'autres autour des yeux; mais cette règle générale n'empêche pas quelques sauvages d'adopter aussi une mode particulière.

Les femmes de ces sauvages sont plus petites que grandes, & ne peuvent paraître belles qu'à des yeux accoutumés à leur laideur. Celles qui ne sont point mariées jouissent d'une extrême liberté; mais dès qu'elles ont fait choix d'un mari, elles sont obligées de lui être fidelles. Un sauvage épouse autant de femmes que bon lui semble; il est même souvent obligé d'en avoir plusieurs, car si la mère de sa femme laisse en mourant d'autres filles, il doit les épouser toutes. Il ne s'assujettit pas à soupirer long-tems;

Il va déclarer son amour & faire quelques présens au père de sa maîtresse ; il l'obtient tout de suite, & l'amène dans sa cabane : voila toutes les cérémonies qui se pratiquent dans le mariage. On peut dire qu'il est aussi aisé de le rompre que de le former. Le mari renvoie sa femme pour peu qu'il en soit mécontent ; & celle-ci a le droit de quitter son mari quand elle le juge à propos ; elle retourne chez ses parens, qui la donnent à un autre.

La chasse & la pêche sont leur unique occupation ; quand ils craignent les approches de la faim, ils s'enfoncent dans les bois, & après avoir tué une quantité suffisante de gibier ils reviennent dans leurs bourgades, jusqu'à ce que leurs provisions soient épuisées.

Les différentes nations sauvages de la Louisiane n'ont aucune liaison entre elles ; des haines perpétuelles les divisent ; aussi sont-elles continuellement en guerre. La politique des Européens, établis dans leur voisinage, est d'entretenir sous main ces dissentions, afin de détruire ou d'affaiblir ces peuples les uns par les autres, ou d'acquérir des forces par leur alliance.

Ils sont très-cruels dans leur guerre ; ils enlèvent la chevelure des morts, qui devient un de leurs plus beaux trophées ; & ils brûlent à petit feu leurs prisonniers, quelquefois même ils les mangent. Au milieu des tortures les plus affreuses, ces malheureux prisonniers conservent la fermeté la plus stoïque, & chantent leurs exploits & bravent leurs ennemis.

Ils sont en général spirituels, francs & fidèles à garder leur parole. Mais ils ne connaissent point cette réserve que nous appelons modestie; ils se louent eux-mêmes à outrance, & quand ils veulent flater un étranger, ils lui disent qu'il a presque autant d'esprit qu'eux.

Quant à leur religion, il paraît qu'elle se réduit à peu de chose; ils ont une idée confuse de l'Etre suprême qu'ils appellent *le Grand Esprit*; mais s'imaginant qu'il se mêle peu de leurs actions, ils ne prient que le mauvais Génie, sans cesse occupé, disent-ils, à leur faire du mal, & dont il est à propos de désarmer la colère. Quelques Nations adorent le feu, & d'autres rendent un culte particulier au soleil. Les chefs de ces derniers peuples, se prétendant parens de cet astre, sont appelés des soleils. Sans doute que leurs ancêtres ont quitté le Mexique lors de la conquête des Espagnols.

Ils ont des Médecins ou Jongleurs, qu'on fait souvent mourir lorsqu'ils ne parviennent point à guérir leurs malades: heureusement pour nos Esculapes, que cette coutume n'est point établie en Europe.

Quoiqu'ils soient grands partisans de la liberté, quelques-uns d'eux viennent s'engager pour une année à un Européen en qualité de domestique; s'ils sont contens du maître qu'ils ont choisi, ils renouvellent leur engagement quand il est expiré; sinon rien au monde ne serait capable de les exciter à rester. Ils ne vendent pas bien cher leurs services, car ils n'exigent, pour une année, qu'une couverture de laine & un fusil. Pour ce modique salaire, ils vont sans cesse à la pêche & à la chasse, fournissant à toute la maison de leur maître du gibier & du poisson, & font encore tout ce qu'il leur commande.

CATALOGUE

De quelques mots de la langue des sauvages du Mississipi, avec leur signification en Français.

SAUVAGE.	FRANÇAIS.
Aschouma,	Tabac.
Novoc,	Chandelle.
Eté,	Table.
Conchae,	Couteau.
Canachelé,	Ciseaux.
Toupoua,	Lit.
Talambo,	Fusil.
Panche,	Les cheveux.
Ofé,	Un chien.
Issé,	Chevreuil.
Lianache,	Vache.
Couué,	Chat.
Apa,	Manger.
O que barqué,	Boire du vin.
Que loac,	Boire de l'eau-de-vie.
Liampa,	Plat.
Quemachoté,	Pipe.
Octoue,	Poudre.

SAUVAGE.	FRANÇAIS.
Napiche,	Corne.
Naqué poufcouche,	Du plomb.
Quit cheso,	Bale de fufil.
Tanelca chito,	Un grand tambour.
Louche ooubo,	La tête.
Efquen,	Les yeux.
Acohou buhe,	Les oreilles.
Miquil,	Le nez.
Noûé,	La bouche.
Sounae,	La Langue.
Nonqua,	La gorge.
Pange,	La barbe.
Angé,	Les bras.
Imboc,	Les mains.
Pingic,	Les tétons.
Icpir,	Le ventre.
Yfé,	Les Cuiffes.
Ipatequa,	Les pieds.
Coupabaa,	Cela eft rompu.
Hocchogo,	Braguette.
Anché adu,	Chemife.
Thacto,	Des bas.
Honc foupe,	De la raffade.
Iaco,	Un perroquet.
Antché,	Habit.
Antché outchac,	Un habit bleu.
Antché ouma,	Habit rouge.

La France, en 1763, céda cette vaste région à l'Espagne, qui en prit possession en 1767. Les Anglais s'étaient emparés de différens petits cantons, où ils se sont maintenus jusqu'à la guerre d'Amérique. Les Espagnols, habitans la Louisiane, n'apprirent pas plutôt la rupture entre la Cour de Madrid & celle de Londres, qu'ils expulsèrent les Anglais du continent de la Louisiane. Depuis la dernière paix, ce pays a souffert quelques démembremens, & le fleuve du Mississipi sert de borne aux deux Nations.

VOYAGE

DU Sr. VILLIET D'ARIGNON,

A la Havane, la Vera-Cruz & le Mexique.

L'Auteur dont je vais extraire l'ouvrage manuscrit, partit de Cadix, & alla en droiture à la Havane, ville des plus florissantes du Nouveau Monde, & où se porte le plus grand commerce des Espagnols. C'est une ville très-spacieuse, assez bien bâtie & des mieux fortifiées de toute l'Amérique. Sa grandeur est à-peu-près comme la Rochelle, mais infiniment plus peuplée; elle est ornée d'un grand nombre d'édifices publics, d'églises, de couvens, & l'on y voit communément plus d'esclaves noirs qu'en aucune autre ville de la domination Espagnole : son port sur-tout est l'un des plus vastes & des plus beaux qu'il y ait dans l'Amérique, & l'on y fabrique des vaisseaux de guerre, pour la construction desquels le Roi d'Espagne entretient, outre un nombre prodigieux d'ouvriers, un arsenal & un chantier très-considérable. L'usage du Roi Catholique à ce sujet est de payer 1000 piastres par canon; en sorte qu'un vaisseau de 80 pièces de canons lui coute 800,000 piastres. Il y a toujours sur les chantiers cinq à six de ces navires à la fois: c'est une compagnie, qu'on nomme la compagnie de Biscaye, qui est chargée de ces sortes d'entreprises. La Havane est assez régulière; les rues y sont tirées au cordeau, quoique quelques-unes ne soient absolument pas bien droites; toutes les maisons à deux ou trois étages, bâties en maçonnerie, & la plupart avec des balcons qui ne sont la plus grande partie qu'en bois; le dessus d'un grand nombre de ces maisons est en terrasses à la manière de l'Espagne Européenne, & elles forment entre elles un aspect agréable. Cette ville est défendue par une nombreuse garnison, composée d'environ 4000 hommes de troupes réglées, extrêmement bien entretenues, & qui, avec l'assiette naturelle du lieu, rendent la Havane imprenable, dans un pays où l'on ne peut attaquer avec des forces assez considérables. La ville, qui est des mieux située, semble être au milieu d'un ovale: l'entrée de son port est avantageusement défendue par divers forts, dont l'un, qui est le premier, s'appelle le *Moorre* ou fort d'entrée; le second est placé vis-à-vis celui-ci. On en a élevé un troisième en tirant du côté de la ville : il est si grand & tellement fortifié, qu'il ressemble plutôt à une citadelle qu'à un simple fort. Il y a de plus au-devant du principal quartier de la ville une batterie de gros canons, & le palais même du Gouverneur, qui est magnifique, en a aussi une d'un calibre considérable ; de sorte qu'on peut dire que la Havane est la mieux défendue de toutes les places de l'Amérique ; les vaisseaux qui veulent entrer, étant avec cela obligés de ranger les forts de si près qu'il serait aisé de les couler bas.

Les mœurs des Espagnols y sont à-peu-près les mêmes qu'en Espagne, à la différence des autres colonies de cette Nation, d'où la franchise, la droiture & la probité paraissent souvent avoir été exilées : les Havanais sont assez francs, joyeux à l'excès & plus que ne le comporte ordinairement la gravité Espagnole, ce qui provient sans doute du grand concours d'étrangers qui y abordent de toutes parts.

La Havane est dans l'isle de Cuba, la plus grande isle de celles qui sont à l'entrée du canal de Bahama. Elle est située vis-à-vis la Floride, à 23 degrés de latitude, & à 276 de longitude. C'est l'entrepôt de tout le commerce que les Espagnols font dans cette partie du Nouveau-

Monde. Le climat y eſt aſſez ſain, le ſexe fort beau & vivant avec beaucoup plus de liberté que dans le reſte de l'Eſpagne Américaine. Les Courtiſannes y ſont en grand nombre, de même que les Moines & les Eccléſiaſtiques, qui n'y vivent pas avec la régularité de leur état; mais c'eſt encore pis dans la Terre-ferme, ainſi que nous le verrons bientôt.

La vie eſt fort chère à la Havane, ce qui provient des monopoles qu'y exerce la compagnie, qui achète les farines des interlopes Anglais cinq à ſix piaſtres le baril, & les revend enſuite 35 ou 36.

On entretient des navires armés pour éloigner les étrangers de cette côte, ce qui n'empêche pas toutes ces fraudes auxquelles les Commandans participent très-ſouvent. Malgré cela la vie y eſt douce pour les gens riches, parce que tout abonde à la Havane; & les habitans y ſont mis avec beaucoup plus de propreté qu'ailleurs. On ne boit que de l'eau de citerne, bien meilleure que celle d'une ſeule fontaine qui eſt au milieu de la grande place, & qui ne ſert qu'à abreuver les beſtiaux. On voit à la Havane une quantité de chaiſes roulantes, dont la plupart ſe louent, ce qui donne à cette ville un air de celles d'Europe.

* L'Auteur, après avoir demeuré environ un

dans différentes Colonies. 303

mois à la Havane, en partit sur le même navire pour aller à la *Vera-Crux*; ce navire sortit en compagnie de quatre vaisseaux de guerre, pour mener le nouveau Vice-Roi, *Dom Juan Orcazite*, qui de Gouverneur de la Havane passait à la Vice-Royauté du Mexique. Il était embarqué sur le vaisseau *la Reine*, de 70 pièces de canon, que les autres escortaient.

Dom Juan Orcazite ne venait d'être nommé à ce poste important, qu'à force de richesses utilement dispersées à la Cour de Madrid. On doit dire qu'il l'acheta: la fortune immense qu'il avait faite dans son gouvernement, le mit bientôt en état de porter ses vues plus haut. Tout était à contribution; aussi amassa-t-il en peu de tems des sommes si considérables, que de simple particulier, elles l'élevèrent au plus haut grade où l'ambition pouvait le faire aspirer. Nous verrons qu'il suivit les mêmes principes au Mexique, & qu'il en profita encore davantage, le pays étant plus opulent. Orcazite était un homme d'une grande taille, d'assez belle figure, quoique âgé, mais d'un esprit médiocre & qui n'avait de ressource que pour le pillage. Tel fut le Vice-Roi qu'on donna au Mexique, où sa réputation l'avait déjà devancé; aussi les habitans se moquaient-ils hautement de lui, & fesaient courir ce sobriquet déshonorant, qui a plus de grâce en Espagnol qu'en Français, *non es Conde, ni Marques, Juan es*; ce qui veut dire qu'il n'était ni Comte, ni Marquis, mais seulement Jean. En effet, ce n'était point un homme de naissance, & il ne devait tout ce qu'il était qu'à son argent. Nous verrons comme il se comporta dans son ministère.

La *Vera-Cruz* est une ville située dans la mer du Nord, sous le 19ᵉ degré de latitude septentrionale, & le 275ᵉ degré de longitude: elle est sur la côte de Terre-ferme, & regarde vers la partie de l'orient. Cette ville, quant à sa grandeur, n'est guère que comme la moitié de la Havane, mais les rues y sont bien plus larges, fort droites & décorées de beaucoup de maisons de pierres, qui font un assez bel effet: elle est entourée de murailles faibles & peu élevées, défendues pourtant de distance en distance par de petits forts qui ne sont que des redoutes; elle a aussi sur ses flancs deux forts qui battent en mer & sur la terre. Sa principale défense consiste dans une citadelle, bâtie sur l'isle de *San-Juan de Ulhua*, où il y a une bonne garnison; d'ailleurs la ville est en tout tems gardée par 4 ou 5000 hommes. Cette ville n'a point de port, mais une rade où il peut mouiller une grande quantité de navires

qui

qui s'amarrent sur les quais, le long des murs. Cette rade n'est pas tout-à-fait sûre, à cause du vent de nord qui y souffle avec violence. Les chaloupes débarquent à une chaussée qui avance dans la mer d'environ vingt-cinq toises. La Vera-Crux n'a qu'une paroisse & six couvens; il n'y a point de religieuses. On y voit quatre portes, deux du côté de la mer, & deux du côté de la terre. Le sexe n'y est pas si beau qu'à la Havane, & l'air y cause de fréquentes maladies, dont la plus commune est celle que nous connaissons sous le nom de maladie de Siam. Cette ville, quoique opulente & l'abord de toutes les richesses du Mexique, n'est point à beaucoup près si peuplée que celle de la Havane. Le terroir des environs est sec & aride, n'étant qu'un sable brûlant auquel on ne peut rien faire produire; aussi la vie animale y est peu gracieuse, & l'on mourrait souvent de faim à la Vera-Crux, si l'on n'y transportait des vivres du dedans des terres.

Les mœurs Espagnoles sont là peu flateuses pour les autres Nations; un fond de tristesse & de mélancolie semble s'y être emparé de tous les esprits; ce qui vient sans doute de la nature du climat peu propre aux plaisirs & à la volupté: il est extrêmement chaud & mal-sain; ce qui y rend les habitans peu sociables; ils sont avec cela des plus intéressés de ces contrées, occupés sans relâche du desir de s'enrichir promptement pour retourner en Europe, d'où ils sont presque tous venus, n'y ayant que fort peu de Créoles. Les femmes n'y sont guère fécondes, & tout le monde y porte une couleur pâle qui ne fait pas l'éloge du pays. La Vera-Crux est éloignée de la Havane de 300 lieues marines. On voit encore des vestiges de l'ancienne Vera-Crux, dont les fondemens furent jetés par *Cortez*, conquérant du Mexique: elle est à 7 lieues de la nouvelle, en tirant au nord, & n'est habitée que par des nègres libres, pour lesquels on a conservé une paroisse.

C'est à la Vera-Crux qu'abordent tous les vaisseaux d'Europe, galions & registres qui apportent à ces riches fainéans les productions de nos manufactures. En tems de paix il se tient une foire à *Jalap*, où tous les marchands des terres descendent pour faire leurs emplettes; & ensuite ces marchandises se distribuent dans une étendue de pays immense, & jusqu'au fond du nouveau Mexique, très-reculé dans la partie du nord. L'on y vient de toutes parts pour se pourvoir de marchandises, comme de *Guatimala*, du *Jucatan*, & de divers autres endroits, d'où l'on en transporte jusqu'à l'extrémité de ces provinces. C'est un commerce infini, & qui rapporte des profits qu'on aurait de la peine à croire. S. M. C. en retire de très-gros droits. Les retours se font en or, en argent, monnayé ou non, & en denrées, qui sont la cochenille, la vanille, le quinquina, le jalap, & autres qui croissent dans l'intérieur de ces pays, pour la plupart peu connus des Européens & souvent pour eux inaccessibles. La Vera-Crux est le rendez-vous de toutes ces choses précieuses qu'on y transporte pour être chargées sur les vaisseaux qui retournent en Europe.

L'occasion du départ de Dom Orcazite pour sa Vice-Royauté engagea le sieur Villiet, qui se sentait du goût pour les voyages, à en profiter pour aller voir *Mexico*, cette capitale tant célébrée dans les anciens Historiens Espagnols. Il se détermina donc à en suivre la route, & quitta la Vera-Crux & son vaisseau.

En partant de la nouvelle Vera-Crux, il faut passer par la vieille, d'où l'on va à Jalap par des chemins royaux, mais assez mal pourvus de vivres pour des voyageurs qui ne sont point Espagnols. Une boisson familière sur cette route est le *Poulques*, liqueur qui est de l'invention des Indiens de la contrée, & dont on a toujours fait usage dans tout le Mexique. Il s'y en consomme une si prodigieuse quantité, que le Roi d'Espagne en retire un droit

V ij

considérable d'environ 4,000,000 piastres. C'est une espèce de petit lait produit par une plante qui a la ressemblance de la *Pittre*, appelée effectivement en Espagnol *Pitta*; aussi en est-ce une espèce, mais beaucoup plus fine que l'autre, puisqu'on en tire un fil si délié qu'on s'en sert pour coudre. On trouverait encore dans cette plante des aiguilles dont on pourrait faire usage. Cet arbrisseau ou arbuste croît environ de cinq pieds de hauteur; ses feuilles sont grandes, vertes, lisses, se terminant en pointe qui est une épine longue & noirâtre. Les habitans laissent sécher ces feuilles, afin d'en retirer l'espèce de filasse qu'elles contiennent, & qui leur tient ensuite lieu de fil. La liqueur que cet arbrisseau produit vient naturellement, & n'est point factice; les feuilles se réunissent ensemble à-peu-près comme celles de l'artichaut, s'inclinant cependant par le haut à cause de leur extrême longueur; mais elles se tiennent étroitement serrées par le bas, de sorte qu'elles forment un creux où est contenue cette liqueur, que l'on y puise tous les matins. C'est une boisson douce, agréable quand on y est accoutumé; car les premiers jours qu'on en veut user, elle paraît tout-à-fait désagréable & répugne même au sens de l'odorat. Elle est fort rafraîchissante, & plaît tant aux naturels du pays, qu'ils ne s'en dégoûtent jamais. Cette boisson n'enivre pas lorsqu'elle n'est point factice; mais par le moyen d'un certain bois qu'on y met infuser, elle devient enivrante. On voit dans tout le Mexique des plantations très-considérables de cette Pittre, & l'on y en prend soin comme en France des meilleurs vignobles. Cette liqueur n'est bonne que le même jour, & dès le lendemain elle s'aigrit & n'est plus supportable.

Les Créoles Espagnols font avec cette liqueur une autre boisson, dans laquelle il entre d'autres ingrédiens: ils y ajoûtent du jus d'ananas, de la cannelle, des clous de girofle, & font fermenter tout cela ensemble, ce qui compose un liquide de couleur jaunâtre, qu'ils trouvent si délicieux, qu'un Evêque Espagnol l'appelait par excellence *la sainte-boisson*: on en fait prendre aux malades; & c'est en effet plutôt un remède qu'une boisson naturelle. La Cour d'Espagne défend cette liqueur, qu'on ne peut, par conséquent, composer qu'en secret.

Jalap, ville ou bicoque qui n'est renommée que par la plante médicinale dont elle porte le nom, est distante de deux journées du chemin de la Vera Crux, c'est-à-dire, environ 30 lieues. On commence à y voir un assez beau pays, des campagnes riantes par leur extrême verdure, quoique la chaleur y soit encore très-considérable. Pour la ville, c'est peu de chose; elle est ouverte de tous les côtés, & composée de 4 ou 500 feux. C'est autour de cette ville que se recueille une abondante moisson de jalap, & d'où on le répand dans toutes les parties du monde. On sait que cette plante, si connue dans la médecine, n'est autre chose que ce que nos fleuristes appellent *Belles-de-nuit* ; c'est en effet la même fleur, les mêmes feuilles, & tout ce qui la distingue est la racine, qui sans doute contracte dans son terroir naturel des qualités dont elle est apparemment privée en tout autre lieu; car celle-ci est la plus estimée, la plus recherchée: peut-être aussi y entre-t-il autant de caprices que dans beaucoup d'autres productions étrangères, dont on ne fait cas qu'autant qu'elles sont d'une région éloignée.

De Jalap, l'Auteur prit sa route par *Puébla de los Angelos*, autre ville, mais infiniment plus considérable que la première : elle n'est pourtant pas non-plus renfermée de murailles, ainsi que toutes les villes situées au milieu des terres, n'y ayant que celles des côtes qui aient besoin d'être fortifiées. Puébla de los Angelos, ou la ville du peuple des Anges, offre un nom bisarre, que de superstitieux Espagnols étaient seuls capables de donner : qu'on en juge par son origine. Dom Palafox, Archevêque du Mexique, rêva une nuit que des Anges traçaient une ville au même endroit où celle-ci fut depuis construite. La superstition, qui fait entasser extravagances sur extravagances, ajoûta bientôt à cette vision du fameux Prélat une circonstance qu'on me permettra de rejeter parmi les plus grandes fables ; c'est qu'étant allé sur les lieux, on trouva avec surprise toute l'enceinte de la ville tracée sur le terrain de la main de ces Ingénieurs célestes ; ce qui obligea d'y travailler avec une sorte de vénération & de respect. De-là le nom mistérieux qui lui fut donné de *ville du peuple des Anges* ; mais pour se rapprocher plus de la vérité, on aurait dû, relativement au songe du Prélat, ne l'appeller simplement que *la ville des Anges* ; car on convient unanimement au Mexique, que les peuples qui l'habitent n'ont rien moins que les vertus angéliques, étant en général les plus fourbes de tout ce vaste continent. L'Archevêque Palafox, dont il sera parlé ailleurs plus amplement, était un célèbre Prélat, quoique d'une grande simplicité, comme le prouvent & la vision qu'on vient de rapporter, & tout[es] [cel]les dont il a farci un ouvrage traduit e[n fr]ançais sous le nom de *Voyage mistérie[ux de la] nuit de Noël*. Il serait, dit-on, canonisé, [sans] le soupçon qu'il donna à la Cour de Rome sur la conformité de ses sentimens avec les Jansenistes.

Cette ville de *Puebla de los Angelos* est bâtie régulièrement & pleine de beaux édifices, qui, après Mexico, en font la ville la plus renommée de toutes ces provinces. Elle est grande, bien peuplée, & d'un commerce qui enrichit ses habitans: les maisons même des particuliers s'y font remarquer par leur beauté ; les rues sont larges & très-bien percées ; en sorte qu'on croit voir une des plus jolies villes d'Europe. Il est fâcheux que l'eau y soit extrêmement rare. Elle est le siège d'un Evêque, dont les revenus surpassent ceux de l'Archévêque dont il est suffragant. Les fables ne sont pas toujours inutiles. On peut présumer que c'est à la pieuse fondation de la ville, que cet Evêque doit son opulence: ses Chanoines & tous les Ecclésiastiques séculiers & réguliers s'en ressentent aussi ; ils y sont tous très-riches. La cathédrale est un fort beau morceau ; elle est située sur la place qui est spacieuse, & il y a au devant une plate-forme, entourée de colonnes d'un goût assez médiocre, mais qui ne laissent pas de faire un bel effet. On voit de dessus le palais épiscopal qui la regarde par l'un des bouts, & qui communique avec le palais de l'Alcade-Mayor, qui est à face de l'église, à former un coup-d'œil que les Espagnols de ces cantons croient le plus superbe du monde.

Le nouveau Vice-Roi, reçu par-tout avec beaucoup de pompe depuis la Vera-Crux, parut l'être à *los Angelos* avec plus de distinction. Ces réceptions se font avec un très-grand appareil ; mais comme celle de Mexico, lieu de sa résidence, doit nécessairement l'emporter sur toutes les autres, l'Auteur n'a jugé à propos de décrire que celle-là seule. Il se reposa dans cette première ville pendant une huitaine de jours, & il alla passer ce tems dans une petite cité qui est à sept lieues de la ville du peuple des Anges, & qui se nomme *Tépeacac*. L'Alcade-Mayor de cet endroit l'avait envoyé chercher, & il y passa tout le tems du séjour que fit le Vice-Roi à Puébla de los Angelos.

La ville de Tépeacac n'est plutôt qu'une bourgade, encore d'une assez mince étendue, n'ayant guère qu'une centaine de maisons mal bâties : ce qui la rend fameuse est sa fondation, qu'elle doit à *Cortez*, & l'on y voit un couvent de Franciscains, fondé par ce vainqueur des Indiens, qui, à cause de cette époque, est renommé par toute la province. Il est magnifiquement entretenu, & c'est aussi tout ce qu'on peut admirer dans cette bicoque, ainsi qu'une tour gothique bâtie par le même Cortez pour lui servir de forteresse contre les peuples qu'il subjuguait. Cette tour, qu'on a renfermée au milieu de la place, est de figure ronde, élevée à-peu-près d'une douzaine de toises & large de trois ou quatre : il y a des fenêtres en forme d'embrasures & de meurtrières, où l'on plaçait sans doute quelques pièces de campagne ; c'est une bâtisse de maçonnerie, dans le goût de nos moulins à vent. Voilà quel était ce formidable boulevard, à l'appui duquel Cortez conquit un grand royaume : c'était comme sa place de sûreté & la retraite qu'il se ménageait en cas d'évènement. Ce monument est bien conservé, étant encore tout entier. Du reste, Tépeacac, quoique si peu de chose, est pourtant la capitale d'une petite contrée du même nom, & l'Alcade qui y commande a le titre de Général. Il a inspection sur tous les Indiens de son district, ce qui forme son crédit & son revenu, car le Roi d'Espagne ne paie jamais ces sortes d'Officiers, qui n'ont à peu-près pour appointemens que ce qu'ils pillent aux malheureux qui leur sont subordonnés ; encore faut-il qu'ils en partagent une partie avec le Vice-Roi, ainsi que l'Alcade de Tépeacac le raconta au sieur Villiet. Il lui dit que ce qu'il donnait pour sa part allait à environ 200 piastres. C'est cet Officier qui a le soin de veiller sur les Indiens de sa dépendance, d'accommoder leurs différends, & de les juger sans appel: on pense bien que tout cela ne s'y fait pas pour rien, & que la loi du plus fort est la seule règle qu'on y suit.

Tépeacac est placé à 7 lieues de *Puébla de los Angelos*, sur le chemin d'*Orisave*. Cette villette est située dans un assez bon terrain, où il y a beaucoup de gibier; ce qui engagea l'Auteur à y aller à la chasse. Il y trouva une grande quantité de lapins, & on lui dit qu'il n'y manquait point de lièvres; mais il n'en vit aucun: les tourterelles lui parurent très-communes dans ce canton. Les habitans en sont presque tous Indiens, & il n'y a qu'un très-petit nombre de familles Espagnoles.

Le sieur Villier, étant retourné à la ville du peuple des Anges, pour continuer sa route vers Mexique, eut encore le tems de s'informer de quelques particularités touchant le pays. Les ecclésiastiques y sont si opulens, qu'il en est peu qui n'ait un bon carrosse. Ces voitures-là y sont fort communes parmi les gens d'église: rien n'est trop cher pour eux; aussi les temples y sont-ils d'une richesse infinie. On fit voir à l'Auteur un soleil d'or massif conservé dans la cathédrale, qui pèse en tout cent marcs, & est enrichi d'une nombreuse quantité d'émeraudes & de diamans, dont la valeur est infinie. Ce riche morceau est assez grossièrement travaillé;

les ouvriers Espagnols n'étant pas d'une grande habileté. Mais on lui montra une pièce encore plus curieuse : c'était une lampe d'argent massif à laquelle on travaillait depuis sept ans, & qui ne pouvait être achevée qu'au bout de trois ou quatre années : six ouvriers y travaillaient sans relâche. On lui dit qu'il y entrerait, & dans deux beaux & grands lustres qui devaient l'accompagner, au moins trente-mille marcs ; & le sieur Villiet, qui était orfèvre, n'eut pas de peine à le croire, en voyant une pièce si énorme, & qui avait plus de trente pieds de circonférence. Des dauphins qui lui servaient d'ornemens, étaient de grandeur naturelle, & devaient à eux seuls peser le quart de ce prodigieux volume de matière. L'ouvrage n'était absolument pas mauvais, mais il ne pouvait jamais être d'un travail fini, parce que cela eût entraîné des dépenses que les Espagnols ne veulent pas faire : voilà pourquoi on n'y perfectionne aucun de ces sortes d'ouvrages.

Ce défaut de goût qui se remarque en tout dans ces pays, quoique d'une opulence excessive, est cause qu'une manufacture de draps qu'il y a dans la même ville est d'une grossièreté qui révolte. Les barbares qui ont possédé les premiers cette riche contrée, seraient cent fois plus habiles que leurs vainqueurs, si tout ce qu'on nous dit d'eux était vrai ; mais nous examinerons ce point dans la suite, & je pense qu'il faudra rabattre des hautes idées qu'on a voulu donner de leur industrie, lors de la conquête de ces vastes régions. Les draps dont nous parlions tout à l'heure se vendent bien, parce qu'ils durent long-tems : on les préfère même aux étoffes d'Europe, sans doute parce qu'ils sont extrêmement lourds & qu'ils procurent à ceux qui les portent une transpiration salutaire, pour laquelle on emploie toutes les ressources imaginables sous ce climat, où notre Auteur assure qu'elle ne vient guère naturellement.

C'est ce qui a fait établir à *Puébla de los Angelos* des bains publics très-fréquentés, & qui se trouvent situés à l'occident de cette ville, tout-à-fait à son extrémité. On a profité d'une source d'eau chaude, où il a été construit un bâtiment qui la renferme, & elle se distribue par différens canaux dans des chambres convenables aux divers maux dont on est attaqué. Cette eau est si minérale, que tous les métaux que l'on porte sur soi se ternissent en en approchant ; mais il faudrait des gens plus savans que ceux qui s'en servent pour en faire l'analise, & en appliquer l'usage aux maladies auxquelles elle serait plus propre. Outre ces bains publics, il y en a encore de particuliers dans plusieurs maisons & jusqu'au cœur de la ville : ceux qui veulent se baigner chez eux, envoient chercher de cette eau trop sulfureuse à sa source, & il y a même des porteurs d'eau qui s'enrichissent à ce métier. Quelques-uns, ne croyant pas cette eau encore assez chaude, quoique le degré de sa chaleur ne soit peut-être que trop vif, sur-tout pour certains tempéramens, s'enferment après s'être baignés dans des espèces de fours où ils se font suer à toute outrance. Autrefois les hommes & les femmes se baignaient pêle-mêle en public, mais depuis plusieurs années on a changé cette méthode, & chaque sexe a maintenant son jour dans la semaine où l'autre est exclu. C'était la chose du monde la plus indécente, que d'appercevoir ce mélange de femmes & d'hommes tout nus : car la pudeur n'est pas toujours le partage des dames Américaines.

Après avoir fait toutes ces observations, l'Auteur fut conseillé d'accourcir son chemin, en abandonnant la grande route : pour cet effet, il laissa le Vice-Roi qui voyageait en carrosse, & passa au travers de montagnes si rudes, qu'il lui en coûta son cheval qui mourut de fatigues.

La ville du peuple des Anges est située dans une plaine qui a une pente douce vers le levant :

les campagnes qui l'entourent offrent un aspect gracieux, & autant que la vue peut s'étendre, le paysage que l'œil découvre est très-varié par les bois & la verdure qui se présentent de tous côtés ; on apperçoit aussi dans le lointain, outre diverses petites montagnes ou monticules, deux autres montagnes si élevées, que leur sommet est toujours couvert de neige ; & c'est une remarque à faire pour les voyageurs, parce qu'il ne faut pas les perdre de vue en allant à la ville du Mexique, sans quoi on s'expose à tomber dans des pays peu fréquentés, & par-là incommodes pour un voyageur. Ces deux montagnes sont celle d'*Orisaye* placée à l'orient du peuple des Anges, & celle de *San-Juan* qui en est à l'occident. Ces montagnes sont si hautes qu'on les voit de très-loin, & que la première se découvre de 60 lieues en mer.

Le sieur Villiet, que sa curiosité seule guidait, se détourna d'une lieue du chemin ordinaire, pour aller visiter une montagne singulière qu'on lui dit être l'ouvrage des Indiens. Elle est à-peu-près haute de 50 toises, & il y a au sommet une chapelle que les Espagnols y ont bâtie. Cette montagne fut formée dans 24 heures par les naturels de l'endroit, afin de servir de refuge à *Montézuma* durant la guerre qu'il avait contre les Espagnols : de là il découvrait tous les environs, ce qui ne l'empêcha pas de tomber au pouvoir de ses ennemis. Il y a au pied de cette petite montagne un village d'Indiens fort considérable.

Reprenant sa route, l'Auteur arriva à *Rio-Frio*, ayant traversé une infinité de bois & de montagnes au milieu desquels est situé ce lieu, qui n'est qu'une ferme où il y a un corps-de-garde Espagnol, pour empêcher la contrebande & arrêter les voleurs, qui sont en grand nombre. Ce chemin n'est composé que de précipices affreux; il règne entre une chaîne de montagnes qui y forment une espèce de gorge, & dont l'aspect est épouvantable: on a cinq à six lieues à faire dans ce mauvais pays. *Rio-Frio* ou Rivière-froide, est ainsi appelé, parce qu'il fait effectivement grand froid en cet endroit, & que les eaux de cette rivière, qui n'est pas bien considérable, sont d'une fraîcheur à glacer. Pour surcroît de désagrément, le sieur Villiet & son compagnon, qui venaient d'essuyer une route si désagréable, eurent beaucoup de peine à trouver de quoi manger; car les Espagnols de l'ancien & du nouveau Monde négligent d'établir des auberges suffisamment pourvues le long des routes : à peine rencontre-t-on dans le Mexique un misérable taudis pour s'y réfugier. Le repas de nos voyageurs, en cet endroit,
fut

fut composé d'œufs dans lesquels les poulets étaient près d'éclore, & on leur servit une volaille que les gens du lieu avaient mise au pot pour eux, mais qu'ils n'avaient point vidée. Telle est à-peu-près la délicatesse & la manière de vivre des descendans des conquérans du nouveau-Monde, qui meurent souvent de faim auprès de toutes leurs richesses.

Enfin le sieur Villiet entrevit de dessus les hauteurs, où il s'ennuyait fort, une grande & vaste plaine au centre de laquelle s'élève la capitale du Mexique, dont il est facile de s'imaginer que la vue le réjouit. On compte environ douze lieues de *Rio-Frio* à Mexico : l'Auteur y arriva dix-huit jours après son départ de la Vera-Crux. Il n'y a guère que 80 lieues de ce port de mer à la Capitale, quoiqu'on dise ordinairement qu'il y en a cent : c'est ce que le sieur Villiet supputa par sa marche ; & son retour par une autre route ne détruisit point cette conjecture.

On lui avait fait prendre une haute idée de la ville de Mexico, & l'examen qu'il en fit l'y confirma. Cette ville moderne, car il ne faut pas croire que ce soit celle dont ont parlé avec tant d'emphase les Ecrivains Espagnols voisins de sa conquête, est superbe en tout ce qu'elle contient ; églises, édifices publics, maisons des particuliers, tout confirme la réputation qu'elle a dans le reste du monde. Elle est presque de la grandeur de Madrid, mais ses rues sont plus larges & plus belles : les maisons construites en maçonnerie à deux & trois étages, décoreraient les plus jolies villes d'Europe ; & l'opulence qui y règne par-tout, jusques dans les moindres choses, étonne tout étranger qui y arrive. La magnificence y est presque incompréhensible : il est peu de villes en Europe, même des plus florissantes, où il y ait autant d'équipages ; tout le monde veut avoir un carrosse ; mais ce qui doit surprendre encore davantage, c'est que le nombre des pauvres surpasse de beaucoup celui des gens riches (1), & que l'on a si fort à redouter les voleurs dans cette ville, que les habitans n'y sont presque pas en sûreté dans leurs maisons.

Mexico est prodigieusement peuplée ; mais les Moines & les Ecclésiastiques forment la plus grande partie des habitans. C'est le siège d'une Archevêché qui s'étend fort loin, & dont la juridiction embrasse tout ce côté de la mer du Nord. La figure qu'y fait l'Archevêque a quelquefois

---

(1) Dans les grandes capitales il y aura toujours beaucoup de pauvres & de voleurs, parce que le luxe & le libertinage n'ont qu'à choisir leurs victimes.

effacé celle du Vice-Roi ; plusieurs de ces Prélats ont tenu tête au représentant suprême de la majesté royale. Celui de tous qui s'est le plus illustré, & dont la renommée a volé jusqu'en Europe, est Dom Palafox dont nous avons déjà parlé, regardé des uns comme un Saint, & des autres comme un génie audacieux & turbulent. Ce qu'il y a de constant, il a eu des démêlés très-vifs avec les Officiers royaux de ce pays-là ; & le peuple qui s'imaginait qu'il se les attirait en prenant ses intérêts, lui en a su gré, & a élevé son nom jusqu'aux nues. Après avoir long-tems tenu tête aux Vice-Rois de son tems, il fut à la fin contraint de céder à leur autorité, & de passer à la Cour d'Espagne pour porter ses plaintes aux pieds du trône. C'est, dit-on, en passant à Paris, dans ce voyage, qu'il se lia d'amitié avec MM. de Port-Royal, qui n'ont pas peu contribué à rendre son nom célèbre. Il briguait la réputation de savant, quoiqu'un peu visionnaire & fanatique, & le fameux Arnaud d'Andilli a servi d'éditeur à la plupart de ses opuscules, qui ne sont point les ouvrages d'un Théologien éclairé, mais des productions d'un esprit entêté de spiritualité & de cette théologie mistique plus qu'inintelligible. Sa mémoire est en telle vénération dans le Mexique, que la Cour de Rome en retirerait des sommes immenses, si elle voulait le canoniser ; il l'est même parmi le peuple, & il ne manque plus que de lui ériger des autels. Les citoyens de la ville du peuple des Anges, qui le considèrent comme leur fondateur, ainsi que nous l'avons ci-devant raconté, donneraient sur-tout les trois quarts de leurs biens pour lui procurer une place dans le catalogue des Saints. Il en est même peu qui soit aussi fêté parmi eux. On va jusqu'à lui attribuer des miracles : on débite que dans le tems de ses disputes avec le Vice-Roi, il fut obligé de faire un voyage précipité de la ville du peuple des Anges à Mexico, & que, pour éviter les embûches de cet Officier, son plus cruel ennemi, il traversa en carrosse des chemins impraticables aux voitures : ses chevaux, rebutés par la soif qu'ils souffraient, s'arrêtèrent tout court ; mais il ordonna à ses gens de creuser au même endroit ; ils y trouvèrent une source à leur grand étonnement. On a mis depuis une croix en ce lieu, & c'est un des miracles qu'on cite pour opérer sa canonisation.

L'Archevêque de Mexique a un clergé très-nombreux & qui n'est pas moins riche : les Chanoines de sa cathédrale en font la meilleure portion ; leur église, qui est métropole, répond à cette dignité par la somptuosité de son bâtiment, sa grandeur, sa richesse, & tout ce qui peut la distinguer. Les autres églises, de même que les couvens, égalent cette magnificence ; en sorte que l'on doit dire que Dieu y serait mieux servi que par-tout ailleurs, si l'intérieur fesait l'essence du culte divin. Les monastères d'hommes & de femmes y sont en grand nombre ; mais leur clôture n'est pas celle de leur institut, & l'on peut assurer que la pureté du christianisme y est fort mal observée. Les Jésuites & les Carmes étaient les seuls ordres où l'on vivait moralement bien, & qui pratiquaient les devoirs de leur état : les premiers y avaient trois maisons, la maison professe, le noviciat & un collège. On voit à Mexique une Université qui, comme toutes celles du nouveau-Monde, ne fait pas faire à ses élèves de grands progrès dans les sciences. En général ces pays sont peu faits pour l'étude des sciences ; & l'Espagne Européenne brillerait beaucoup davantage, si, comme les autres Nations qui ont des établissemens dans l'Amérique, elle ne voulait pas qu'on y étudiât, & si l'on était forcé d'envoyer tous les jeunes-gens s'instruire des arts & des lettres dans l'ancien continent : il y aurait une relation plus intime entre ses sujets de l'un & l'autre hémisphère.

Depuis la conquête du Royaume, Mexico

a toujours été la résidence du Vice-Roi, des Officiers qui composent l'Audience-royale, d'une Cour des monnaies, & de tout ce qui caractérise un chef-lieu d'une extrême importance. Tous ces dignitaires sont très-opulens, car, outre de gros appointemens, ils savent, chacun dans son district, se procurer des revenans-bons qui leur font faire une fortune rapide. On aurait bien de la peine à se persuader combien gagne un Vice-Roi par an; ce ne sont pas ses appointemens qui l'enrichissent, n'étant que de 30,000 piastres, mais il rend tout vénal, & ses subalternes, se réglant sur son exemple, s'enrichissent aussi de leur côté; de manière qu'on peut dire que quelquefois tout s'y vend, jusqu'à la justice. Le Vice-Roi loge dans un très-beau palais, bâti aux dépens du Roi, & qui n'est destiné que pour servir à la résidence de ce chef suprême. Le sieur Villiet le parcourut lorsque le nouveau Vice-Roi Dom Juan Orcazita en prit possession, & il eut occasion d'en considérer toutes les beautés.

Ce nouveau Vice-Roi, que nous avons perdu de vue depuis *Puébla de los Angelos*, fut reçu à Mexico comme ses prédécesseurs, quoiqu'on n'y eût pas grande estime pour sa personne, d'une naissance obscure, tandis que jusques-là cette place n'avait été remplie que par des hommes d'une origine & d'un mérite distingués. On n'ignorait pas la conduite qu'il avait tenue dans son gouvernement de la Havane, & qu'il n'était parvenu à cette Vice-Royauté qu'à force d'argent. On y savait aussi, avant qu'il arrivât, que, guidé par son humeur intéressée & sa cupidité, il ne venait qu'en intention de mettre tout à contribution, & que pour mieux réussir il portait avec lui des marchandises, afin de continuer le commerce auquel il s'était montré fort expert dans l'isle de Cuba. Sa réputation, qui le précédait en tous les lieux par où il passait, lui avait même attiré, en débarquant à la Vera-Crux, une plaisanterie peu respectueuse : car à la vue de ses équipages qui renfermaient des ballots pleins de marchandises, entr'autres de tabac, production de l'isle de Cuba, & qui se vend fort cher dans le Mexique, quelqu'un s'avisa de lui donner le nom de *Dom Juan Tabago*; ce qui fut répété par toute la ville. Mais il se moquait de ces petites vengeances du peuple, & alla toujours son train.

Sa réception ne pouvait être différente de celle qui s'est toujours pratiquée à l'entrée des Vice-Rois. Les divers corps de la ville furent lui rendre leurs hommages, ou plutôt au Prince qu'il représentait ; on le harangua ; enfin on le reçut avec les mêmes cérémonies ufitées en pareil cas; mais on voyait à travers tout ce cérémonial, qu'il n'avait pas acquis le cœur des peuples auxquels il allait commander. Il ne tarda pas effectivement à juftifier la mauvaife opinion qu'il avait fait concevoir, & il eut bientôt mis tout en œuvre pour tirer le parti le plus avantageux d'un emploi déjà par lui-même affez lucratif: il pouffa les chofes à un point que plufieurs s'aviférent d'en murmurer publiquement. Celui qui s'éleva le plus fortement contre fes entreprifes, & qui en a même informé la Cour, fut *Dom Pimento*, Ingénieur en chef, Officier d'un mérite fupérieur, qui a eu long-tems à fouffrir de fa réfiftance aux volontés injuftes du Vice-Roi. Il conta au fieur Villiet que le principal fujet des mortifications que lui donnait Orcafita, venait de ce qu'il s'oppofait à la deftruction d'un fort fitué vers *Campêche*, & où l'on entretient une garnifon pour s'oppofer au commerce interlope qui fe peut aifément faire de ce côté-là. Ayant voulu écrire au miniftère d'Efpagne pour lui en donner avis, il découvrit avec furprife qu'on décachetait à la Vera-Crux tous les paquets adreffés en Cour; ce qui lui fit prendre le parti de tromper la vigilance du Vice-Roi & de fes efpions, en les confiant à un Religieux de fa connaiſſance, qui partait pour Madrid. L'Auteur ignore ce que cette affaire eſt devenue; mais Pimento eſt mort Ingénieur à la Vera-Crux.

L'hôtel de la monnaie eſt à Mexico un édifice ſuperbe, placé à côté du palais du Vice-Roi. Il n'y a ſûrement pas d'endroit au monde, où il entre & ſe fonde autant d'or & d'argent: douze balanciers ſont en action toute l'année; un ſeul eſt employé pour l'or. On y voit un fourneau Caſtiilan qui conſume à la fois une quantité prodigieuſe de charbon, & qui fond en un clin-d'œil un lingot de plus de 500 livres. C'eſt de cet hôtel des monnaies que ſortent tant d'eſpèces qui ſe tranſportent en Europe & dans toute l'Amérique habitée par des Européens qui laiſſent volontiers faire cette dépenſe aux Eſpagnols. Il eſt vrai que le Roi d'Eſpagne en retire des profits immenſes. L'argent ne s'y emploie guère qu'au titre de 11 deniers, & l'or à celui de 21 karats & demi. Il faut obſerver que, outre certains droits, le Roi en prélève un autre très conſidérable : c'eſt le fameux *quint* dont nous parlerons plus en détail à l'article des mines. Pour juger du nombre infini d'eſpèces qui ſe fabriquent dans cet hôtel, l'Auteur raconte qu'un ouvrier lui dit avoir à lui ſeul frappé 18000 piaſtres en un jour. Il ne faut pas oublier que les anciennes monnaies Mexicaines étaient plus estimées que les modernes ; on les reconnaissait facilement à leur forme irrégulière ; mais S. M. C. a sagement ordonné que toutes ces espèces fussent rondes ; on les a donc refondues, & le Prince y a gagné avec le public, souvent trompé par les rogneurs de monnaies.

Le terrain, où a été construit la ville de Mexique, est le même qui était occupé par l'ancienne ville des Mexiquains. C'est un fort mauvais sol & si aquatique, que divers édifices se sont enfoncés de beaucoup depuis leur construction, telle que l'ancienne maison professe des Jésuites, qui s'est visiblement affaissée : cet inconvénient oblige à ne bâtir que sur pilotis. Le terrain de cette ville est détrempé par un lac qui l'environne presque toute entière, en sorte qu'elle semble naître du milieu des eaux, comme une autre Venise. Ce lac a plusieurs lieues d'étendue, & il est navigable ; c'est une commodité pour le transport des denrées, & les Indiens viennent dans de petits canots apporter à la ville les fruits & les autres vivres qu'ils ont à vendre. Par malheur il n'est nullement poissonneux ; en sorte qu'on ferait à Mexico mauvaise chère en maigre, si l'on n'apportait de la Vera-Crux des poissons secs dont le peuple se nourrit dans le carême. L'abondance y règne en gras, & l'on y peut vivre assez agréablement, pourvu qu'on sache suppléer au goût dépravé des cuisiniers Espagnols.

Pour la police de cette ville, on peut sans indiscrétion demander s'il y en a une. Un seul trait, & qui n'est pas indifférent, fera sentir ce défaut du bon ordre. On a vu ci-devant que les voleurs y sont en très-grand nombre; le désordre qu'ils y commettent est inconcevable. On n'imaginerait point jusqu'où va l'audace de ces voleurs; ils courent toutes les nuits les différens quartiers de la ville; les marchands dont ils forcent souvent les boutiques, sont obligés de payer des gens qui se promènent à cheval pendant la nuit, en jouant d'une espèce de flageolet, & qui passent & repassent souvent au devant des maisons de ceux qui les soudoient, frappant à la porte pour avertir de leur exactitude. Les Officiers Municipaux sentiront enfin la nécessité d'entretenir des soldats pour la garde des habitans, comme dans les grandes villes de France. Surpris & volés malgré leurs précautions, les marchands de cette capitale du Mexique emploient quelquefois une ruse qui les garantit d'un stratagême que ces voleurs mettent en usage pour éviter le bruit. Comme ceux-ci, fins & adroits, ont trouvé le secret d'appliquer le feu entre les jointures des planches qui ferment les boutiques, afin, par ce moyen, d'y faire une ouverture à petit bruit qui puisse leur aider à lever l'une de ces planches ; les marchands mettent en dedans des pétards qui jouent dès que le feu pénètre ; & par-là on est réveillé pour repousser les voleurs. Croirait-on qu'il y ait une grande ville, où les citoyens soient aussi peu tranquiles ? La province est infestée de ce vice radical : tout y est en désordre par rapport à ces voleurs ; & les grands chemins sont encore moins sûrs que les bois. On n'ose sortir dans les rues de Mexico pendant la nuit, sans avoir des armes à feu. Il y a pourtant un Grand Prévôt qui fait sa résidence dans cette capitale, lequel est à cet égard d'une sévérité qui lui fait honneur ; mais il n'est apparemment pas soutenu de l'autorité des supérieurs : car il ne serait pas difficile, avec le secours d'un tel Officier, de ramener le bon ordre. La Cour d'Espagne s'est vu contrainte de lui accorder une juridiction privée pour détruire des brigands si redoutables, dont les attentats nuisent également au bien public & particulier, de même qu'à l'intérêt de l'Etat. Il est lui-même le Juge des voleurs qu'il saisit, & ses sentences sont exécutées sans appel, souvent même l'exécution s'en fait sans sortir de sa maison. Il y a quelques années qu'il fit enlever le cocher de l'Archevêque, jusques dans le palais épiscopal, comme accusé de divers vols : après l'en avoir convaincu, malgré les oppositions du Prélat, il le fit pendre, & renvoya ensuite le corps à son protecteur. Mais ces exemples d'une justice louable ne sont rien moins que fréquens. Cet honnête homme, dont le nom mérite d'être immortalisé, s'appellait *Dom Belasquez*; & on raconte qu'il était fils d'un fameux chef de voleurs qui désolait autrefois toute la contrée. La Cour ne crut pouvoir mieux faire, pour les détruire, que de gagner leur chef; on y réussit, & il revint si sincèrement de ses désordres, que ses compagnons n'eurent jamais de plus cruel ennemi : il les allait réclamer jusques dans leurs retraites les plus inaccessibles, qu'il connaissait, & en diminua bientôt le nombre. Malgré cela il n'y en a encore que trop; tandis que dans le Pérou, qui est dans le même continent, on ne sait ce que c'est que vols, les plus précieux effets pouvant rester dans les chemins, sans courir le moindre risque d'y être dérobés.

On doit chercher la source de ce désordre dans la misère extrême qui règne dans toute la province du Mexique. La pauvreté y égale & surpasse même les richesses qui ne sont que le partage des Officiers royaux, des Ecclésiastiques, & d'un petit nombre de gens livrés au commerce, qui est des plus lucratifs. Comme le luxe y est poussé au dernier période, on voit beaucoup de familles si pauvres, qu'elles ne peuvent subsister, ce qui en détermine la plupart à se procurer des secours par l'indigne métier de voler, à quoi se joint encore la paresse si naturelle à quelques Espagnols, & qui, sous ce climat, est portée à l'excès. La majeure partie de ceux de cette Nation s'imaginent qu'ils ne doivent point travailler, & il est une foule de misérables qui regarderaient comme un déshonneur de gagner leur vie à des travaux honnêtes : ils aiment mieux croupir dans une honteuse oisiveté, & se plonger dans le crime pour pouvoir satisfaire aux besoins urgens de la vie. Si tous les Espagnols voulaient être laborieux, imiter les étrangers qui viennent faire fortune en Amérique, & qui la font le plus souvent à leurs dépens, nul doute qu'ils seraient les peuples les plus opulens du nouveau Monde. Il y a de quoi enrichir dans la province du Mexique des millions d'habitans.

Cette province était anciennement un vaste royaume qui fut conquis par un petit nombre d'avanturiers Espagnols, plus hardis & plus entreprenans que ne le sont maintenant leurs

dans différentes Colonies.

successeurs, amollis par la chaleur du climat & par le genre de vie qu'ils y mènent. Il est vrai que cette conquête importante se fit avec beaucoup de facilité, les naturels du pays n'ayant opposé qu'une très-faible résistance.

Quoi qu'il en soit, leurs progrès dans ce nouveau Monde furent très-rapides, & il ne leur fallait que se montrer pour prendre possession des terres à mesure qu'elles étaient connues. La découverte du Mexique fut due à la mésintelligence qu'il y eut entre les chefs mêmes des premiers Espagnols qui abordèrent dans l'Amérique. *Christophe Colomb* à qui l'on doit l'heureux projet de cette découverte d'une quatrième partie de l'Univers, inconnue jusques alors (1), avait avec lui un jeune homme nommé *Cortez*, plein d'émulation, & qui, jaloux de la gloire de son Capitaine, voulut s'y associer au moins par de nouvelles entreprises. On avait déjà eu connaissance de quelques terres en tirant à l'ouest de l'*Hispaniola*, depuis l'isle de Saint-Domingue, premier établissement des conqué-

___
(1) Il est probable, par un grand nombre de faits, que plus d'un siècle avant Colomb on soupçonnait en Europe l'existence d'un autre continent. Voyez dans le *Recueil de Pièces intéressantes*, différens morceaux traduits de l'Allemand par M. Krustoff.

rans du nouveau Monde: Cortez jugea fenfément que, fi l'on avait trouvé des ifles peuplées, il pouvait y en avoir d'autres aux environs; & il penfa plus judicieufement que Chriftophe Colomb, qui voulait, fur de fauffes fuppofitions, & fondé fur des erreurs qui s'accréditent quelquefois dans les meilleurs efprits, que pour peu qu'on pénétrât encore au couchant du foleil, on trouverait infailliblement le point où fe termine le globe.

Tout jeune & peu expérimenté qu'était Cortez, il ne penfa point de la forte; & fefant voile à l'oueft, malgré les défenfes de Colomb, qui eut fujet d'appercevoir bientôt qu'il était dans l'erreur, le jeune Cortez aborda au lieu où l'on a depuis fondé la ville de la Vera-Crux. Les Indiens qu'il y furprit n'étaient pas fi dociles que ceux de l'ifle Efpagnole; mais après leur avoir livré plufieurs combats, il parvint enfin à fe les attacher; & l'or qu'il troqua contre des babioles, dont ces pauvres gens fefaient plus de cas que de leur riche métal, l'encouragea à pénétrer plus avant. Ils lui dirent en effet qu'ils le tiraient de beaucoup plus loin dans les terres; & ce motif, fi attrayant pour des Européens, le détermina à tout entreprendre pour découvrir la fource de tant de tréfors. Il parvint de cette manière jufqu'au Mexique, où il trouva des peuples peut-être moins grossiers que ceux qu'il avait vus jusques-là, & que cette légère différence a fait mettre au rang des peuples les plus industrieux & les plus civilisés par leurs conquérans, intéressés à donner carrière à leur imagination, afin d'attacher un plus haut prix à leurs conquêtes. Les choses les plus simples furent à leurs yeux des chef-d'œuvres de l'art, & les Historiens Espagnols, amis du merveilleux, renchérissant sur ces descriptions outrées, ont laissé à la postérité des monumens du génie des Mexicains, propres à les faire envisager comme un peuple des plus polis. Mais toutes ces brillantes descriptions n'ont point de fondement dans la vérité : leurs descendans même n'ont aucune tradition que ces belles choses aient jamais existé (1).

Le Mexique n'en était pas moins important pour les nouveaux vainqueurs, étant rempli de mines d'or & d'argent, dont l'abondance répondait aux soins que l'on se donnait pour les

---

(1) Il est cependant vrai que Montézuma commandait à un peuple immense, & du moins très-industrieux, s'il n'excellait pas dans nos arts d'Europe ; mais il lui manquait de l'énergie & de savoir soutenir avec plus de courage l'étrange phénomène que lui présentaient nos armes à feu.

chercher. Elles dégénèrent pourtant comme celles de toutes les autres contrées ; il s'en faut bien qu'elles soient présentement aussi précieuses ; mais on en retire cependant encore des richesses considérables.

Ce pays, qui n'est plus qu'une importante Province de la domination Espagnole dans l'Amérique, portait jadis le titre de Royaume. Son dernier Souverain était *Montézuma*, Prince belliqueux, doué de toutes les qualités d'un héros, & dont la mémoire est encore en vénération parmi les Indiens de cette contrée, qui n'en parlent qu'avec enthousiasme ; les Espagnols racontent eux-mêmes qu'il embarrassa souvent ses vainqueurs. Tout son héroïsme, ses vertus guerrières, les troupes & les richesses qu'on lui suppose, ne le garantirent point d'être vaincu, de devenir la victime de l'avidité des Espagnols commandés par Cortez, & de se voir avec son peuple, son pays & ses mines, passer sous le joug d'une Puissance étrangère, qui le fit cruellement mourir, & réduisit ses sujets sous une dure servitude.

Depuis cette époque, qui a environ trois-cents ans, l'Espagne y a établi des Officiers, & jouit despotiquement de cette Province : sa division, son étendue & ses limites sont peut-être les mêmes que sous ses premiers maîtres, mais c'est ce qu'il serait assez difficile de prouver. Pour les changemens qui s'y sont faits, il est facile de se convaincre que les villes, bourgs & villages qu'on y voit, ne sauraient être les mêmes qui existaient du tems de la domination Indienne. Tout y indique un goût moderne, & le génie & le caractère de la nation Espagnole. Or, comment si ces peuples avaient eu des villes immenses, des édifices aussi solides que superbes, n'en resterait-il pas quelques vestiges?

Pour revenir à l'ancienne Capitale du Mexique, si célébrée dans les Auteurs Espagnols, on n'y voit rien de tous ces vastes monumens qui pourraient être comparés aux palais des plus grands Rois de l'Europe. Ce palais de *Montézuma*, si magnifique; ce temple du Soleil, dont les murailles étaient revêtues d'or, il n'en existe aucunes ruines; & l'on ignore même sur les lieux en quel endroit ces merveilleux édifices étaient élevés. Le sieur Villiet, curieux de s'en instruire, n'a négligé ni peines ni recherches; mais tous ses soins ont été inutiles; les Créoles Espagnols ni les Indiens n'ont pu lui indiquer à *Mexico* que les restes d'une muraille de terre glaise, ouvrage incapable de donner une grande idée du goût de l'architecture des premiers Indiens.

Aujourd'hui la Province du Mexique, qui

est une Audience royale, a pour bornes au levant la mer du Nord, au couchant l'Audience de *Guadalaxara*, où est située l'ancienne Province de *Méchoacan*, au midi la mer du Sud, autrement dite la mer pacifique, & au septentrion le nouveau Royaume de Léon, le nouveau Mexique, & le Mississipi. Elle a deux Ports nommés par les Espagnols *Embarcaderos*, précisément à l'opposite l'un de l'autre, savoir: *la Vera-Crux*, dans la mer du Nord ou Golphe du Mexique, & *Acalpulco* dans celle du Sud. La température du climat varie selon les lieux, attendu qu'il fait plus chaud ou plus froid en certains endroits qu'en d'autres, suivant que le pays est plus ou moins découvert, ou qu'il est plus ou moins garni de montagnes. Il y a de fort belles plaines en certains cantons, & d'autres n'offrent qu'un pays extrêmement montueux. La Province peut avoir 400 lieues de long: elle renferme un grand nombre de Bourgs & de Villes, tous bien peuplés.

Il ne reste plus que quelques circonstances à ajoûter à ce qui a été dit de *Mexico*.

Cette Capitale, d'une splendeur étonnante, est placée dans une vaste plaine, entrecoupée de jardins, & qui est arrosée par le lac, dont l'isle est environnée, tant la Nature paraît en avoir pris soin. Cette grande ville n'est point fortifiée, parce qu'elle n'en a pas besoin, étant trop avant dans les terres pour craindre aucune insulte de la part des ennemis de la couronne d'Espagne. Elle est cependant entourée de murs bas & peu solides, qui n'ont sans doute été construits que pour marquer son enceinte. Elle offre au dehors une perpespective riante & agréable, par la hauteur de ses clochers, la beauté de ses édifices, & le dessus des maisons terminées en terrasses, à la mode Espagnole ; mais l'intérieur frappe encore davantage, par la longueur de ses rues, la magnificence de ses places publiques, & généralement par tout ce qui annonce une ville riche & commerçante. On voit un aqueduc, qui distribue l'eau à plusieurs fontaines publiques & particulières. Ses environs ne sont pas moins beaux, & la campagne y aurait encore beaucoup plus d'agrémens, si des peuples moins paresseux l'habitaient. Mais toute leur industrie est bornée à élever du bétail en abondance, & à ne cultiver que le simple nécessaire, grâces encore aux malheureux Indiens qui tiennent lieu des plus misérables esclaves : c'est une pitié de voir comme on les traite.

Le faste & le luxe y sont beaucoup plus considérables que dans les autres possessions Espagnoles ; nous en avons touché quelque chose en parlant du grand nombre de carrosses qu'on voit à *Mexico*; tout le monde veut en avoir un pour peu qu'on jouisse d'une certaine aisance: il est vrai qu'il ne coûte pas beaucoup d'entretien; mais c'est toujours un luxe peu ordinaire dans les autres Colonies de cette nation. Le dedans des maisons des particuliers répond à cet extérieur; les ameublemens en sont très-somptueux. Rien n'est trop riche pour habiller les habitans; les galons d'or & d'argent, les velours, les étoffes les plus chères décorent leurs habits. La table est la moindre dépense & cède au plaisir de briller par les vêtemens. Mais les femmes l'emportant sur les hommes dans ce goût décidé, les mousselines, les dentelles, les bijoux de prix, sont prodigués pour leur parure. Il est à regretter que les arts n'y soient point estimés, parce que les Artistes y feraient promptement fortune, & que les connaissances & le goût seraient perfectionnés dans le pays; mais à la honte de ces contrées opulentes, on y voit les plus belles pierreries montées d'un goût gothique, & c'est à quoi l'on ne prend seulement pas garde. Cette riche ville renferme beaucoup d'ouvriers en tout genre, qui seraient à peine de médiocres apprentis en Europe; aussi les Espagnols ne savent point les encourager, & la façon d'un ouvrage est toujours mal récompensée. Le sieur Villiet y a vu des peintres, mais ce n'était que de misérables barbouilleurs, qui fesaient un tableau de Saint pour une piastre.

Les habitans des villes & des campagnes se divisent en plusieurs classes; la première, qui méprise toutes les autres, est les Créoles sortis la plus grande partie des compagnons de *Cortez* & des femmes du pays avec lesquelles ils s'allièrent : ce qui s'appellerait *sang-mêlé* en Europe; mais les Espagnols ont là-dessus d'autres idées que nous, & leur délicatesse n'embrasse point cet objet, sur lequel ils sont tout-à-fait indifférens. Cependant un Alcade-Mayor de *Puébla de Los-Angelos*, voulut un jour reconnaître ces familles bigarrées & en faire un dénombrement; mais il fut contraint de cesser son travail, parce que les principaux de la Province s'en trouvaient tachés, même des Chanoines qui auraient soulevé contre lui tout le pays. Ces Créoles sont les plus fainéans de tous les hommes : la mollesse la nonchalance, une paresse inexprimable font leur caractère distinctif. L'orgueil qui s'y joint presque toujours, & qui est très-mal placé en eux, les rend d'une humeur insupportable. Ils ne s'entretiennent que d'une noblesse la plûpart du tems chimérique ; & les femmes sont encore plus vaines. On les voit dans leurs maisons, nonchalamment couchées sur des carreaux, avec un tapis devant elles, ornées comme des Divinités; étendues de la sorte des journées entières, elles reçoivent ainsi des visites, & prennent leurs repas dans cette attitude; elles semblent être contraintes de rester immobiles. Mais ces espèces d'automates ne sont point insensibles; l'amour les anime très-souvent, & n'en fait pas des Lucréces.

La seconde classe, souverainement méprisée de la première, comprend les Espagnols nouvellement débarqués, qui sont long-tems en butte aux sarcasmes & aux mauvais procédés de leurs compatriotes & des naturels du pays; les Français ou les Anglais reçoivent un meilleur accueil. Les Espagnols transplantés méritent cependant des égards, parce qu'ils ne viennent que revêtus d'emplois, ou pour entreprendre un commerce qui les a bientôt enrichis. Peut-être aussi est-ce la cause de la jalousie des Créoles, que leur paresse écarte de tout ce qui pourrait leur faire un sort heureux.

La troisième & dernière classe est composée de tous les Indiens, qui aux yeux de leurs maîtres sont la plus vile & la plus misérable espèce de toute cette contrée. Il y a cependant entr'eux quelque différence d'état & de grade; mais les

Espagnols les traitent tous avec une égale cruauté.
Ils les forcent à leur rendre les services les plus
bas & les plus pénibles, & les battent souvent
à outrance & d'une manière barbare : des enfans font quelquefois fustiger des vieillards.
L'humeur & le caprice entrent dans tous ces
châtimens, & les esclaves noirs de nos colonies sont beaucoup moins maltraités. Aussi ces
malheureux secouent-ils un joug si dur autant
qu'ils le peuvent ; ce qui a produit & produira
toujours ces troupes d'ennemis domestiques terribles pour la nation Espagnole, & auxquels
on a donné le nom d'*Indios-Bravos*. Ce n'est
pas qu'ils soient bien redoutables, puisqu'une
poignée d'Espagnols peu aguerris suffit pour
tenir en échec des milliers de ces sortes d'Indiens ; mais ils ne font aucun quartier à ceux
qu'ils ne trouvent point sur leurs gardes. Les
Indiens Braves, sont ou des fugitifs retirés
dans les déserts & dans les lieux les moins
accessibles, ou des naturels Indiens qui n'ont
jamais pu être domptés. Ils sont en très-grand
nombre dans le Mexique, vivant à l'ancienne
façon de leurs ancêtres, c'est-à-dire selon la
pure loi de nature, sans police, sans règles,
sans subordination, sans religion même, du
moins sans un culte marqué ; une adoration
passagère du soleil constitue toute l'essence de

leur prétendu culte. On n'apperçoit nulle trace parmi eux de ces temples réguliers que l'on a fait élever par leurs ancêtres ; on remarque, au contraire, que leur grossièreté pour les arts les plus utiles est extrême : est-ce qu'ils auraient perdu en si peu de tems la mémoire de de toutes les connaissances dont on a prétendu qu'ils étaient doués ? Il y avait parmi eux, nous dit-on, d'habiles orfèvres, tandis que présentement ils ignorent tout-à-fait cet art. Mais la stupidité de ces peuples se remarque encore mieux dans les Indiens soumis, aussi grossiers que leurs compatriotes qui vivent dans les bois, & qui, comme eux, iraient tout nuds, si on les obligeait à se vêtir. La ville de *Tlascala* située au pied des montagnes à l'orient de *Mexico*, est affectée pour être la demeure d'un nombre d'Indiens d'origine cacique, ou réputée noble ; mais ils ne sont ni plus industrieux, ni moins barbares que la plus vile espèce des Indiens, & l'on n'y retrouve pas plus de vestiges de cette magnificence éclairée, qui régnait, dit-on, au Mexique lors de sa découverte. Les habitans de *Tlascala* ont quelques privilèges, que la Cour d'Espagne a cru leur devoir accorder en récompense de ce que leurs pères aidèrent à Cortez à conquérir ce grand Royaume.

On pourrait former une autre classe des

nègres, des métis & des mulâtres ; mais elle serait peu nombreuse ; on ne pense pas qu'il y ait cent nègres dans toute cette vaste province. Les métis & les mulâtres y sont un peu plus nombreux ; mais, suivant l'opinion Espagnole, ils rentrent dans l'espèce de la nation même, étant pour la majeure partie libres; ainsi il faut les laisser dans la classe des Créoles.

Les plaisirs & les divertissemens du Mexique sont assez insipides, comme le sieur Villiet a eu occasion d'en juger par le long séjour qu'il y a fait. Les Espagnols des colonies en général sont à cet égard d'un goût plus que bisarre. Les courses de taureaux y sont leur principal amusement ; ils ont pourtant des danses particulières au pays, & qui n'ont rien d'agréable pour les Européens : la danse la plus en usage, est une espèce de sabotière ou d'anglaise, mais sans goût ni règle, qui consiste uniquement à se démener beaucoup en frappant du talon contre terre. Pour toutes ces danses graves & majestueuses chéries des honnêtes gens de l'Espagne Européenne & qui ont été adoptées par toutes les nations civilisées, on n'y en connaît aucune ; il n'y a pas même de maîtres à danser pour les enseigner.

Le plus grand plaisir qu'on prenne à Mexico est d'aller en bateau se promener à l'extrémité de la ville, dans un endroit qu'on nomme *Xamaïca*; & il y a d'un autre côté, dans la ville même, une fort belle promenade appelée *la Lameda*, qui est une place où l'on va en carrosse; elle est garnie d'arbres régulièrement plantés en forme d'allées, & on voit au milieu une très-jolie fontaine.

Si l'on n'avait pas plus de retenue que les mauvais chrétiens, on mettrait au rang de leurs plus curieux divertissemens les cérémonies de la religion, encore plus remplie de momeries dans la nouvelle Espagne, qu'en aucun autre endroit de la terre. Les processions y sont d'une bisarrerie étonnante; celle de la Fête-Dieu attire sur-tout l'attention par les singularités qu'on y remarque. Les rues étant trop larges, on les rétrécit de moitié, & les Indiens sont occupés durant plusieurs jours à composer des tapisseries qui ne servent que cette fois-là: ce sont des nattes faites de joncs & de branchages.

VOYAGE

Du vieux au nouveau Mexique, par François Tigée.

Saint-Jean de la Rivière est éloigné de 30 lieues du vieux Mexique, en allant du côté du nord : c'est une espèce de bourg qui contient environ 400 familles. Le commerce du pays consiste en blé d'Inde (maïs), & en chevaux. Il y a un Gouverneur. La ville ou bourgade est composée de deux grandes rues qui sont fort longues : on y voit deux églises, la cathédrale & un couvent de Pères de Saint-Côme.

De-là on va à *Cretano*, ville assez grande, située dans une belle plaine, à 10 lieues de Saint-Jean de la Rivière. Le terroir est très-fertile. Il y a environ 1000 habitans ; une place fort grande entourée d'allées, avec une fontaine au milieu ; les rues sont belles, quoique quelques-unes ne soient rien moins que tirées au cordeau ; on y voit une manufacture de gros drap, dont il se fait une très-forte consommation dans tout le pays d'alentour.

Salamanque est un bourg qui vient après, où il peut y avoir environ 600 habitans : les rues en font très-mal disposées, les maisons fort éloignées les unes des autres ; il y a une paroisse & un couvent de Saint-François : ce bourg est à 14 lieues de Crétano.

Saint-Michel le grand vient ensuite, situé sur une pente ou colline ; ce bourg, plus considérable que le précédent, renferme 800 habitans, trois églises, dont une appartient à un couvent de filles. Tout le commerce du pays se réduit à un grand débit de couvertures de laine & de selles, que les habitans travaillent eux-mêmes. Le milieu de la place est décoré d'une fontaine. Les Espagnols d'Amérique croient communément que les habitans de ce canton sont sorciers.

Santa-Fé de Guanauate est un quartier que l'on trouve à la suite du précédent ; il est renommé par des mines d'or & d'argent. La ville de ce nom est très commerçante ; elle peut contenir environ 3000 habitans : située dans les montagnes, le chemin qui y conduit, est une ravine presque toujours remplie d'eau dans le tems des pluies. On est obligé de le côtoyer, & de passer le long de petits côteaux qui le bordent, lesquels n'offrent pas une route aisée. Cette ville a tous les mois une foire, où se rendent exactement les habitans d'alentour, & ceux qui en sont même assez éloignés : c'est où ils viennent faire toutes leurs emplettes. Elle n'est qu'à douze lieues de Saint-Michel le grand. On y remarque beaucoup de moulins pour travailler les matières d'or & d'argent. Outre une paroisse, on voit encore à Santa-Fé un couvent de Pères de Bethléem, & un autre de l'ordre de Saint-Benoît. La ville a deux places mal construites.

A une lieue de cette ville se voit une mine d'argent, appelée la *Mine de Raye*, dont le principal rameau vient jusques sous le grand autel de la paroisse; &, ce qui est singulier, les mulets chargent les matières dans l'église. Cet exemple est le seul qu'il y ait dans l'Amérique, & ne fait aucun honneur à la dévotion Espagnole. Cette mine, l'une des plus riches qu'on connaisse, avait un pilier naturel tout d'argent, pour lequel le maître de la mine, ou propriétaire, donna au Roi d'Espagne trois millions de piastres, pour avoir la liberté de le couper, avec l'obligation d'en élever un autre de pierres. On dit qu'il n'y a point perdu.

Choco, où l'on exploite des mines d'or assez considérables, est situé dans la Terre-ferme & dépend de Santa-Fé : c'est un pays des plus mal-sains, placé au nord des hautes montagnes de la Cordillière, où, quoiqu'il fasse chaud, l'humidité d'un air putride & infect y est telle, que tout s'y corrompt en fort peu de tems. Les habitans n'y portent point de chemise de toile, mais de laine, celle-ci étant sujette à moins de putréfaction & plus salutaire pour le corps humain. On n'y porte ni souliers, ni bas, à cause de leur peu de durée, deux ou trois jours suffisant pour les voir tomber en lambeaux. Les hommes n'y peuvent demeurer que trois à quatre mois de l'année, encore leur santé s'en ressent-elle de façon qu'ils y paraissent mourans, & d'une couleur de souci pâle.

C'est dommage que le climat y soit si mauvais, car on s'y est bientôt enrichi, & les marchands y font des profits immenses : j'ai vu un pacotilleur Français qui m'a dit y avoir vendu la pièce de drap de Bretagne sur le pied de 16 piastres gourdes, & les chapeaux blancs jusqu'à 35 la pièce.

Cette ville, ou plutôt bourgade, est dans l'intérieur des montagnes, & il y a environ 40 lieues de là à *Popayan*, où est la résidence d'un Evêque, suffragant de l'Archevêché de Santa-Fé. Il passe à Choco une rivière qui porterait bateaux, s'il n'y avait des défenses si fortes de naviguer dessus, qu'il n'est pas permis d'y mettre le plus petit canot : ces défenses sont occasionnées

occasionnées, parce que cette rivière se jetant dans le golphe de Daricu, il serait à craindre qu'il ne s'établît une communication par-là avec la mer du Nord, qui pourrait porter un prejudice notable à la Cour d'Espagne sur ses mines. Les habitans sont la plupart des Indiens d'un caractère doux & paisible, avec lesquels il serait fort aisé de lier un commerce avantageux. Les marchandises s'y paient avec des lingots d'or qui se pèsent sur le pied ordinaire de ce qu'ils valent aux mines.

Salaxe est un petit village à cinq lieues de Santa-Fé de Guanauate, qui n'a que deux petites rues.

La ville de *Léon*, petite, mais assez agréable & fertile dans ses environs, a des habitans fort affables; ils peuvent être au nombre de 500. Les rues en sont droites & tirées au cordeau. C'est ici que où se termine la Nouvelle-Espagne.

NOUVELLE-GALICE

D'ABORD on rencontre la ville de Lugo, située sur le bord d'une grande rivière, à huit lieues de la ville de Léon.

La ville de *l'Agua-Calliento*, en Français

ville de l'eau chaude, distante de 25 lieues de celle de Lago, est assez grande & placée au milieu d'une plaine. Une source d'eau chaude qui lui donne son nom, est si salutaire pour les douleurs, qu'on y voit un concours continuel de personnes qui vont y prendre les bains; elle se répand dans la ville. Cette eau d'ailleurs est excellente pour la boisson, & les habitans n'en emploient point d'autre pour leur usage. Le commerce du pays consiste en coton.

Saquatequo, ville assez grande, au haut de la montagne, préside à quantité de mines de la dépendance: il y a une église, en l'honneur de la Vierge de *Guadaloupe*, très-riche, & en outre une paroisse, des Religieux de St-François, des Jacobins, des Augustins & des Frères de St-Jean-de-Dieu. On y compte environ 4000 habitans: son commerce ne consiste que dans l'argent & l'or du produit de ses mines. Cette ville est à 25 lieues de celle d'Agua-Calliento.

Sombreuto, ville fort longue, & qui n'a que deux rues; le terroir de ses environs est très-abondant en mines d'argent: sa situation est dans un fonds entouré de hautes montagnes. Elle contient à-peu-près 500 habitans, & sa distance de Sequatequo est de 40 lieues.

Para, petit bourg, vient ensuite. On y fait beaucoup de vin & d'eau-de-vie; ce vin est dans différentes Colonies.

extrêmement doux, & l'on oblige de le faire de la sorte pour ne point préjudicier au commerce d'Espagne. De Sombreuto à Para l'on compte 70 lieues. C'est où finit la Nouvelle-Galice.

La ville de *Fresnillio* est située dans une plaine presque stérile; elle renferme environ 300 familles: le terroir qui l'avoisine est très-bon; l'on recueille beaucoup de blé, c'est-à-dire, de maïs. Cette ville, éloignée de Para de 55 lieues, est le lieu où l'on s'assemble, afin d'aller par caravanes à la ville de Saint-François, de peur des sauvages qu'on rencontre sur la route, & qui sont ennemis jurés des Espagnols.

Saint-François, à 75 lieues de Fresnillio, est plutôt un village qu'une ville, encore fort désert: il est cependant honoré de la résidence d'un Gouverneur, & d'une garnison d'environ 200 hommes; ce qui compose la plus grande partie des habitans. Cette soldatesque ou milice est établie dans l'endroit, avec 500 piastres de paie du Roi par an, pour chaque soldat. La ville de Saint-François, quoique peu de chose, est pourtant la capitale du nouveau Mexique. Son Gouverneur remplit les fonctions de Vice-Roi dans toute cette partie, & il en a les pouvoirs tant pour ce qui concerne la justice que le militaire. Il n'a d'ennemis à craindre que les Indos-bravos de la nation des *Méques*, qui de tems-en-tems sortent de leurs bois, & viennent par grosses troupes fondre sur les soldats Espagnols. Ils enlèvent tout ce qu'ils peuvent attrapper : on leur voit quelquefois emmener des femmes blanches. Il est assez extraordinaire qu'on ait défendu, sous de très-rigoureuses peines, aux soldats de tirer sur eux; sans doute pour tâcher de les gagner par ce traitement, ou bien pour ne les pas entièrement aigrir; mais dans l'une & l'autre de ces suppositions on a adopté une étrange politique.

De Saint-François, pour se rendre au *nouveau René de Léon*, distant de près de 74 lieues, on est contraint de traverser une montagne qui n'est que d'aimant : les voyageurs sont obligés d'ôter les fers de leurs chevaux, parce qu'on en a vu périr sur les lieux d'une espèce de rage, occasionnée apparemment par la violence de l'attraction que leurs pieds souffraient. Toute cette route est parsemée de *hattos*, lieux où l'on élève quantité de bestiaux. Il n'y faut marcher que la nuit, à cause du prodigieux nombre d'Indiens indomptés que l'on trouve de toutes parts, & qui dévalisent les passans : encore ne faut-il s'exposer qu'en caravanes, & bien armés.

Du *nouveau René*, on arrive à *Thé*, après avoir parcouru une distance d'environ 250 lieues, tout pays défert & inhabité, fi ce n'eft par les bêtes féroces, tels que lions, tigres, *ciboules* (efpèce de bœufs fauvages); ce dernier animal a le poil long au moins de cinq pouces, ce qui le diftingue des bœufs ordinaires. Les naturels du pays n'ont d'autre vêtement que les peaux de ces bœufs. La ville de The n'eft habitée que par des troupes, qui ont à leur tête le Gouverneur de toute cette contrée, où il commande en chef : 700 hommes ou environ compofent toute cette garnifon, deftinée uniquement à empêcher les courfes des fauvages. La même ville poffède un Alcade-Mayor qui eft chargé des fonctions de juge pour toute cette partie. C'eft la ville qui eft le plus nord de tout le nouveau Mexique.

De la ville de The, pour venir à la *Sonore*, il faut faire 400 lieues en tirant au fud. Sonore eft une ville nouvellement conquife fur les fauvages qui en font demeurés en poffeffion fous la domination du Roi Catholique : on leur a donné un Gouverneur avec une garnifon de 300 hommes pour les contenir. La ville eft confidérable, bâtie dans une plaine, & décorée d'une églife dédiée à S.-Antoine, deffervie par les Pères de Saint-François. Cette églife eft un des beaux édifices du nouveau Mexique.

De Sonore à *Saint-Antoine*, allant toujours

au sud, il y a une distance de 150 lieues. Saint-Antoine est une fort belle ville, où l'abondance règne : on y a de toutes sortes de fruits, tant d'Europe que de l'Amérique, & quantité de gibier. La ville est très-grande : l'on y voit trois églises riches en vases d'or & d'argent ; la première est celle des Prêtres séculiers ; les autres appartiennent aux Pères de la Merci, & à ceux de Saint-François.

De Saint-Antoine on va à *Saint-Philippe de Chiguane*, aussi distante de 150 lieues ; c'est la ville la plus florissante, par rapport au commerce, qui soit dans cette partie de l'Amérique : les mines d'or & d'argent, dont son terroir abonde en sont la source. Il s'en est trouvé une, appelée la mine de *Goutapisie*, où l'on coupe l'argent avec un ciseau ; & c'est avec cela le plus pur qu'on ait encore découvert dans le nouveau Monde. Le commerce de cette ville est si opulent, que la plus petite monnaie est un escalin : on n'y reçoit point les demi-escalins. On doit juger de-là que Saint-Philippe est extrêmement peuplé ; il y a plus de 2500 maisons, & une superbe place où il coule une fontaine magnifique ; elle fournit de l'eau à toute la ville, qui est si considérable, que l'on y voit douze églises, parmi

dans différentes Colonies.

lesquelles on en remarque une qui sert de paroisse, admirable par la beauté des sculptures dont la façade est ornée. Le palais du Gouverneur est au milieu de la place : c'est un bel édifice, entouré d'une galerie qui en rend l'abord très-agréable.

El Pararl, à 100 lieues de Saint-Philippe de Chigoane, ville assez jolie, mais déserte : elle est partagée par une rivière qui la divise en deux. La rapidité de l'eau fait que l'on n'a pu y construire de pont (1) ; on ne la sauraît donc passer qu'en bateau. Cette ville renferme environ 200 familles.

Rio-grande est éloignée de 50 lieues d'El Pararl, ville commerçante par l'abondance de blé ou de maïs que ses environs produisent.

Dourangue, ville remarquable par l'essai que l'on y fait de l'or & de l'argent des mines de Chigoane : cette ville est outre cela importante, comme étant le siège d'un Evêque, qui a un Clergé fort nombreux.

Guadalaxara, à 150 lieues de Dourangue : c'est où se tient le Conseil de tout le nouveau Mexique (ce qui fait qu'on dit l'Audience de Guadalaxara). La ville est considérable ; elle a

─────────────────────────

(1) Sans doute par la mal-adresse des Architectes du pays.

un Evêque, un grand nombre de Chanoines; une très-belle cathédrale, & plusieurs maisons religieuses de l'un & de l'autre sexe. Une des singularités de cette ville consiste en ce que sa place est environnée de piliers, & entièrement couverte; aussi est-elle habitée par tous les marchands qui y tiennent leurs boutiques; ce qui lui donne un coup d'œil charmant, augmenté par la beauté d'une fontaine élevée au milieu. Ce que cette ville a de désagréable, c'est qu'elle a été construite sur un terrain continuellement miné par les feux souterrains: le tuf sur lequel elle est assise n'est qu'une espèce de pierre ponce: les tremblemens de terre y sont fort fréquens. Un autre désagrément de ce séjour, c'est qu'il est infesté d'une multitude prodigieuse de scorpions rouges, dont la morsure est mortelle; ils feraient périr une infinité d'habitans, si l'on n'avait heureusement découvert depuis peu un remède infaillible contre ces dangereux insectes.

Le *Mesquital de mine d'or*: c'est l'endroit où les mines d'or sont le plus abondantes, & où ce métal est le plus fin. Sur la route on trouve un pont de 38 arcades, avec quatre colonnes aux quatre coins; le tout en pierres. La construction de ce pont a coûté 77,000 piastres, sans compter les charois des matériaux:

on obligeait chaque voyageur à porter une pierre.

La *Vierge de San-Juan de los Lago*. Ce lieu est célèbre à cause d'une foire qui s'y tient toutes les années, le 8 décembre; ce qui attire une grande quantité de monde L'église est sans contredit la plus riche de tout le nouveau Mexique.

Saint-Louis de Pot ou *Potosi*, aussi dans le sud de la nouvelle Galice, éloignée de 75 lieues de Mesquital, est un lieu considérable par rapport à la quantité de ses mines d'or & d'argent. Une rivière traverse la ville, & c'est elle qui fait tourner un grand nombre de moulins destinés à broyer les métaux. L'invention en est due à un Français. On y voit une place qui est l'une des plus belles du Monde; elle est de tous côtés environnée d'arbres fruitiers d'une hauteur prodigieuse.

Peut-être a-t-on donné à cette ville le nom de Potosi, parce qu'elle renferme des mines d'or & d'argent très-considérables, comme la province du même nom dans le Pérou. Quoi qu'il en soit, la ville de Saint-Louis du Potosi est une des plus jolies villes du nouveau Monde, grande à-peu-près comme la ville de Nantes, bien bâtie, & dont les maisons spacieuses ont chacune un jet d'eau, quand le propriétaire veut payer un certain droit au Gouverneur ou à ceux qui ont la direction de la ville (1). Elle eſt ſituée à environ 170 lieues au nord de Mexico ; & pour y arriver, on traverſe un bois de pluſieurs lieues, fort touffu, compoſé uniquement de cardaſſes ou raquettes, qui ſont là en ſi grande abondance, & ſi hautes, qu'elles ont dix à douze pieds d'élévation ; ce qui eſt extraordinaire pour cette ſorte de plante d'un très-mauvais augure, laquelle indique toujours un terrain ingrat & ſtérile. Auſſi celui des environs n'eſt-il rien moins que bon. Mais on y recueille cet inſecte ſi précieux nommé *Cochenille*, & qui ne fait pas moins la richeſſe du pays que l'or & l'argent de ſes mines. Ce bois n'eſt pas trop ſûr, étant rempli de voleurs ; ainſi il faut s'y tenir ſur ſes gardes, ſi l'on eſt obligé d'y paſſer la nuit ; ce qui arrive toutes les fois qu'on s'égare de la route, choſe aſſez aiſée, les chemins n'y étant point frayés comme dans l'Europe.

Cette ville a ſa poſition dans une aſſez belle plaine, quoique entourée de montagnes, mais qui ne ſe voient que dans l'horizon. Elle dépend de la ville de Mexique, où ſe portent toutes ſes richeſſes.

___

(1) C'eſt-à-dire que les Officiers municipaux ont établi à leurs frais des conduits ſouterrains, pour fournir de l'eau dans toutes les maiſons.

DE LA VILLE D'ARICA,

DANS LE PÉROU,

ET SINGULARITÉS NATURELLES.

Nous allons maintenant suivre un autre Voyageur dans le Pérou, & nous commencerons par nous arrêter avec lui dans la ville d'Arica. Cette ville, autrefois considérable, n'est plus actuellement qu'un village composé de 150 familles, des tremblemens de terre consécutifs l'ayant renversée de fond en comble. Les Indiens forment le plus grand nombre de ses habitans : on n'a pas même rebâti sur le terrain de l'ancienne ville, mais à quelque distance ; & ce terrain vague est devenu une prairie. Les maisons d'Arica ne sont construites présentement que de roseaux, dont les intervalles sont remplis de terre. Il y en a pourtant quelques-unes faites de brique, ainsi que les églises ; & comme il ne pleut jamais sous ce climat, les unes & les autres ne sont couvertes que d'une simple natte ; ce qui les fait paraître de loin comme si elles étaient ruinées. La paroisse est dédiée à l'Apôtre Saint-Marc ; elle est d'une magnificence qu'on ne s'attendait point à trouver en cet endroit. On y voit de plus un couvent des Pères de la Merci, dans lequel il n'y a que cinq Religieux; un hôpital deffervi par les Frères de Saint-Jean-de-Dieu, & un couvent de Cordeliers.

Ce n'eft guère qu'à une lieue d'Arica que le terrain commence à devenir fertile, & propre à la culture du laxi ou piment. Il eft furprenant que dans un efpace de fix lieues de long on en recueille chaque année pour plus de 80,000 piaftres; ajoûtez encore que cette denrée fe vend très-bon marché. Les Efpagnols du Pérou en font extrêmement friands, & le font entrer dans tous leurs ragoûts ; auffi dans trois vallées qui le produifent (1) en débite-t-on tous les ans pour 600,000 piaftres.

Le terroir d'Arica & des environs ferait ftérile, fi on n'avait foin de le fumer avec *la Gouana*, terre prife d'une petite ifle voifine nommée *Iquigue*. Cet engrais eft jaunâtre & d'une fort mauvaife odeur ; ce qui fait croire qu'il n'eft autre chofe que de la fiente d'oifeaux. Mais comment une ifle de trois-quarts de lieues de tour en aurait-elle été formée ? Il faut au moins que la bafe foit un rocher, qui ait été

---

(1) Les vallées d'Arica, Sama, Tacna-Louemba.

couvert à la longue par les excrémens des oiseaux qui abondent dans ces parages.

Pour transporter cet excellent engrais, on se sert des moutons du Pérou, animal d'environ quatre pieds & demi de hauteur (1). Ils ont la tête très-petite à proportion du reste de leur corps, & la tiennent fort élevée ; leur laine exhale une odeur désagréable ; elle est longue, marquée de taches rouges & blanches, & assez belle, mais beaucoup inférieure à celle de Vicognes en Espagne. Le mouton du Pérou porte jusqu'à cent livres pesant ; il marche gravement & d'un pas très-réglé ; les coups mêmes ne peuvent lui faire changer son allure ordinaire. Cet animal a beaucoup d'instinct ; dès qu'il est chargé, il se rend sans guide à l'endroit où il a coutume d'aller.

Le vin des environs d'Arica est fort violent ; mais il s'en trouve qui a beaucoup de délicatesse : l'un & l'autre coûte huit piastres la potiche, qui contient douze pots de France.

Le débarquement pour les chaloupes sur la côte d'Arica, est très-dangereux, & l'eau dont elles font provision est assez bonne. Pour avoir

---

(1) Les Indiens du Pérou les appellent *Camas* ; ceux du Chili les nomment *Chillchueque*, & les Espagnols *Carneros* (moutons du pays).

cette eau, on attend que la mer soit basse, & l'on creuse sur le rivage seulement un demi-pied dans le sable.

LA VILLE DE CALLAO.

NOTRE voyageur continuera à pénétrer dans le Pérou, c'est-à-dire, dans la région la plus riche dont les Espagnols se soient emparés, sans en devenir plus riches, & même en dépeuplant la mère-patrie. Une des villes, après la capitale, la plus digne d'attention, c'est Callao, dont la rade est la plus grande & la meilleure de toute la mer du sud. D'ailleurs les vaisseaux trouvent facilement à Callao tout ce dont ils ont besoin. Cette ville est bâtie sur une langue de terre peu élevée de la mer; elle est entourée de murailles flanquées de bastions, sur lesquels on compte soixante-dix pièces de canon, depuis douze jusqu'à vingt-quatre livres de balle; chaque bastion est voûté & pourvu d'un magasin à poudre. Parmi l'artillerie destinée à la défense de la place, il y a dix coulevrines de dix-huit pieds de long, qui portent à deux lieues en rade. Il est inutile d'observer que les rues de Callao sont larges & bien alignées : elles sont ordinairement telles dans toutes les villes fondées par les Espagnols en Amérique. La place d'armes est ornée du palais du Vice-Roi d'un côté, de l'autre celui du Gouverneur ; l'église cathédrale & une batterie de huit pièces de canon terminent les deux extrémités opposées. On y voit aussi beaucoup de couvents, & les églises en général y sont assez magnifiques. La population n'y monte qu'à 500 familles Européennes ou Créoles.

La garnison devrait être nombreuse à Callao, puisque les frais de son entretien coûtent chaque année au Roi d'Espagne environ 292,171 piastres. Ce Prince entretient encore des troupes & Officiers de marine, ainsi que des matelots, pour monter des vaisseaux d'une grosseur considérable, appelés *l'Amirante*, *la Capitane*, destinés à escorter, dans certaines occasions, les galions qui seraient exposés à tomber entre les mains de l'ennemi ; mais ces vaisseaux ne sortant que bien rarement en mer, ils dépérissent, & sont presque hors d'état de servir. Il y a un fonds de 30,000 piastres par an pour réparer les fortifications ; & la Cour d'Espagne donne de gros appointemens à un Ingénieur en chef, chargé aussi de l'inspection des autres places fortes de ce continent, qui sont Baldivia, Valparaisso, Lima, Truxillo. Indépendamment des troupes entretenues par S. M. C., la place peut encore être défendue par trois compagnies qui n'ont point de paie, composées de bourgeois, d'artisans & d'ouvriers, & par quatre compagnies d'Indiens, ayant à leur tête des Officiers de leur nation, & qui sont obligés de se rendre à la ville au signal d'un coup de canon.

Le Gouverneur de Callao est toujours un Seigneur Espagnol distingué, dont la Cour d'Espagne veut faire la fortune, & qui est changé tous les cinq ans.

LA VILLE DE LIMA.

En sortant de Callao, on n'a que deux lieues de chemin pour se rendre à Lima capitale du Pérou; & ces deux lieues se font dans une plaine, par une route aussi belle, aussi bien entretenue que le sont celles qu'on admire le plus en Europe.

Le nom de cette riche capitale lui vient d'une vallée auprès de laquelle elle est bâtie, & que les Indiens appelaient en leur langue *Rimac*; de ce mot on a fait par la suite Lima. François Pizare, son fondateur en 1535, lui donna le nom de *la ville des Rois*, parce qu'il fit la conquête

conquête du pays le 6 janvier; mais ne semblait-il pas aussi, par cette pompeuse dénomination, annoncer la splendeur & la puissance où elle parviendrait un jour ? Comme elle est située dans une plaine, les rues en sont parfaitement unies, larges & bien alignées: mais les tremblemens de terre qu'elle éprouve très-souvent, sont cause que la plupart des maisons n'ont qu'un étage, les magnifiques bâtimens élevés dans le XVIe & XVIIe siecles ayant été renversés. La place royale est pourtant encore entourée de beaux édifices, tels que la cathédrale, l'archevêché, le palais du Vice-Roi, celui de la Justice, &c. Au milieu de cette place spacieuse on voit une fontaine de bronze, ornée d'une statue de la renommée, & de huit lions qui jettent de l'eau dans des bassins très-bien travaillés & richement dorés. Une partie de la ville est traversée par la petite rivière de Lima, qu'on passe sur un pont de pierre, solidement construit, & qui a cinq arches.

Les murs de la ville, si l'on peut appeler muraille, de la boue pétrie avec de l'herbe & séchée au soleil, ne sont faits que pour en imposer aux Indiens; ils ont vingt pieds de haut tout au plus, & neuf d'épaisseur; en sorte qu'il serait difficile d'y mettre une seule pièce de canon. Ajoûtez encore qu'ils n'ont point de foffés ni de fortifications extérieures.

A l'une des extrémités de la ville eft une promenade auffi vafte qu'agréable, plantée de cinq allées d'orangers, longue chacune de 200 toifes, & la plus large eft ornée de trois baffins de pierre remplis d'eau. Les orangers toujours verts, l'odeur fuave qu'ils répandent au loin, le nombre des calèches qui vont & viennent à l'heure de la promenade, font de ce cours un féjour enchanté, dont rien n'approche en Europe.

La crainte des tremblemens de terre fi fréquens à Lima, n'a pas empêché d'y conftruire des églifes magnifiques & des clochers très-élevés : il eft vrai que les voûtes ne font que de bois blanchis ; mais elles font faites avec tant d'art, qu'il eft difficile de ne les pas croire de pierres de taille. Les murs des édifices confidérables font de briques cuites, & ceux des maifons particulières ne font faits que de briques crues. Nous avons dit plus haut qu'elles n'avaient prefque toutes qu'un rez-de-chauffée : quelques-unes ont un premier étage, mais fimplement bâti de cannes ou de rofeaux, afin qu'il foit plus léger. Elles font toutes fans toît, & ne font couvertes que d'une feule natte fur laquelle on a battu fortement l'épaiffeur d'un doigt de cendre, pour abforber l'humidité du brouillard qui s'élève au point du jour, & dure jufqu'à dix heures du matin. Ce brouillard n'eft point mal-fefant ; il diffipe même les maux de tête.

La ville de Lima contient huit paroiffes, dont la première eft la cathédrale, qui eft defservie par quatre Curés ; fingularité défendue par les lois canoniques : la feconde & la troifième paroiffe ont auffi chacune deux Curés. Le bâtiment de la métropolitaine eft affez beau ; il a trois nefs régulières : on y conferve un morceau de la vraie croix. Elle fut érigée en cathédrale, en 1546, par Paul III. Elle était alors fuffragante de Séville : préfentement l'Archevêque de Lima a pour fuffragans huit Evêques, tant du Chili que du Pérou. Le chapitre eft compofé de dix Chanoines, qui ont chacun 5000 piaftres de revenu ; trois Dignitaires, fix Prébendiers, à 3000 piaftres par an, & trente Chapelains, qui en ont chacun 600 : nous ne ferons point mention du nombre de fes muficiens & enfans-de-chœur.

Les couvens & maifons religieufes occupent un tiers de la ville. Il n'y a pas moins de 26 monaftères d'hommes ; les ordres des Dominicains, des Auguftins, des Cordeliers, en ont chacun quatre ; & les Jéfuites y avaient cinq maifons. On remarque parmi ce grand nombre de moines un ordre nouveau appelé *Bethléemite*. Ces Religieux ont été institués au Mexique dans la ville de Gouatemala, par le Frère Pierre-Joseph de Bétancur, qui les destina à servir les pauvres; aussi leur a-t-on confié le soin de différens hôpitaux. Le Pape Innocent XI en approuva la règle en 1697. Quoique leur extérieur soit fort simple, ils passent, dans le Pérou, pour de fins politiques. Ils sont habillés comme les Capucins, & sont tous Frères, parce qu'ils attendent la canonisation de leur instituteur pour dire la messe. Leur Aumônier est un prêtre séculier, auquel ils donnent des appointemens, & qui demeure dans leur monastère, mais qui n'a aucune voix au chapitre. Ils disent que leur bienheureux fondateur fut accompagné pendant onze ans de Jésus-Christ portant sa croix.

Les couvens de Religieuses ne sont pas en aussi grand nombre à Lima que ceux des moines; on n'en compte que douze: cependant on prétend qu'il y a dans cette ville plus de 4000 Nones.

Les femmes séparées d'avec leurs maris ont la liberté de se retirer dans un monastère, fondé exprès pour elles. Observons en passant que le divorce est comme permis à Lima; on s'y démarie avec autant de facilité que si l'on n'avait passé qu'un contrat civil ; il suffit d'alléguer peu de conformité dans le caractère, une mauvaise santé, un mécontentement continuel des deux parts. Sur de telles représentations, les époux ont le droit de se séparer, & il leur est même permis de se remarier à d'autres. Il est à desirer que cette jurisprudence soit adoptée en Europe, où le divorce ramènerait les bonnes mœurs, & ferait fleurir la population.

Enfin, une communauté religieuse est destinée aux filles repenties ; mais on remarque que c'est le couvent de la ville qui soit le moins habité.

Il y a dans la ville de Lima plusieurs hôpitaux, les uns pour les blancs, les autres réservés aux Indiens ; les femmes Espagnoles & les femmes incurables en ont un pour elles seules : on n'y a pas manqué d'en destiner un pour les enfans trouvés.

Dans le collège de Santa-Crux de las Ninas, on élève un certain nombre de filles trouvées, que les Inquisiteurs dotent quand elles se marient.

Une fondation célèbre, sous le tire de Notre-Dame de Cochaxcas, pourvoit à l'entretien des filles sans fortune qui descendent des Caciques ; & on élève dans un collège les jeunes gens sortis de cette noblesse illustre & malheureuse :

on ne néglige rien pour donner aux uns & aux autres une éducation diftinguée.

Un Prêtre refpectable a laiffé une fondation de plus de 600,000 piaftres, pour marier tous les ans vingt filles, & leur compter à chacune 500 piaftres.

Au récit de tant d'établiffemens utiles & floriffans, ne femble-t-il pas, qu'au-lieu d'entretenir nos Lecteurs d'une ville nouvellement fondée dans un autre hémifphère, dans un pays barbare & dépeuplé, nous ne parlions que d'une des plus riches capitales de l'Europe? On peut dire qu'une partie des fucceffeurs des conquérans Efpagnols fe propofe de faire oublier les cruautés inouies de leurs prédéceffeurs. Mais continuons de rapporter tout ce que la Cour de Madrid a cru devoir faire pour rendre Lima l'égale des premières villes de notre continent.

Le Vice-Roi du Pérou y fait fa réfidence; fon pouvoir eft abfolu: il nomme à plus de cent gouvernemens, & il eft le maître de tous les emplois tant civils que militaires (1). Il a 40,000 piaftres d'appointemens par an, & lorfqu'il va vifiter quelque province, il lui eft affigné

---

(1) La plupart des charges ne fe donnent ou ne fe vendent que pour un tems limité.

10,000 piastres ; il en reçoit même 3000 pour aller seulement à Callao, que nous avons dit n'être qu'à deux lieues de Lima. Comme il n'occupe que sept ans une place aussi honorable & aussi lucrative, il tâche d'avoir fait une immense fortune en la quittant. On croit que la Cour d'Espagne ne rend toutes les charges amovibles dans le nouveau Monde, qu'afin d'empêcher ceux qui en sont pourvus de se rendre trop puissans. Mais peut-être résulte-t-il de cette politique, que plusieurs Officiers & quelques Gouverneurs songent plus à leur intérêt particulier, qu'à celui du Public & de l'Etat. En effet, ils se voient en place pour un tems limité ; ne peuvent-ils pas se hâter de s'enrichir, & négliger leurs devoirs, dans la crainte qu'une administration trop bornée ne leur permette de les remplir qu'imparfaitement ? Il est vrai qu'en pensant avec noblesse, ils doivent s'empresser de faire le bien, dans la crainte qu'un successeur ne leur en ôte la gloire ; mais tous les hommes sont faibles, & l'égoïsme n'est que trop commun dans tous les états. Combien de lingots d'or & d'argent n'ont point payé le quint au Roi, parce que les propriétaires gratifiaient en secret le Juge des confiscations, & que celui-ci partageait avec certains Corrégidors ou Gouverneurs ?

Le Vice-Roi du Pérou a pour sa garde ordinaire 40 hallebardiers, cent cavaliers & cent hommes d'infanterie : ils sont habillés très-richement.

La garnison de Lima n'est composée que de milices bourgeoises, mais qui ont des Officiers généraux à leur tête, payés par le Roi. Cette milice disciplinée consiste en 35 compagnies d'infanterie, chacune de 100 hommes, tant Espagnols qu'Indiens, Mulâtres ; & en dix compagnies de cavalerie Espagnole, de 50 hommes chacune.

On assure que, dans toute l'étendue du Pérou & du Chili, le Vice-Roi, en cas de besoin, pourrait mettre sur pied 100,000 soldats & 20,000 chevaux : mais ces forces militaires paraissent furieusement exagérées.

L'Audience Royale a toute la puissance suprême, après le Vice-Roi, qui la préside quand bon lui semble. Ce tribunal peut être comparé à nos Parlemens. Dans le nombre des Magistrats qui le composent, on remarque un Protecteur-Général des Indiens.

La seconde Juridiction souveraine est appelée la Police (le *Cabildo*) : son pouvoir s'étend sur les affaires de la guerre, & le grand Prévôt, chef de *la Hermandad*, est un de ses membres : cet Officier peut condamner à mort p leine campagne.

Les autres tribunaux de juſtice ſont, 1°. la Chambre du tréſor royal, qui prononce ſur les diſcuſſions de finance, & qui tient la caiſſe des quints royaux, & celle pour le droit de *alcavala*, qui eſt de quatre pour cent ſur toutes ſortes de marchandiſes. 2°. Une Cour des Monnaies. 3°. Un Conſulat.

La Juridiction eccléſiaſtique eſt diviſée en pluſieurs tribunaux. Le premier eſt celui de l'Officialité; le ſecond, & le plus redoutable de tous, eſt celui de l'Inquiſition, qui compte le délateur pour un témoin, ne confronte jamais ceux dont elle reçoit le témoignage, & ne donne aucune connaiſſance aux accuſés de ceux qui les préſentent comme coupables. L'Archevêque & le Vice-Roi ſont à la tête de ce corps terrible.

Le troiſième tribunal eccléſiaſtique s'occupe de la diſtribution des Bulles & des Indulgences: ce dernier article rapporte des ſommes conſidérables. Enfin, la quatrième Juridiction eccléſiaſtique prononce principalement ſur les conteſtations au ſujet des teſtamens des défunts.

Charles V, en 1545, fonda une Univerſité à Lima, qui jouit des mêmes privilèges que celle de Salamanque en Eſpagne. Elle eſt gouvernée par un Recteur, & compoſée d'environ 180 Docteurs, tant en Théologie, qu'en Droit civil & canonique, en Faculté de Médecine & des Arts. Il en sort d'assez bons sujets pour la scolastique & la jurisprudence. Dans cette Université on compte trois collèges royaux & vingt chaires bien rentées.

Par tout ce que nous venons de dire, on voit que les Rois d'Espagne n'ont rien négligé pour rendre Lima une ville très-florissante, & pour étendre leurs bienfaits sur les vastes provinces dont elle est la capitale.

Considérons maintenant quelles sont les mœurs & quelle est la manière de vivre des individus qui l'habitent, qu'on ne fait guère monter qu'à 30,000 personnes, dont 10,000 Espagnols, le reste métis, mulâtres, noirs, Moines & Religieuses.

Le grand nombre de couvens, d'églises & de pieux établissemens rassemblés à Lima pourrait faire croire à nos Lecteurs que les habitans sont très-dévots, & ils seraient dans l'erreur; car la plupart d'entr'eux ne songent qu'à se livrer au plaisir. Beaucoup de Moines se livrent même aux dissipations mondaines, entretiennent des maîtresses, & sortent la nuit armés de poignards & de pistolets cachés sous leur robe. L'occupation d'un grand nombre de Religieux est de gouverner les femmes; & l'on peut dire qu'ils n'ont point à se plaindre de ces aimables pénitentes.

Tandis que ceux qui dédaignent des soins aussi agréables, sont réduits à se contenter de la portion modique du couvent, leurs heureux confrères sont sans cesse fêtés, choyés. A l'heure de midi on voit quelquefois plus de 200 esclaves qui portent des paniers remplis de viande & de confitures au couvent de Saint-Dominique ou de Saint-François.

Plusieurs Religieuses ne sont pas plus fidelles aux vœux qu'elles ont prononcés ; elles sont sans cesse dans les parloirs avec des jeunes-gens, occupées d'une conversation mondaine & frivole; & loin de vivre en communauté, elles se font, à leurs frais, servir avec faste en particulier, & elles ont des domestiques & des esclaves noirs, dont elles font les émissaires de différentes commissions.

La douceur & l'heureuse température du climat contribuent sans doute à amolir l'âme & à disposer les sens aux séductions de l'amour. La terre y produit pendant toute l'année diverses espèces de fruits; quand ils commencent à manquer dans la plaine, ils sont en maturité dans les montagnes circonvoisines, d'où on les apporte en hiver à Lima. Quel dommage que les tremblemens de terre soient le fléau de ce beau pays !

En mémoire de celui de 1682, qui renversa presque entièrement toute la ville, on fait chaque année des prières publiques, le 19 octobre. Quand la terre commence à s'agiter, les Espagnols abandonnent leurs maisons & s'enfuient dans les places, en jetant des cris pitoyables; & ils sont alors des catholiques très-fervens. On raconte que des voleurs, s'étant un jour mis à crier que la terre tremblait, les habitans sortirent de leurs maisons, & se sauvèrent tout épouvantés: les auteurs de cette terreur panique en profitèrent pour pénétrer par-tout, & emportèrent un butin immense.

On observe que les animaux ont un pressentiment des tremblemens de terre, & qu'avant qu'ils arrivent, ils se mettent à pousser des hurlemens affreux, & à courir par la campagne.

Dès que le danger est passé, on oublie à Lima, comme ailleurs, les promesses qu'on avait faites au Ciel de mieux se conduire à l'avenir. Le luxe qui y règne est prodigieux. On a vu des femmes porter sur elles, en dentelles & en bijoux, la valeur de 60,000 piastres. Aussi les maris & les amans ont-ils bien de la peine à suffire à une telle dépense; & ce qui occasionne plus vite leur ruine, c'est que les femmes de Lima sont aussi belles que séduisantes.

Elles jouissent de plus de liberté qu'en Espagne, & leurs maris sont ordinairement fort traitables. Pour peu qu'un étranger soit connu, il est bien reçu dans toutes les maisons, & admis sans difficulté dans la société des dames; mais elles sont tout à-la-fois intéressées & aimables: elles posèdent l'art de ruiner leurs amans tout aussi-bien que nos Actrices. Il n'est point d'usage qu'elles sortent pendant le jour; mais dès que la nuit a répandu son obscurité, les unes s'éloignent jusqu'à dix heures de l'œil vigilant d'une mère, & les autres d'auprès d'un mari de bonne foi. La promenade est le prétexte qu'elles allèguent alors, tandis que le plus grand nombre fait différentes visites, ou ne manque pas de se trouver aux rendez-vous qui ont été donnés.

Au-lieu de carrosses, on se sert de calèches dans cette ville; ce sont de petites voitures très-légères, tirées par des mulles; & l'on en fait monter le nombre à 4000.

Lima n'est plus si riche qu'elle était autrefois. Pour donner une idée de son extrême opulence, il suffira de rapporter ce qui se passa à l'entrée du Duc de la Plata, Vice-Roi en 1668: les négocians firent paver en entier deux des principales rues de lingots d'argent, longs chacun de 12 à 15 pouces, larges de 5, épais de 3, & pesant à-peu-près 200 marcs; ce qui pouvait faire en tout la somme de 80,000,000 de piastres, ou environ 320,000,000 de notre monnaie.

Sans doute que les marchands qui possédaient un tel trésor étaient presque tous Espagnols, car il est rare de voir les Créoles ou mulâtres amasser de grandes richesses ; ils sont, pour la plupart, on ne peut plus paresseux ; & comme leur nonchalance les empêche de faire fortune, & qu'ils voient ordinairement les principaux emplois passer aux Européens, ils les considèrent souvent d'un œil de jalousie.

LA VILLE DU POTOSI.

La ville du Potosi a pris son nom de la fameuse montagne qui est auprès, & d'où l'on a tiré tant d'argent. Malheureusement cette mine si féconde dans les siècles derniers, s'épuise de jour en jour ; en sorte qu'un tems viendra, (& ce tems n'est peut-être pas bien éloigné) qu'il faudra n'y plus fouiller, & l'abandonner tout-à-fait. Elle aura le sort des mines d'or & d'argent qu'il y avait autrefois en Espagne & en d'autres endroits de l'Europe, dont on ignore même présentement la position. Elle fut découverte aux Espagnols par deux naturels du pays ; & voici l'origine de son nom, composé de deux mots. Les Indiens dont il s'agit, qui voulaient enrichir leurs vainqueurs, on ne sait pourquoi, leur montraient souvent de loin cette montagne, en disant *Poto*, *Poto*, mot qui signifie en leur langue *argent*. A force d'entendre répéter ce mot, dont ils ignoraient la signification, quelques-uns des conquérans eurent la curiosité d'aller visiter la montagne, & s'étant apperçu que la terre y était couverte de vaines d'argent, ils affirmèrent aux deux Indiens que c'était-là en effet le précieux métal qu'ils cherchaient, en leur disant *si*, *si* (oui, c'est de l'argent) : & de *Poto* & *si* on a fait *Potosi*.

La ville du Potosi est bien bâtie, & l'une des plus grandes qu'ait la domination Espagnole dans le nouveau Monde. On y compte 10,000 Espagnols ou Métis (1), & jusqu'à 60,000 Indiens. Il est vrai que S. M. C. oblige les paroisses circonvoisines d'y envoyer tous les ans un certain nombre de naturels du pays, pour travailler aux mines. On y éprouve souvent un froid excessif ; aussi y fait-on, comme dans le nord, un grand usage d'eau-de-vie.

---

(1) *Métis* signifie fils d'Espagnol & d'Indienne.

DE LA VILLE DE PISCO,

Et de quelques autres, dans le Pérou.

CETTE ville était autrefois au bord de la mer ; elle en est aujourd'hui éloignée d'un quart de lieue, à cause d'un violent tremblement de terre qui la détruisit entièrement, & obligea de lui donner une autre position. Elle est divisée en plusieurs quartiers ; les rues sont bien alignées, & les maisons assez jolies. Elle a quelques couvents, un hôpital & une église paroissiale, bâtie au milieu de la ville sur une place d'une grande étendue. Mais cette ville n'est guère peuplée ; on n'y compte qu'environ 400 familles, encore la plupart ne sont-elles composées que de mulâtres & de noirs. Sa rade est immense, capable de contenir une armée navale, & les vaisseaux y sont parfaitement à l'abri : ils n'y éprouvent qu'un seul inconvénient, c'est que lorsqu'il règne un vent de sud violent, il enlève du rivage des tourbillons de sable, & les porte jusques sur les navires.

Les vignes des environs de Pisco sont plantées sur un terroir dont le fond est presque de sel tout pur ; c'est ce qui donne à la plupart des
vins

vins de cette contrée un goût salé : on en fait néanmoins un grand commerce dans le pays. Mais observons, en passant, que c'est dans la petite ville de Monquequa où il se débite le plus de vin & d'eau-de-vie, puisqu'on en évalue la vente à 300,000 piastres par année. Une nation d'Indiens libres, appelés *Chunchos*, qui habite à l'est dans les Cordilières, vient tous les ans en faire une ample provision, &, en passant au Potosi, elle vend de très-jolis ouvrages de plumes d'autruches.

Mais rapprochons-nous un peu de Pisco. Guancavelica en est éloigné de 60 lieues ; c'est une ville petite, mais riche par la grande quantité de vif-argent qu'elle tire d'une mine voisine, dont le Roi paye 60 piastres par quintal, qu'il revend ensuite 80. Il est ordonné aux habitans de remettre à sa Majesté tout celui qu'ils ont, sous peine de confiscation de leurs biens & d'être envoyés aux galères à Baldivia (1).

Auprès de la bourgade d'Anduguelais est un fameux pont de cordes faites d'écorces d'arbres. Ce pont a six pieds de large ; les côtés sont de gros cables attachés fortement d'un & d'autre côté d'une rivière extrêmement rapide, & traversés par des pièces de bois. Non-seulement

---

(1) La ville la plus considérable du Chili.

les gens à pied passent sur ce pont que le vent agite d'une manière effrayante; il sert même au passage des mules toutes chargées. La rivière n'est guéable qu'à 30 lieues de là; ainsi toutes les marchandises qui vont de Lima à Cusco & dans le haut Pérou, passent sur ce pont extraordinaire, pour l'entretien duquel on paie quatre réaux par chaque charge de mules; ce qui produit au Roi un revenu considérable.

On trouve dans le Pérou une terre de couleur brune, qui se nomme, en langage Indien, *Maqui-maqui*, laquelle est souveraine pour les maladies de la peau. La manière de s'en servir est de l'imbiber simplement avec de la salive, ou du vinaigre. Son effet est surprenant, puisqu'elle guérit en s'en frottant seulement trois ou quatre fois; & il n'est point de dartre qui résiste à ce remède, pourvu qu'elle ne soit pas invétérée de plusieurs années. Cette terre est assez rare, les Espagnols ne la vendent guère, la gardant pour eux & pour en faire des présens à leurs amis.

DE LA VILLE DE LA CONCEPTION,
ET DU CHILI.

CETTE ville fut ainsi nommée, parce que les Espagnols la prirent sur les Indiens le jour même où l'église célèbre la conception de la Vierge ; ces conquérans du nouveau Monde avaient à leur tête Dom Pédro Baldivia ou Valdivia, qui fit la conquête du Chili. Elle a un évêché suffragant de l'Archevêque de Lima. Les naturels du pays la nommaient *Penco*, mot qui signifie en leur langue cette phrase entière : *Je trouve du pain & de l'eau.* Les Indiens, enfin aguerris par l'espoir de secouer un joug insupportable, & sur-tout par le désir de la vengeance, l'ont prise & saccagée plusieurs fois ; mais ils sont de nos jours entièrement domptés. La preuve qu'on ne craint plus aucune tentative de leur part, c'est que la ville est ouverte de tous côtés. Outre qu'elle n'a qu'une faible garnison, elle n'est défendue que par un petit fort au bord de la mer, garni de quelques canons de fonte à peine montés sur leurs affûts, & qui ne porteraient encore que sur le mouillage vis-à-vis la ville ; d'ailleurs elle est commandée par cinq hauteurs, dont l'une, appelée l'Hermitage, s'avance au-dessus d'elle, & la découvre entièrement : comme il faut peu de force pour en imposer aux Indiens, on a placé deux petits canons de quatre livres de balle à l'entrée du palais du Gouverneur. La baie de la Conception a plusieurs lieues de large ; les vaisseaux y sont parfaitement à l'abri ; & c'est une des meilleures relâches de toute la côte du Chili & du Pérou (1). Les vivres y sont en abondance, l'eau excellente ; & c'est à deux lieues de la Conception, à Talcaguana, que les navires trouvent facilement toutes les provisions dont ils ont besoin.

Voici quel est le gouvernement militaire de cette ville célèbre. Le *Maestro de campo* commande la cavalerie, & en cas de guerre ou d'attaque, il est chargé de la défense extérieure. Le Corrégidor commande dans la ville ; cet Officier est souvent un bourgeois sans expérience, que le Président de Santiago nomme pour trois ans. Les troupes soumises à ses ordres ne consistent guère qu'en 2000 blancs tant de la ville que des environs ; la cavalerie est beaucoup moins nombreuse, & elle est fort mal armée. Ces

---

(1) La rade de Callao passe généralement pour la plus sûre de la mer du Sud.

dans différentes Colonies.

troupes sont à la solde du Roi, & quelquefois leur paie est trop négligée ; du moins au commencement de ce siècle furent-elles quatorze ans entiers sans rien recevoir.

A quelques lieues de la ville, on a élevé plusieurs forts ou retranchemens de terre, mal pourvus de canons, & dans lesquels on tient des milices. Ces forteresses-là ne peuvent épouvanter que les Indiens.

Ils sont pourtant plus belliqueux dans cette contrée que par-tout ailleurs : leurs fréquentes incursions ont engagé de transporter à Santiago la Chancellerie royale, qui avait été établie à la Conception en 1567. Depuis Philippe V on n'y tient plus qu'un *Oidoir*, c'est-à-dire un des chefs de l'Audience, fesant les fonctions de Corrégidor ou Gouverneur, & qui préside les Magistrats chargés de rendre la justice. Ce corps est composé de six Régidors, deux Alcades ou Juges de Police, un Enseigne ou Alférès royal, un Sergent-Major & un Trésorier général. Toutes ces charges sont électives & ne durent qu'un an. Leur habit de cérémonie est noir, avec la gonille, le manteau & l'épée Espagnole.

Le siège épiscopal avait été établi dans une ville appelée *l'Impérial*; mais depuis que les Indiens se sont rendus maîtres de cette ville, on l'a transporté à la Conception, où l'Evêque fait sa résidence: lorsqu'il assemble son chapitre, il n'est composé que de deux Chanoines & quelques Prêtres.

On remarque dans la Nouvelle Espagne, & principalement dans ce diocèse, que la plupart de ceux qui obtiennent l'ordre de Prêtrise, ignorent presque le latin, & même savent à peine le lire dans le missel (1).

Les Moines sont encore moins savans; & il en est dont les mœurs sont peu sévères. Il y a jusqu'à cinq couvens à la Conception, quatre d'hommes & un de Religieuses, où l'on renferme les femmes de mauvaise vie, dont le nombre est prodigieux.

La fête de la conception de la Vierge est célébrée dans cette ville avec toute la pompe possible. On fait ce jour-là une procession générale, qui est escortée par une compagnie de fusiliers & par quatre compagnies de cavalerie. La figure de la Vierge est portée par un homme à cheval, & ce coursier de parade est couvert, de la tête aux pieds, de rubans diversifiés dans leurs couleurs. On remarque encore à cette procession solemnelle, deux timbales de bois, plusieurs trompettes; les chevaux du cortège marchent

---

(1) Nous avons vu plus haut qu'il y a pourtant à Mexico & à Lima une fameuse Université.

à petits pas, & semblent danser en cadence.

Les Indiens soumis aux Espagnols ont tous reçu le baptême ; mais ce sont de bien mauvais chrétiens ; leur plus grande ferveur consiste dans le culte qu'ils rendent aux images, pour lesquelles leur vénération est peu différente de l'idolâtrie. Comme ils croient confusément à une vie à venir, on enterre avec eux des armes, des habits, des vivres, que les Curés Espagnols trouvent, dit-on, le moyen de s'approprier ; c'est pourquoi ils laissent subsister un pareil abus.

Les Indiens du Chili ne sont point gouvernés par des Princes despotiques : leurs Caciques n'ont d'autres prérogatives que de les commander en tems de guerre & de leur rendre la justice. Ceux qui dépendent de la monarchie Espagnole paient chaque année dix piastres par tête, soit en argent, soit en denrées, & ils sont encore attachés à des familles Espagnoles, à qui le Roi en accorde un certain nombre, ou à titre de récompense, ou pour une somme fixée. Mais ces Indiens, réduits à la servitude, ne sont point sur le pied d'esclaves, ils doivent être regardés comme des domestiques ; car, outre la nourriture, on leur donne à chacun 30 piastres par an ; & ceux qui ne veulent pas servir, ne sont tenus que d'en donner dix à leurs maîtres. Ces derniers compofent ce qu'on appelle dans le pays une commanderie. C'eft depuis l'âge de 16 ans jufqu'à 50, qu'ils font foumis à l'alternative de payer une redevance, ou d'être les valets de ceux dont ils dépendent; ils deviennent enfuite libres. Les feuls Efpagnols du Chili ont quelquefois des Indiens efclaves que les pères & mères de ces malheureux leur ont vendus pour du vin & de l'eau-de-vie. Ils n'acquièrent pourtant pas fur ces fortes d'efclaves un droit abfolument defpotique, & ils font obligés de les traiter avec beaucoup plus de douceur que ne le font les nègres des colonies Françaifes, car leur achat étant défendu par les ordonnances, on ne peut les revendre que fecrettement, encore faut-il le confentement de l'efclave, qui même peut obtenir fa liberté par des lettres d'*amparo* ou de protection. Pour cet effet il y a dans chaque ville une forte de Magiftrat dont l'office eft d'être le protecteur des Indiens, & auquel ils ont recours. Ainfi (nous l'obfervons encore une fois) la fageffe actuelle du gouvernment Efpagnol remédie, autant qu'il eft poffible, aux maux affreux qu'occafionna la barbarie des premiers conquérans. Les originaires du Chili ne jouiffent pas d'un avantage accordé aux Indiens des autres contrées : fi un Efpagnol a plufieurs enfans d'une Indienne efclave, il affranchit ceux qu'il adopte, & leur donne le droit de porter du linge; privilège dont sont seuls pourvus les *Métis*, c'est-à-dire les fils d'une Indienne & d'un blanc.

Les Indiens de ces parages, lorsqu'ils ont quelque affaire importante à traiter, s'assemblent dans une plaine, où l'on a eu soin de porter une grande quantité de breuvages dont ils se régalent (1) : ils commencent par boire outre mesure; ensuite le plus ancien prend la parole & expose le fait dont il s'agit, & dit son sentiment avec toute l'éloquence que lui inspirent les fumées de la liqueur dont il s'est enivré; après quoi l'on recueille les opinions, chacun des auditeurs ayant le droit de donner son avis. L'affaire étant passée de la sorte, on publie la délibération au son du tambour. Mais ils ont la sagesse de ne la regarder comme terminée qu'au bout de trois jours : si pendant cet intervalle de tems on n'y trouve aucun inconvénient, elle est exécutée dans tout le district du Cacique, où elle a été formée.

La guerre est peu coûteuse au chef qui

---

(1) Avant qu'ils connussent le vin & l'eau-de-vie, ils fesaient leurs délices d'une boisson fort dégoûtante, nommée Chicha, qui est une infusion de maïs mâché par des vieilles femmes.

l'entreprend, ou qui veut repousser son ennemi, puisqu'il ne fournit rien à ses troupes ; chaque soldat porte un petit sac rempli de farine de maïs ; il la détrempe avec de l'eau, & se nourrit de la sorte pendant plusieurs jours. Chacun d'eux tient aussi son cheval & ses armes toujours prêts ; de manière que les Caciques n'ont qu'à dire un mot pour assembler un corps d'armée tout-à-coup & sans frais. L'argent n'est d'aucune utilité parmi les Nations que les Espagnols n'ont pu vaincre ; elles se contentent des productions de la terre, & n'ont point d'autres richesses. Comme elles font le plus grand cas de la liberté, elles observent de leurs demeures, situées ordinairement sur les hauteurs, tout ce qui se passe dans la plaine, & à la moindre alarme, un Indien sonne d'une espèce de grosse trompette qui se fait entendre de deux lieues ; & alors tous les guerriers du canton courent à la défense de leur commune patrie.

Ils ont des armes de différentes espèces ; telles que des lances, des piques qu'ils savent jeter avec une adresse surprenante ; des sabres, des haches, des hallebardes enlevées aux Espagnols, ou que ceux-ci ont eu l'imprudence de leur vendre ; ils se servent encore de massues, de frondes, de flèches que, faute de fer, ils garnissent souvent d'un bois extrêmement dur, &

qu'ils favent rendre très-aigu. Les cuiraffes qu'ils ont enlevées aux Espagnols leur ont appris l'utilité de cette arme défenfive ; ils favent en faire avec du cuir crud, qui réfifte du moins au coup d'épée. Au refte, ils ne font point armés d'une manière uniforme, chacun fe fert à fon gré de celle qu'il manie le mieux.

Ils marchent au combat avec beaucoup de fierté au fon de leurs tambours, la tête ornée de panaches de plumes. Avant de livrer bataille, le chef les harangue ; & à peine a-t-il ceffé de parler, qu'ils fe mettent à jeter des cris affreux pour témoigner leur impatience d'en venir aux mains. Etant tous à cheval, ils font dans l'ufage de combattre en forme d'efcadrons par file de 80 à 100 hommes ; quand les premiers font forcés, ils fe fuccèdent les uns les autres fi rapidement, qu'on ne s'apperçoit pas qu'ils aient été rompus. Quand ils ont le bonheur de tuer un des chefs de leurs ennemis, ils confervent fon crâne avec foin, & boivent dedans lors de leurs fêtes ; & ils font une flûte des os des jambes ce malheureux Capitaine, dont ils jouent dans les cérémonies d'éclat, afin de perpétuer leurs triomphes.

La nourriture dont ils font le plus d'ufage dans leurs demeures, eft du maïs en épi, qu'ils font bouillir ou rôtir fur les charbons; de la chair de cheval & de mulet: ils mangent rarement de celle de bœuf, pour laquelle ils ont un extrême dégoût. La farine de maïs mêlée avec de l'eau, s'appelle *Oullpo*; quand elle est en bouillie épaisse avec du piment & du sel, ils donnent à ce mets favori le nom de *Rubullo*. Les Européens ont observé que le Rubullo est très-rafraîchissant, & qu'il a la singulière propriété de rendre buvable l'eau corrompue. La principale occupation des Indiennes est d'écraser le maïs rôti entre deux pierres pour le réduire en farine, qui devient l'unique provision des naturels du pays, lorsqu'ils vont en voyage ou à la guerre, ainsi que nous l'avons déja dit. Quand l'appétit les presse au bord d'un ruisseau ou d'une rivière, ils mettent un peu de cette farine & d'eau dans une corne qu'ils ont toujours pendue à l'harçon de la selle; &, par ce moyen, ils boivent & mangent sans s'arrêter.

Ils se mettent chez eux dans une posture des plus extraordinaires pour prendre leurs repas; ils se rangent en rond, ventre à terre, & se font servir par leurs femmes.

Tous les sauvages de l'Amérique septentrionale & méridionale sont de couleur de cuivre. Ceux du Chili ont la taille grande, l'estomac

& le visage large; ils n'ont point de barbe, & leurs cheveux sont noirs & aussi épais que du crin.

Leur écriture ne ressemble à celle d'aucun peuple connu; elle consiste en des nœuds de laine de diverses couleurs, qu'ils appellent *Quipos* (1). C'est avec ces étranges caractères que chaque père de famille conserve la mémoire de ses biens, de ses troupeaux & des évènemens qui intéressent la Nation. Cette écriture mistérieuse est un secret impénétrable même pour une grande partie des Indiens : ce n'est qu'à l'article de la mort que le père en donne connaissance à son fils aîné.

Les Espagnols vont commercer chez les Puelches, quoique cette nation Indienne n'ait pu être subjuguée. Le marchand se présente d'abord devant le Cacique, à qui il fait présent de vin & d'eau-de-vie, & donne ensuite quelques bagatelles à ses femmes & à ses enfans : alors le chef le fait loger auprès de sa cabane, &

---

(1) Les Quipos des anciens Mexicains étaient composés d'un assemblage de coquilles enfilées. Ceux des Indiens du Pérou n'en différaient guère. On remarque un rapport étonnant entre les Péruviens, les Mexicains & les habitans du Chili : il en existe entre des peuples beaucoup plus éloignés. N'est-ce pas une preuve frappante que notre globe a souffert d'étranges révolutions?

ordonne de sonner la trompe d'avis, afin d'avertir ses sujets qu'un marchand Européen vient d'arriver. Les choses qu'il s'agit de changer sont des couteaux, des haches, des peignes, des aiguilles, du fil, des miroirs, &c. Après que les conventions sont faites, les acheteurs emportent chez eux, sans payer, tout ce qui leur convient ; en sorte que plusieurs jours se passent sans que le vendeur les revoie ; il ne sait même ni le nom ni la demeure d'aucun de ses débiteurs. Mais lorsqu'il veut se retirer, le Cacique, par un autre son de la trompe, avertit tout le monde de payer ; ce qui s'exécute très-fidèlement, les Indiens s'empressant d'amener tout le bétail qu'ils ont promis : & comme ce sont des bœufs, des mulets, des chevaux sauvages, on lui accorde encore plusieurs hommes pour les conduire jusques sur la frontière des Espagnols.

Il vient beaucoup de maïs dans le terroir de la Conception, tellement que les Espagnols en chargent tous les ans huit à dix navires, chacun d'environ 500 tonneaux, qui le transportent à Callao, dans le Pérou. La terre est extrêmement fertile, & si aisée à labourer, qu'on ne fait que la remuer légèrement avec une branche d'arbre qui a la forme crochue, & tirée par deux bœufs : quoique le grain soit à peine couvert, il multiplie au centuple. Les vignes se cultivent avec autant de facilité ; le vin qu'ils en retirent est excellent ; mais comme ils ne savent pas vernir les *potirkes* ou cruches de terre dans lesquelles ils le mettent d'abord, & qu'ils sont obligés de les goudronner, le vin en contracte une amertume désagréable, qui acquiert encore un plus mauvais goût & une odeur dégoûtante dans les peaux de bœuf où ils le transportent au loin.

Dans les campagnes du Chili on cultive des fraisiers d'une espèce différente des nôtres ; le fruit, d'un rouge blanchâtre, un peu moins délicat que nos fraises des bois, est gros comme une noix, & souvent comme un œuf de poule.

Non-seulement tout ce qui est nécessaire aux besoins & aux superfluités de la vie abonde aux environs de la Conception, mais il s'y trouve encore de l'or en quantité, particulièrement à douze lieues vers l'est, dans un lieu nommé *la Estancia del Rey* ; on y tire, par le lavage des terres, des morceaux d'or pur fort gros. On s'en procurerait bien davantage si cet heureux pays était habité par des gens plus laborieux.

En avançant jusqu'aux montagnes de la Cordillière, à cent lieues de la Conception, l'on a découvert des mines de toutes sortes de métaux & de minéraux : il y en a une de cuivre, de laquelle on a tiré des morceaux pesans plus de cent quintaux. On voit, dans cette mine, des pierres, partie en cuivre bien formé, & partie en cuivre imparfait: preuve, dit l'Auteur que nous abrégeons, que ce métal s'y forme tous les jours. Dans les montagnes plus voisines, habitées par les Puelches, se trouvent des mines de soufre & de sel; & dans une partie considérable de terrain, on rencontre abondamment d'excellent charbon de terre, même en ne creusant qu'à la profondeur de deux pieds.

DESCRIPTION DE COBIXA.

CET endroit, presque désert, est le port d'une petite ville située à 40 lieues dans les terres, & qu'on appelle Atamaca. Ce port est le séjour le plus affreux qu'on puisse imaginer. Il est environné de montagnes arides, absolument dénuées de verdure; le peu de terrain uni qu'on y découvre n'est qu'un sable mouvant parsemé de pierres. L'air pouvant à peine circuler dans cette espèce de puits, & les rochers y réfléchissant sans cesse les rayons du soleil, on y éprouve une chaleur étouffante. Les seuls édifices qu'on ait élevés dans ce triste lieu, consistent en huit
cabanes

cabanes d'Indiens, faites de peau de loup marin. Ce petit nombre d'habitans serait réduit à mourir de faim, si on ne lui apportait d'Atamaca du poisson, du maïs, des patates. Un petit filet d'eau, tombant du haut d'une roche, comme si elle était passée à l'alambic, est la seule eau potable dont il soit possible de faire usage, encore est-elle salée; mais on la dit bonne pour la gravelle; & c'est sans doute une consolation pour ceux qui cherchent tout simplement à se désaltérer. Pour tout arbre, en 1714, il n'y avait qu'un palmier dans le jardin du Corrégidor, car cette horrible bicoque a aussi son Gouverneur, & l'on y comptait tout au plus cinq figuiers. Pour comble de désagrément, on ne peut aborder en ce lieu qu'entre des pierres énormes, où les chaloupes courent risque d'être mises en pièces; & la mer est si grosse en cet endroit, que, de la côte, elle empêche souvent d'appercevoir les navires mouillés en rade; pour gagner la terre avec moins de péril, il faut saisir l'intervalle entre la troisième & la quatrième lame. D'après cette peinture fidelle, Cobixa n'est-il pas un véritable lieu d'exil? Cependant la cupidité y conduit tous les ans un grand nombre de vaisseaux.

Partie II.   C c

COQUIMBO OU LA SERENA.

Cette ville, appelée encore *la Serena*, est dans une situation extrêmement agréable, sur une petite hauteur aussi unie qu'une terrasse, d'où l'on découvre la mer, & le plus charmant paysage. Dom Pédro Baldivia, résolu de pénétrer dans le Pérou en 1544, bâtit cette ville, afin de lui servir de retraite, en cas d'évènement. Il lui donna le nom de Serena, lieu de sa naissance en Espagne : mais ce nom lui convenait parfaitement, vu qu'on y jouit d'un ciel toujours serein ; qu'on n'y connaît point d'hiver, & que les chaleurs de l'été y sont tempérées par un vent frais ; en sorte qu'il y règne un printems & une automne perpétuels.

Le plan de la ville répond assez bien aux beautés dont la Nature l'a environnée ; les rues se croisent avec simétrie & sont fort droites ; mais malheureusement elles ne sont point pavées. Il faut ajoûter à cet inconvénient, que les maisons, pour la plupart, n'ont qu'un seul étage, & sont couvertes de chaume ; de manière qu'elles ressemblent à des métairies, d'autant plus que les rues sont bordées de figuiers, oliviers, orangers & autres arbres qui procurent un ombrage délicieux.

Croirait-on que cette ville charmante n'a qu'un petit nombre d'habitans, & qu'elle se dépeuple même tous les jours, en faveur d'un port de mer qui en est éloigné de 40 lieues (Copiapo), & où l'on exploite plusieurs mines ? La cupidité a de tout tems inspiré les hommes, & principalement ceux qui abandonnèrent l'Europe pour le nouveau Monde. C'est tout au plus s'il y a 300 familles à Serena. Une observation singulière, c'est que le nombre des femmes surpasse des deux tiers celui des hommes ; non-seulement elles sont plus belles qu'ailleurs, mais leurs manieres sont tout-à-fait séduisantes. On sent que ce dernier agrement doit achever de rendre Serena un séjour digne d'envie.

Si on a lieu d'être surpris du peu d'habitans qu'il contient, on le sera encore plus en apprenant qu'on y trouve six couvens, sans compter l'église paroissiale & une chapelle dediée à Sainte-Anne.

Le commerce est peu considérable dans cette jolie petite ville; elle ne fournit guère que du vin, de l'eau-de-vie, de l'huile qui est excellente. Il y a cependant aux environs des mines d'argent, & une de cuivre qui est très-abondante; mais il n'y a point assez de monde pour

C c ij

les faire valoir. Dans les tems de pluie, les ruisseaux, qui viennent des montagnes, roulent quelques paillettes d'or. Il y a dans les environs des mines de ce précieux métal, où l'on pourrait avantageusement employer 40,000 hommes.

Le commerce étant peu confidérable à Serena, il n'y vient guère que des vaisseaux qui ont besoin de se pourvoir de vivres en allant au Pérou. Le mouillage est très-bon; & quoique les vaisseaux soient auprès de terre, ils ont une mer aussi tranquile que dans un bassin : il n'en est pas de même quelques lieues plus loin, vers Serena. Mais ces avantages sont achetés par de nombreux inconvéniens : d'abord il faut que les chaloupes fassent trois-quarts de lieue pour aller chercher de l'eau douce, encore est-elle saumâtre & ne peut-elle pas se conserver long-tems. 2°. On ne peut avoir du bois à brûler, qu'en le fesant venir de trois lieues. Enfin, pour dernière incommodité, on ne peut aller à la ville, qu'en fesant deux lieues par terre, étant impossible aux chaloupes d'y aborder auprès, à cause que la mer y est trop furieuse. Il est vrai que de l'endroit du mouillage on débarque commodément, & qu'on va à la ville sur un sable uni comme une glace, & entièrement doré, sans doute par les débris

& les parcelles de différens coquillages; singularité qui fit croire à Dampierre que ce sable était de la poudre d'or.

DESCRIPTION DE VALPARAISSO.

VALPARAISSO veut dire *Valée du Paradis*; les Espagnols, lors de la conquête du Chili, appelèrent de la sorte cet endroit, parce que, après beaucoup de fatigues, ils parvinrent enfin dans cette agréable valée, où ils trouvèrent toutes sortes de fruits & de rafraîchissemens. La ville est sur le penchant d'une montagne, couronnée par une forte batterie de neuf pièces de canon, qui portent à fleur d'eau à l'endroit du mouillage: mais cette batterie est commandée de tous côtés par plusieurs petites montagnes, d'où on pourrait aisément la foudroyer. La ville ou bourgade n'est composée que de 200 maisons qui s'étendent le long du rivage, & d'une église paroissiale & de deux couvens.

On doit penser que le nombre d'hommes capables de porter les armes est peu considérable à Valparaisso: mais les cantons circonvoisins, au premier signal de la forteresse, fournissent six compagnies de cavaliers, montés à leurs frais, & dont la plupart sont très-mal armés.

DE LA VILLE DE SAN-IAGO,

CAPITALE DU CHILI,

Et dernier coup-d'œil sur cette contrée.

La ville de San-Iago, ou Saint-Jacques, est dans une plaine au moins de 25 lieues d'étendue, & au pied occidental de cette fameuse chaîne de montagnes nommées les Cordillières. Les rues sont larges de cinq toises & bien alignées, & proprement pavées avec de petits cailloux. Les maisons sont grandes & fort commodes, ayant une cour au-devant, & derrière un joli jardin. Chaque rue est traversée par un pont, l'eau d'une petite rivière étant distribuée dans toute la ville, pour l'utilité des habitans, qui seraient fort embarrassés sans cette ressource, attendu qu'il n'y pleut point pendant huit mois de l'année. Toutes les commodités de la vie & tous les agrémens possibles se trouvent réunis dans ce charmant séjour; la campagne est remplie d'une infinité d'arbres fruitiers, & les orangers répandent au loin le parfum le plus délicieux.

Au milieu de cette capitale on voit la place royale, d'une étendue considérable, & à laquelle on arrive par huit rues tirées au cordeau. L'église cathédrale & l'évêché ornent un des côtés, & en face est le palais du Président ou Gouverneur, & l'Audience royale ; aux extrémités opposées sont des arcades régulières & uniformes, surmontées de larges galeries, dont on fait usage lors du spectacle du combat du taureau. Dans le milieu de cette magnifique place s'élève une fontaine décorée d'un bassin de bronze.

Dans la ville de San-Iago l'on remarque trois paroisses, outre la cathédrale ; elles sont petites & n'ont rien qui pique la curiosité, tandis que les couvens de moines sont magnifiques, & l'on en compte jusqu'à huit, & cinq de Religieuses. Ce nombre est d'autant plus étonnant, qu'il n'y a guère plus de 2000 blancs à San-Iago.

Le Chili est le premier pays découvert où les Espagnols firent des établissemens. Il est si fertile, que, pour peu que la terre soit arrosée, elle produit toute l'année. Les moutons y sont fort gros ; ils ont ordinairement quatre cornes, & quelquefois jusqu'à sept : mais il s'en faut de beaucoup que ce pays soit aussi riche qu'il pourrait l'être, vu les nombreuses mines, &

que la population y foit proportionnée à fon étendue, qui eſt de 300 lieues de longueur; il ne contient que 20,000 blancs en état de porter les armes, & environ 15,000 Indiens, métis & mulâtres. Cette contrée a pris fon nom de la rivière de Chil; on a dit par corruption Chili.

Le Gouverneur de cette vaſte province ou de ce royaume a le titre de Préſident & de Capitaine général, parce qu'il a infpection fur le militaire & fur la magiſtrature. Il fait fa réſidence à San-Iago. Les Officiers fupérieurs qu'il a fous lui portent une longue baguette de fix à fept pieds, pour marque de leur dignité: mais ce Gouverneur, quels que foient fes pouvoirs, relève du Vice-Roi du Pérou, & il eſt obligé d'exécuter fes ordres. Il eſt vrai que l'éloignement fait qu'ils ne font pas toujours exactement remplis.

Les deux Evêques du Chili & les autres dignités eccléſiaſtiques relèvent de l'Archevêque de Lima.

Le tribunal de l'inquiſition n'a pas manqué d'y établir fon pouvoir tirannique & odieux; il a dans cette région un Commiſſaire général, qui diſtribue dans chaque ville & même dans chaque village un grand nombre d'Officiers fubalternes.

MÉMOIRE
SUR LES MALADIES
DE SAINT-DOMINGUE.

AVERTISSEMENT.

Plusieurs motifs m'ont engagé à publier ce Mémoire, auquel il m'a fallu faire beaucoup de changemens. En premier lieu, il m'a paru qu'il entrait dans les vues utiles de la Société Royale de Médecine, qui a demandé des mémoires sur les maladies des différentes contrées : je souhaite que cette Compagnie illustre y trouve quelques bonnes observations. Il sera du moins vu avec plaisir par un grand nombre de Lecteurs, auquel il présentera une description curieuse des plantes & arbustes de Saint-Domingue, ainsi qu'un apperçu intéressant sur les maladies de ses habitans, les remèdes qui leur font propres, & le genre de vie de la plupart, outre plusieurs détails qui pourront amuser & instruire.

MÉMOIRE

Sur les maladies les plus communes à Saint-Domingue ; leurs remèdes ; le moyen de les éviter ou de s'en garantir moralement & phifiquement.

Par feu M. BOURGEOIS, Secrétaire de la Chambre d'Agriculture du Cap.

IL eſt eſſentiel de rechercher les cauſes des maladies d'un pays. C'eſt toujours une choſe importante à l'Etat. Les Souverains, qui, comme le nôtre, veulent être encore plus les pères que les maîtres de leurs ſujets, veillent par tous les moyens imaginables à la conſervation des hommes. Quels réglemens ingénieux & utiles n'a pas enfanté, dans l'Europe, ce deſir de conſerver l'eſpèce humaine ! Combien de ſavans Médecins, de Phiſiciens du premier ordre, ſont employés à la recherche de ſecrets propres à adoucir les maux de l'humanité !

Plus qu'ailleurs la ſobriété eſt ici néceſſaire : nous en avons des exemples à notre porte ; les Eſpagnols qui habitent comme nous Saint-Domingue, parviennent pour la plupart à un âge très-avancé, parce qu'il n'y a pas de gens au monde plus sobres. Je sais que c'est plus le fruit de leur paresse que de leur discernement ; mais, sans les imiter en tout, prenons d'eux ce qui est salutaire à la conservation de notre être. De bonne nourriture, que l'on ne connaît guère sous ce ciel, suppléerait au corps ce qui lui manque dans un pays où la transpiration est excessive & continuelle.

Ce n'est point à l'air de Saint-Domingue qu'il faut imputer les mortalités fréquentes qu'on y voit. Cet air est salubre, il ne porte avec lui nulles malignes influences ; ce qui est si véritable, que les pulmoniques, les personnes attaquées de ces maladies, qui ailleurs conduisent à la mort, s'y rétablissent contre toute espérance, lorsqu'ils veulent observer un régime exact, mais moins gênant encore qu'en Europe. Les santés délicates, les tempéramens faibles & valétudinaires, y vivent bien plus longuement qu'ils ne feraient dans des climats réputés meilleurs. Les anciens colons ont même fait une remarque sûre ; c'est que les gens qui arrivent d'Europe avec la complexion la moins robuste, résistent ordinairement mieux au climat, que ceux qui y viennent avec une constitution forte & vigoureuse. Les personnes d'un tempérament sec, peu chargées d'embonpoint ou de graisse, paraissent aussi plus propres à y vivre.

Ces observations se font tous les jours, & je les ai vérifiées pendant près de vingt-quatre ans de séjour. Les nouveaux-débarqués, dont les pores ne s'ouvrent jamais, ou que rarement, pour laisser sortir les humeurs hétérogènes que la Nature elle-même pousse au-dehors par les sueurs, sont également moins propres à vivre dans cette isle : mais il y a du remède à tous ces accidents, comme je le dirai par la suite. Les hommes sanguins, ceux dont le visage empourprés dénote une abondance de sang trop inflammatoire, sont encore dans le même cas : ce sont ceux-ci, qui ont donné cours à une opinion presqu'entièrement fausse, que la maladie la plus commune était ici ce qu'on nomme *mal-de-Siam*.

Quoique je ne sois rien moins que Médecin, je vais cependant hasarder mes conjectures sur ces maladies & autres dont le pays se trouve incommodé, moins peut-être que bien d'autres parties de l'Univers, qui ne passent pas malgré cela pour mal-saines. Je détruirai, ou ferai en sorte de détruire la mauvaise opinion que l'on a prise de ce climat. La plupart des maladies y sont extraordinaires, affectent de dire plusieurs personnes, sur-tout celles qui devraient les connaître par état ; mais elles n'ont cet aspect que pour quiconque a négligé d'étudier leurs variations : car elles sont par-tout les mêmes ; leurs simptômes ne different qu'aux yeux de qui ne sait pas en découvrir l'origine. Moi qui aime à tout ramener au principe le plus simple, je ne craindrai point d'avancer que qui raisonne différemment sur celles de ce pays-ci, n'y connaît rien ; je ne parle aussi affirmativement, qu'après en avoir fait convenir beaucoup de gens du métier, Médecins & Chirurgiens.

Les maladies ordinaires à Saint-Domingue y sont si simples, si peu compliquées, si faciles à guérir, quand le malade est assez raisonnable pour vouloir s'aider de lui-même, que les personnes chargées du soin de guérir ou d'aider la Nature, qui ont acquis quelque expérience, se contentent d'ordonner des remèdes fort simples, dont on ne se douterait presque pas ; des rafraichissans, des boissons légères, le tout composé avec certains végétaux du pays, ont long-tems formé toute la médecine dont on fesait usage. Il mourait bien moins de monde. Je n'ose dire que les traitemens s'exercent aujourd'hui plus mal, mais je le crains.

La preuve décisive que l'air de Saint-Domingue n'est pas si pernicieux qu'on le prétend communément, c'est qu'on n'y est point sujet aux maladies épidémiques qui font ailleurs de si cruels ravages. La peste, par exemple, est

un

un mal inconnu, je ne dis pas dans notre isle, mais dans toute l'Amérique méridionale, quoiqu'elle renferme des climats plus chauds que ceux de l'Europe. On a voulu dire que la rage, également inconnue dans cette quatrième partie du monde, avait commencé à paraître dans notre isle; mais c'est un fait dont il est permis de douter. L'isle est heureusement privée de ces reptiles venimeux qui désolent les autres contrées; les insectes qu'on y redoute ne sont rien moins que mortels. Enfin, la petite vérole même n'y est pas, à beaucoup près, si dangereuse qu'en Europe, ou dans le fond de l'Amérique septentrionale. De quel climat d'Europe en pourrait-on dire autant? Sa salubrité est due à sa position entre les deux tropiques: il est assez chaud pour exciter d'abondantes transpirations, mais en même tems assez tempéré pour ne pas occasionner les mauvais effets des climats trop chauds. Les brises ou vents périodiques-journaliers qui y règnent, en rafraîchissant l'air, le raréfient d'une manière très-sensible; le vent qui s'élève la nuit est extraordinairement frais, & celui du jour, s'il l'est moins à cause du soleil qui l'échauffe vivement, a un autre avantage qui est de dissiper les vapeurs malignes que les premiers rayons ont élevées de la terre. Il est donc impossible que l'on respire long-tems un mauvais air; il est sans cesse purifié & par le vent, & par la chaleur: le soleil fond & dissout des particules que le vent chasse à la mer, dont cette terre est environnée. D'ailleurs l'isle de Saint-Domingue est fort haute, bien différente en cela d'autres isles plus basses que la mer qui les entoure, & qui ne sont, pour ainsi dire, que des sables brûlans. Elle n'est point trop montagneuse, quoiqu'elle soit parsemée de montagnes de diverses formes & hauteurs: son étendue est si considérable, que ses montagnes laissent entre elles des terrains immenses, qui composent en plusieurs endroits les plus belles & les plus fertiles plaines; c'est où règne un printems éternel, bien plus sensible dans les lieux où le Français n'a point encore porté son ardeur destructive, ou de tout mettre en rapport.

L'air de la plaine est bon, mais il n'est pas par-tout le meilleur: ce qui dépend de la position & de la nature du vent qui y règne ordinairement, & du plus ou moins d'éloignement de la mer. Le vent du sud est trop chaud, il brûle & dessèche les corps comme les plantes: heureusement il n'est fréquent que dans la partie Espagnole, si fortement boisée, qu'elle en est à couvert de distance en distance. Les montagnes reçoivent aussi de leur situation le bon ou le mauvais air qu'on y respire: dans la seule partie

Française, la plupart sont agréables à cause de leurs cultures, & la demeure en est fraîche, sur-tout durant la nuit, où il faut se couvrir comme dans les pays froids. L'air est seulement sur quelques-unes un peu trop subtil; les eaux y sont si froides & si vives, qu'elles causent des tranchées qui dégénèrent à la longue en maladies aiguës. Pour les eaux de la plaine, comme elles descendent presque toutes des montagnes, elles sont plus ou moins bonnes, selon les terrains qu'elles traversent: les minéraux n'allant point jusqu'au sommet des montagnes, mais étant renfermés à leurs bases, ce qui est l'opinion reçue & que les expériences de tous les pays ont confirmée, il arrive quelquefois que, pures dans leur origine, elles contractent dans leurs cours une malignité qui engendre de très-mauvais effets. Elles passent par des veines de mines qui leur communiquent un levain pernicieux; ce qui se remarque à la longue par l'usage qu'on en fait.

Jamais les habitans les plus soigneux de conserver leur santé n'y font attention, parce qu'il leur serait facile d'y remédier, étant rare qu'ils n'en aient pas d'une autre qualité à leur bienséance. Les trois-quarts des obstructions dont ils se plaignent, proviennent de cette cause, sans qu'ils le devinent, ou qu'on puisse même le leur persuader. Il y en a à Saint-Domingue de toutes les espèces, & elles sont très-communes: obstruction au foie, à la rate, embarras des viscères, fluxions & autres accidents qui naissent du défaut de circulation du sang, ou des humeurs; deux ou trois jours les dissipent dans des sujets assez bien constitués, & pourvu qu'on y remédie dès le principe, sinon elles deviennent incurables ou presque incurables: les eaux ferrugineuses, ou simplement rouillées, font un effet bien prompt dans ces sortes de maladies.

Ceux qui ne boivent que des eaux des grandes rivières, sont moins sujets à ces inconvéniens funestes; elles sont plus légères, ainsi que j'en ai fait l'épreuve, comme étant plus battues: si elles sont moins apéritives que celles de la montagne, elles ont aussi bien moins de crudité; le soleil tombant dessus à plomb, leur ôte cette fraîcheur nuisible qu'elles ont dans l'intérieur des montagnes. Ce que je ne puis pardonner à nos habitans de Saint-Domingue, c'est de n'avoir point de fontaines domestiques dans leurs maisons, afin d'y mettre reposer & se refaire leur eau, qu'ils se contentent de déposer dans des jares ou *canaries*, ainsi qu'ils les appellent, pour la boire sur-le-champ. Il arrive que cette eau, souvent bourbeuse, mal-propre, imprégnée encore des sédiments qu'elle ramasse dans son cours, occasionne des maux dont on ne remonte jamais à la source, & qui sont traités différemment de ce qu'ils devraient être. Sans les sueurs fréquentes, on en verrait encore de plus prompts & de plus terribles effets.

Pour n'y plus revenir, je parlerai tout de suite de la salubrité de ces transpirations si abondantes ici. Je crois bien que par laps de tems ces sueurs nuisent, qu'elles précipitent peu-à-peu dans la phthisie, la dhiarrée & les autres maladies qui naissent de l'affaissement des solides ; il n'est pas moins certain qu'elles font en maintes occasions un bien infini, qu'elles expulsent du dedans une quantité prodigieuse d'humeurs crasses, impures, qui attaqueraient les parties nobles. Les sueurs sont si salutaires sous ce climat, que j'y ai vu des malades à l'agonie, hors d'espérance, à qui, par dernière ressource, on fesait prendre un bain tiède, qui à l'instant leur provoquait une abondante transpiration, dont ils étaient guéris sans autre remède. L'hidropisie, maladie si fréquente à Saint-Domingue par les raisons que j'ai déduites, en reçoit un soulagement quelquefois aussi subit : voilà pourquoi on s'y sert communément & avec succès, dans le traitement de toutes ces maladies, de sudorifiques & d'alexipharmaques ; j'y ai vu même guérir des hidropiques, sans employer qu'un régime bien simple : on ne les nourriffait qu'avec du bifcuit & de la viande grillée, & pour toute boiffon du taffia à difcrétion.

La faignée eft fous ce ciel le plus dangereux de tous les remèdes, & c'eft celui que l'on y emploie le plus volontiers. Je penfe, en foumettant toutefois mon fentiment aux gens de l'art, que, fi on la fupprimait entièrement, il réchapperait beaucoup plus de nouveux-arrivés, que par les nombreufes faignées, avec lefquelles on les affaiblit. J'en ai tant vu périr dans le moment même de la faignée, que je ferais tenté d'avancer qu'elle y devrait être défendue. J'en ai fuivi plufieurs dans leurs maladies, & il m'a femblé que la lancette feule les tuait ; en ayant cherché la raifon fecrètte, indépendamment de la caufe apparente, j'ai découvert qu'il n'en eft prefque point que ne féduife en arrivant le libertinage du pays. Les négreffes, autant pour gagner de l'argent que par efprit de débauche, les viennent trouver, & leur font toutes les avances ; ils s'y livrent avec d'autant plus d'ardeur, que la mer, qu'ils viennent de quitter, échauffe extraordinairement : la fièvre les prend là-deffus, on les faigne, ou parce qu'on néglige de leur demander ce qu'ils ont fait, ou parce qu'ils ont honte de l'avouer, ou parce que, tombés déjà dans l'affaiblissement, ils sont hors d'état de s'expliquer. La mort en ce cas est inévitable. Si on les eût simplement purgés, rafraîchis, nourris avec de bons bouillons, on les eût rappelés à la vie.

Quant au danger de la saignée, il est partout le même, dans presque toutes les maladies dont les hommes sont attaqués sous ce climat ; il en mourrait moins si elle était totalement supprimée : d'abord elle est pernicieuse & mortelle pour tous les scorbutiques, maladie que l'air du pays semble donner, mais qui vient plutôt des mauvaises boissons & des mauvais alimens. Le moindre séjour que l'on fait à Saint-Domingue, à la suite d'un voyage qui n'y contribue pas moins, occasionne dans tout le corps le développement & la fermentation de cet affreux levain, qui y germe sans cesse, & ne se déclare au dehors que long-tems après, par des accidens si difficiles à comprendre, qu'on n'y connaît souvent rien, & qu'on y applique des remèdes qui augmentent le mal. Le Prothée de la Fable ne se transforma jamais en tant de manières différentes, qu'en prend cette cruelle maladie pour se dérober aux ressources de l'art.

J'ai parlé du voyage qui y prépare, & qui en est comme l'avant-coureur. Il faut savoir qu'il est deux espèces de scorbut, l'un de terre, & l'autre de mer, qu'il serait à propos de distinguer, parce qu'ils diffèrent entre eux dans leurs effets, & par conséquent dans leurs cures. Le scorbut de mer n'est rien ou presque rien ; on le dissipe aisément par l'usage du citron, de l'oseille, du vinaigre, de la moutarde, & de tous les acides, même avec les plus légers anti-scorbutiques, lorsqu'ils sont appliqués à tems & dès le principe. Si on le néglige trop & qu'on le laisse invétérer, il devient alors plus pernicieux que l'autre : car ceux qui s'en trouvent attaqués à un certain point, meurent quelquefois aux approches de la terre : & parce qu'il faut passer la mer pour venir ici, je présumerais assez volontiers qu'il est l'origine & le fondement du scorbut de terre, qui n'est qu'un dérangement des liqueurs, causé par la corruption des humeurs, qui infeste bientôt toute la masse du sang. Ce désordre se communique des unes aux autres des parties animales ; &, si on le laisse parvenir au dernier période, il n'y a plus d'espérance de guérison. Le progrès du scorbut est plus ou moins lent, selon la différence des constitutions. Ce n'est que de celui de terre dont j'entends ici traiter ; mais comme l'autre en pourrait bien être la première cause, je dois remarquer que la mer resserre si fort, & que tout ce que l'on mange dans les traversées échauffe tellement, que les personnes qui ne sont point accoutumées à ces voyages en font une triste expérience ; il faut que leur santé s'en ressente, lorsqu'elles sont débarquées. Il s'est amassé en elles une si grande abondance de matières putrides, destinées par la Nature à être expulsées au-dehors par la voie des sécrétions ordinaires, que la tête ne tarde pas à s'embarrasser ; les liqueurs, dont l'équilibre est nécessaire pour se bien porter, ne circulant plus librement, il est immanquable que la fièvre survienne avec des accidents proportionnés aux embarras qui en sont cause. Pour prévenir l'effet de ces accidents funestes, il ne s'agit que de faire donner force lavemens, qui sont ici très-salutaires, de recommander la diète, d'ordonner des bouillons rafraîchissans, & pour boisson ordinaire une limonade légère faite avec l'orange sure ou aigre. La fièvre, qui n'est qu'accidentelle, cesse pour lors. Les Médecins prudens n'attendent même pas que la fièvre prenne aux passagers ; aussi-tôt après leur arrivée, ils les font traiter comme je viens de dire. Mais combien en est-il qui périssent faute de ces utiles précautions ?

Il est aussi beaucoup de nouveaux-arrivés qui

meurent faute de fecours. Une foule de miférables, bercés par l'efpérance d'une fortune rapide, beaucoup plus difficile à faifir ici qu'ailleurs, parce que les reffources y font bornées & les dépenfes énormes, arrivent fans favoir où donner de la tête : ils font bientôt diffuadés de cet efpoir trop flatteur, dont on les avait imprudemment charmés en France. Le chagrin s'empare d'eux, la mifère qu'ils voient prochaine, le manque de retraite où ils puiffent trouver les befoins de la vie, dans un pays où les auberges font rares & d'une cherté épouvantable ; toute cette affreufe perfpective pour des nouveaux-arrivés en plonge plus au tombeau que la prétendue inclémence de l'air & du climat. Il eft aifé d'obferver que ceux qui rencontrent un afile en débarquant, y foutiennent ordinairement mieux les affauts de la maladie, & qu'il n'en meurt guère que de débauche ou d'intempérance. Mais l'abord perpétuel & incroyable de tous ces chercheurs de fortune, a fait depuis long-tems difparaître une hofpitalité qui caractérifait fingulièrement nos anciens habitans de Saint-Domingue : à peine y en voit-on aujourd'hui de légères traces.

Il ne ferait qu'un moyen de fauver un grand nombre de malheureux qu'une extrême imprudence a portés à s'expatrier. Tous les hommes sont utiles à l'Etat, & les tendres regards d'un Roi, qui est le père de ses peuples, doivent plutôt tomber sur les pauvres que sur les riches qui ne forment que le plus petit nombre. Ce serait d'établir des refuges en différens endroits de la colonie; de manière que les passagers sans fortune, qui ne savent où aller, & qui n'ont pas les facultés de fournir à leurs premières dépenses, y fussent reçus & soignés tant en santé qu'en maladie jusqu'à ce qu'ils soient parvenus à se placer. Voilà des hôpitaux essentiels à un pays comme celui-ci, dignes des bontés du Souverain, & propres à exciter la bienfaisance des personnes aisées. Il en est déjà quelques exemples. La ville du Cap en possède deux de cette espèce, dont l'utilité ne peut être contestée, sous le titre de *Providence des hommes & des femmes*; ils subsistent sans lettres patentes, ce qui empêche bien des charités: enfin il en est un autre proche de la ville des Caies, qu'un Irlandais naturalisé a fondé pour de pauvres malades de la colonie; établissement qui subsiste aussi sans lettres patentes depuis plus de vingt ans, & qui a conservé un nombre infini de sujets à Sa Majesté. Ces hospices ne sauraient être trop multipliés ni trop protégés. Il faudrait pourtant éviter qu'ils n'entretinssent la fainéantise, qui, dans une colonie où tout doit être actif, serait encore plus nuisible que dans le sein du royaume.

Je reviens aux deux différens scorbuts auxquels on est quelquefois sujet à Saint-Domingue. La saignée nuit sensiblement à la cure de ces deux espèces de scorbut : la masse du sang en est affectée, elle tombe dans une dissolution totale. De-là je conclus, & tous les gens sensés concluront avec moi, qu'il vaut beaucoup mieux ne point saigner, par la crainte de réveiller un si redoutable ennemi. C'est une chose évidente pour ceux qui sont un peu anciens dans la colonie : voyons s'il y a d'égales raisons pour ceux qui y sont nouvellement débarqués.

On a ici plus besoin qu'ailleurs de tout son sang. Il est si essentiel de n'en point diminuer le volume à Saint-Domingue, qu'il s'y répare difficilement, soit par la mauvaise nourriture, ou parce qu'il faut absolument qu'il s'y appauvrisse. Jamais on ne croirait en Europe jusqu'à quel point le sang s'appauvrit sous ce ciel : j'y ai vu des hommes paraissant jouir de la meilleure santé, tomber tout-à-coup en consomption, & ne rendre par la saignée qu'une eau roussâtre sans nulle consistance. J'en ai vu d'autres se faire saigner pour une légère indisposition, à qui l'on tirait un sang vermeil & de la meilleure qualité, mais le moment d'après ils tombaient dans le délire & dans l'affaibliſſement ; on voulait les reſaigner, plus de ſang ; ils expiraient, ſans qu'on pût deviner la cauſe d'une mort ſi ſubite.

Je demande s'il eſt permis, après de tels exemples, de priver quelqu'un de ce baume naturel qui eſt le principe de notre vie. Je ſens fort bien que l'on m'objectera les maladies inflammatoires : je répondrai, d'après de très-habiles Médecins, que dans ce cas la ſaignée n'eſt pas plus utile ; j'en ai vu des expériences dans la colonie. L'hiver de 1755 vit naître des fièvres violentes & putrides, dont la plupart étaient même pourprées. Les Diſciples de Saint-Côme, ceux qui ne ſauraient ſe départir d'une vieille routine, employèrent les traitemens ordinaires & généraux, ſaignèrent beaucoup, & firent mourir une multitude de perſonnes. L'inflammation au bas-ventre finiſſait toujours par emporter les malades. On s'aviſa enfin de changer de méthode, de purger & de rafraîchir ſans ceſſe, & l'on en ſauva autant qu'il y en eut qui furent traités avec cette ſimplicité.

Les Européens qui arrivent dans le pays, ſont heureux quand on leur conſerve le ſang qu'ils y apportent. Le chile par lequel ils pourraient le remplacer, ne vaut rien ou preſque rien, de quelque bonne nourriture dont on use à Saint-Domingue (1), parce qu'en général la meilleure y est très-mauvaise; outre que les alimens par eux-mêmes n'ont guère de substance, il règne un défaut de police impardonnable. Les viandes de boucherie n'y valent rien, & l'on ne veille seulement pas à ce que les bouchers réparent ce désordre réel pour la santé, en tuant au moins des bêtes saines. Si je n'appréhendais de faire bondir le cœur, je raconterais à ce sujet des horreurs dont j'ai été témoin oculaire; à cela se joignent les viandes salées & le poisson apprêté de même, dont il se consomme une grande quantité: l'usage trop fréquent de la chair de cochon y est aussi un obstacle à la bonne santé. Enfin, l'acidité des fruits du pays, peut-être encore

___

(1) Il m'a été impossible de faire disparaître de ce discours certaines contradictions palpables, qui démentent quelques-unes des assertions de l'Auteur sur la bonté du climat & la rareté des maladies de Saint-Domingue. Ce que l'on peut inférer des contradictions dans lesquelles il est quelquefois tombé, en disant dans deux ou trois endroits que l'air de Saint-Domingue est très-bon, & en soutenant dans d'autres qu'il est très-mauvais, c'est que cet air n'est point aussi mal-sain que le prétendent plusieurs personnes, & que d'un autre côté, le séjour de Saint-Domingue exige du régime, des rafraîchissemens, & sur-tout une conduite régulière.

plus corrosifs qu'acides, les boissons fortes & spiritueuses, les vins de liqueur bus sans ménagement, tout cela dérange la meilleure constitution. Les gros vins de Bordeaux chargés de tartre, ceux que l'on y frelate & dans lesquels il entre de la litharge, reconnue pour un poison par tous les Chimistes; mille autres ingrédiens aussi funestes dont nous chargeons nos tables, tout contribue ici à nous précipiter au tombeau.

Cette prétendue maladie de Siam, à laquelle on accuse les étrangers d'être sujets, est une invention de l'ignorance pour excuser des fautes secrettes dans leur traitement, parce qu'elle est, dit-on, presque toujours mortelle. Elle n'a pu venir de Siam en droiture, n'y ayant jamais eu de vaisseaux à Saint-Domingue qui revinssent de ce long voyage. Ce fut à la Martinique que relâcha l'escadre qui y porta nos Ambassadeurs, au commencement du siècle. Elle en partit pour aller désarmer à Rochefort, où les hôpitaux furent remplis de gens attaqués du mal dont il s'agit. On lit le détail des simptômes de cette maladie, tous ses accidens & leur cure, dans l'ouvrage d'un célèbre Médecin que S. M. avait envoyé à Siam, & l'on n'apperçoit point que ce soit un mal contagieux comme la peste, qui puisse se répandre ni se communiquer au loin. On n'a encore rien vu de semblable ici. Je tiens de l'un des Chirurgiens majors, qui a séjourné parmi nous pendant plus de trente années, qu'il n'avait jamais soupçonné que deux ou trois malades d'être attaqués de ce prétendu mal de Siam. On n'en parle même à Saint-Domingue, que depuis environ 1731. Une escadre Espagnole, commandée par Dom Pintado, étant entrée dans la rade du Cap, fut obligée d'y faire un assez long séjour, pour radouber ses vaisseaux maltraités par la tempête (1). La mortalité se mit dans cette escadre, elle se communiqua aux Français de la rade & à ceux de la ville. Il périt beaucoup de monde. C'était des fièvres contagieuses ou pestilentielles, qui emportaient en fort peu de tems. Le nom de maladie de Siam vint à l'esprit de quelqu'un, à cause d'une espèce de ressemblance dans la malignité ; aussitôt cela se répandit ; & cette dénomination impropre est demeurée aux fièvres malignes, très-communes dans ce pays-ci. Les plus mal-fesantes s'attachent principalement aux nouveaux-arrivés, attendu qu'ils ont le sang plus vif & les humeurs échauffées & épaissies, ainsi que je l'ai deja observé. On en a pris le prétexte de les

---

(1) Voyez Partie I, page 202-3, ce qui a été dit.

effrayer

effrayer par une maladie imaginaire, tout-à-fait étrangère à la colonie. Les fièvres, qu'on prend pour ce mal, ne sont peut-être guère moins malignes; en voici les indications: elles commencent, non comme les autres fièvres, par être d'abord faibles & augmenter par gradation, mais le premier accès est d'une extrême violence. Le visage s'enflamme, puis devient avec le reste du corps de couleur citron; le transport au cerveau suit de bien près, & le sang sort par le nez, la bouche, les autres conduits naturels, quelquefois même au travers des pores. On s'imagine, à la vue de pareils symptômes, que le mal est occasionné par une trop grande abondance de sang; on en conclut qu'il faut saigner & resaigner le malade. Ce traitement ne manque pas d'en emporter plusieurs, qui se trouvent dépourvus de forces suffisantes pour résister aux violens assauts du mal. Quelques-uns en réchappent, mais c'est le plus petit nombre, & ils sont si long-tems à se rétablir, qu'il n'est point de convalescence plus longue. Ils n'en reviendraient pas moins si on ne les saignait pas, & guériraient bien plus tôt. Le Chirurgien-major déjà cité, sans s'arrêter aux faux pronostics du pays, traita avec beaucoup de succès un malade qui venait de débarquer. Il n'eut garde de le saigner; il se contenta de

Partie II.

le médicamenter beaucoup, pour arrêter le grand feu, par des purgations douces & rafraîchissantes de manne & de casse, les clistères de la même espèce : par-là on parvint à le tirer d'affaire en très-peu de jours, sans qu'il lui restât nul ressentiment d'un mal si effrayant selon les préjugés.

Cette grande incommodité n'est autre chose qu'un feu intérieur, occasionné par la fièvre qui met toutes les humeurs en mouvement, lesquelles agitant le sang, le font bouillir avec violence. Diminuer la quantité du sang, c'est recourir à l'effet sans prévenir la cause qui, restant toujours, redouble les mêmes désordres, sans que le malade y puisse résister, parce qu'on l'a privé de ses forces. Toutes les fièvres de Saint-Domingue sont dans le même cas : elles ressemblent en outre aux fièvres d'Europe, quartes, tierces, doubles-tierces, intermittentes, continues, avec redoublemens ou sans redoublemens ; les mêmes remèdes les guérissent, & divers autres qu'on ne connaît encore point en Europe. L'usage du quinquina, que l'on administre en France quelquefois avec tant de succès, est ici pernicieux, s'il n'est donné en teinture, soit que l'estomac y soit naturellement trop faible pour le supporter, soit que la qualité de ce bois, étant de fixer trop promptement les humeurs, devienne par-là nuisible. En général, il ne faut user ici que de fébrifuges doux & modérés, qui évacuent s'il est possible.

Je ne vois pas sur quel fondement on peut s'obstiner à regarder les fièvres de Saint-Domingue, comme étant différentes de celles d'Europe & des autres parties de l'Univers; si ce n'est pour tromper la crédulité du peuple encore plus facile à surprendre à cet égard, qu'en toute autre chose. Tous les hommes sont attachés à la vie, & par conséquent à tout ce qu'on dit la leur devoir conserver.

Voici le régime que je conseillerais à ceux qui viennent à Saint-Domingue. Il faut premièrement qu'ils ne fassent aucune attention à des discours qui ne tendent qu'à leur inspirer une terreur panique; tels que ceux-ci, que *le bon homme Saint-Domingue* ne pardonne guère, qu'il faut que tout le monde lui paie le tribut : mensonge odieux, imposture grossière! Combien y est-il de gens qui n'ont jamais été malades? La frayeur qu'on inspire à la plupart rend souvent très-dangereuse la plus légère indisposition qu'ils éprouvent ; au moindre mal de tête, à la migraine qui les saisit, ils se croient déjà morts, s'abandonnent au désespoir & deviennent véritablement malades; les remèdes n'agiſſent preſque plus, parce que de toutes les maladies, la pire eſt celle qui attaque l'eſprit. J'ai vu mourir des gens, (& ce ſont ſur-tout les Provençaux) qui n'avaient que l'imagination frappée.

Il faut, je le répète, ſe rafraîchir en arrivant, par des bains, des lavemens ſimples, des médecines légères, compoſées de caſſe & de manne, boire même, s'il eſt poſſible de vaincre là-deſſus ſa répugnance, de la caſſe toute pure; c'eſt peut-être le plus excellent ſpécifique qu'il y ait ſous ce ciel, afin de tempérer l'efferveſcence du ſang. Mais il eſt ſingulier comme le tempérament y change ; au bout de quelques années de réſidence, la caſſe ne vaut plus rien, ſon fréquent uſage deviendrait même dangereux ; elle refroidit trop les eſtomacs, qui ont alors beſoin d'être réchauffés.

On ne ſaurait être trop circonſpect ſur le traitement des maladies qui ſurviennent aux perſonnes qui ont déjà fait quelque ſéjour dans la colonie. Si leur eſtomac a beſoin d'être nettoyé, il eſt néceſſaire, & même eſſentiel, de ne point employer les remèdes réfrigérans, ni tout ce qui eſt apéritif froid ; mais d'uſer de cordiaux & de diurétiques chauds, qui font ici un effet merveilleux. Un Médecin, dont la perte ne ſaurait être aſſez regrettée (M. Aſſorti), a guéri sous mes yeux des fièvres très-malignes avec un fort consommé & du gros vin d'Alicante, sans souffrir que l'on saignât; à d'autres il ne fesait prendre que de la thériaque. Je l'ai vu une fois défendre à un malade l'usage du quinquina infusé dans le vin blanc, préparation qu'un Médecin de Montpellier avait ordonnée pour des fièvres quartes; il ne conseilla que de la thériaque, qui les emporta. Sans doute que ce changement, qui arrive en nous après un peu de séjour dans le pays, & que l'on doit connaître pour administrer des remèdes à propos, provient des transpirations abondantes qui affaiblissent à la longue, ou de la nature des alimens qui ne renouvellent que faiblement les forces d'où naît à la fin le relâchement de toutes les fibres.

Je conseille, sur-tout aux nouveaux-débarqués, de s'abstenir de tout ce qui peut les échauffer, comme l'excès du vin, des femmes, des liqueurs dont on fait ici un trop grand usage. Ils ne doivent pas moins fuir les veilles, le jeu continuel, l'ardeur du soleil & tout ce qui est capable, en un mot, d'exciter le principe de chaleur qu'ils ont en eux. Mais autant un exercice violent leur est contraire, autant celui qui est modéré leur convient-il, n'y ayant point de pays au monde où il soit plus funeste de demeurer oisif. Tous ceux qui s'occupent d'un travail réglé, s'y portent ordinairement bien; au-lieu que qui s'y livre à une nonchalance absolue, accumule une quantité d'humeurs qui se jettent sur toutes les parties du corps. Il n'est aucun climat où elles s'amassent plus facilement & en plus grand nombre. Voilà certainement ce qui y devrait faire pencher pour les purgatifs préférablement à la saignée qui ne remédie jamais aux fièvres.

Les femmes sont ici la preuve de la bonté du climat : elles y atteignent un âge très-avancé, malgré leur assujettissement aux mêmes maladies que les hommes. La raison de cette longue vie est toute naturelle : elles ont, comme partout ailleurs, des moyens de se purger, qui nous manquent, & à quoi la Nature a pourvu sagement ; il est vrai aussi que les occasions sont bien moins fréquentes pour elles de s'abandonner à tant d'excès honteux qui dégradent plusieurs habitans. La chaleur du climat fait que leurs accouchemens sont rarement laborieux. C'est ici véritablement le Paradis des femmes: la propreté, si salutaire sous ce climat pour s'y bien porter, ainsi que dans tous les pays chauds, y est leur vrai appanage ; elles portent même ce soin jusqu'aux minuties : les femmes Créoles, par dessus toutes, se lavent continuellement, &

changent à tout moment de linge. Ces attentions contribuent à la santé. Les hommes doivent également s'en piquer, s'ils veulent vivre sains & très-vieux. La mal-propreté y est si fort nuisible, que les Espagnols y sont presque tous attaqués de maladies de la peau.

Ce n'est pas que les maladies de la peau soient rares chez nous ; mais elles n'y sont que de la moindre espèce que l'on fait passer aisément sans le secours de la médecine : une seule commune ici, à laquelle on ne saurait s'empêcher de prendre sans cesse garde, si l'on ne veut s'exposer à l'attraper ; ce sont des dartres, dont quelques-unes deviennent si tenaces, que toute la Pharmacie ne fait que blanchir contre elles. C'est un malheur qui n'arrive qu'à ceux qui ont le sang vicié ou corrompu. On en voit souvent aller en France pour être guéris, qui en reviennent débarrassés, sans s'être fait traiter, parce que le seul changement de climat les leur a emportées ; à peine sont-ils de retour dans la colonie, qu'elles reparaissent avec autant d'activité. Lorsqu'un principe vénérien en est la cause, elles passent sans retour, en supprimant la source du mal ; quand l'âcreté du sang, qui est ici un inconvénient très-ordinaire, vient à s'y joindre, il faut bien se donner de garde de traiter le sujet par les grands remèdes : cette opération y est si opposée, que fefant passer les dartres dans le sang, elle les rend incurables ou presqu'incurables. Toutes les personnes, attaquées de ce mal fâcheux & incommode, doivent renoncer à tous les irritans, se mettre au lait, dont on remarque ici de fort bons effets, se purger de tems-en-tems, & se servir d'un opiate souverain pour la guérison de ce mal, dont voici la recette: *Prenez une quantité suffisante d'huile de Copahu, le jus exprimé d'un citron, une poignée de sel marin, du soufre vif ou de la fleur; mêlez le tout ensemble, & en oignez la partie affligée, mais en frottant fortement avec quelque chose de rude qui excite cette partie jusqu'à en faire sortir du sang.* J'en ai vu des effets admirables. On ne fera pas mal de commencer par prendre des bouillons rafraîchissans, & se purger avant & après.

Le scorbut, dont je n'entreprends certainement pas de traiter à fonds, dérange ici presque toutes les santés, & ne s'y mêle que trop à toutes les maladies, pour que la prudence n'exige point qu'on en écarte la saignée. C'est un vice du sang, qui le dissout & le fait tomber en corruption. Il est bien peu de personnes qui n'en soient attaquées à Saint-Domingue: plus ou moins fatal, selon la manière de vivre ou d'avoir vécu de celui auquel il s'attache; dans les uns il fait un progrès rapide ; dans les autres il n'agit qu'avec lenteur. On le préviendrait, si, dès son origine, on usait de remèdes qui purifient la masse du sang, & qu'on se privât de tout ce qui l'aigrit. Il est vrai qu'il faudrait presque renoncer à vivre à toutes les tables où il ne se sert que des mets qui portent l'irritation dans les viscères : mais la santé est-elle moins précieuse qu'un plaisir assez insipide ? Il est au reste un moyen de tout concilier à cet égard ; toutes les voluptés ont leur limites, au-delà desquelles les regrets prennent la place des plaisirs. Il n'est question que d'être sobre au milieu même de l'abondance, & se servir dans le particulier de spécifiques qui peuvent arrêter ou suspendre le méchant effet des alimens du pays, qui en général, je ne saurais trop le répéter, ne valent absolument rien. Il n'est point de contrée où les spécifiques contre le scorbut soient plus communs. Tout le monde le sait, chacun les connaît, presque personne n'en use. On y fait un fréquent usage du thé : d'où vient ne pas le remplacer de tems-en-tems par le cresson de savanne (1) ? C'est une boisson qui n'est rien moins que désagréable, que l'on peut faire infuser de la même manière,

---

(1) De plaine.

vert ou sec. Je puis assurer que c'est le véritable antidote du scorbut. Il est une infinité d'autres simples dans nos campagnes, qui ne sont pas moins contraires à ce mal. Tous les vulnéraires y croissent abondamment, & le thé même des deux meilleures espèces.

A ces remèdes faciles & naturels, on pourrait ajoûter l'usage du lait pris de tems à autre ; de distance en distance des purgations douces & légères, afin de précipiter les mauvaises humeurs que ces remèdes simples mettent en mouvement. J'en ai déja fait l'observation, mais on ne saurait trop y revenir : les médecines trop fortes, comme celles qui sont trop froides, ne valent rien du-tout ; l'émétique, par exemple, remue & secoue trop l'estomac, qui demande ici à être ménagé. Il ne faut pas moins de prudence dans l'administration des purgatifs qui le refroidissent & en relâchent trop les fibres. Il vaut mieux suppléer le besoin d'un remède violent par la poudre-des-Chartreux ou le kermès, l'un des bons remèdes qu'on puisse employer sous ce ciel ; il y est presque sûr, étant administré à propos, qu'il procure des crises salutaires. La rhubarbe n'est pas moins excellente. En un mot, tous les légers sudorifiques devraient être employés.

Enfin, pour terminer, il faudrait se priver,

durant un court espace, de tous les plaisirs, pour être plus en état de les goûter ensuite. Je prévois que mes compatriotes de Saint-Domingue approuveront peu mon épicurisme ; ils sont habitués à un genre de vie qu'ils ne sauraient quitter, malgré les accidens qu'il leur occasionne. Je n'en fais pas moins mon devoir, en cherchant à leur être utile.

Il est inconcevable combien la conduite que l'on mène à Saint-Domingue occasionne de maladies ; au-lieu qu'avec plus de sobriété & un certain régime, on y jouirait d'une santé inaltérable. On en a un exemple frappant, dans les hommes & les femmes qui furent transférés ici des isles de Sainte-Croix & de Saint-Christophe, sur la fin du dernier siècle. Il en existait encore il y a tout au plus vingt ans. J'entendais tant dire que leur constitution n'était meilleure, qu'à cause du climat où ils avaient pris naissance, ou sous lequel ils avaient vécus, que cela m'inspira la curiosité d'en consulter plusieurs. Voici ce qu'ils me répondirent : *Les Petites-Antilles ne sont pas, à beaucoup près, si saines que les Grandes-Antilles ; dans la plupart les animaux mêmes y tremblent la fièvre. Pourquoi vivons-nous si longuement ? C'est que, accoutumés dès l'enfance à la pauvreté dont ces colonies étaient pour lors le centre, ainsi* qu'au travail manuel pour y pouvoir subsister ; transplantés par les Anglais & par notre Nation dans cette colonie où il a fallu nous faire une nouvelle raison de ce travail, l'habitude que nous avions contractée a plié notre tempérament à la sobriété ; nous en sommes récompensés par l'heureuse vieillesse où nous parvenons, & par la bonne santé dont nous avons la satisfaction de jouir. Je ne pense pas qu'il y ait de réplique à la sagesse de ce discours. On observe effectivement qu'il en est encore ainsi de tous ceux qui y vivent avec une égale prudence.

Le climat, l'air, voilà l'excuse de tous nos intempérans, que ceux qui les traitent dans leurs maladies n'ont que trop l'art de flater. Je n'ignore point que l'air & le climat influent sur les individus ; mais je n'aurai sûrement garde de leur attribuer tout ce qui n'est que l'effet d'une vie licencieuse ou d'une intempérance excessive. Il semble qu'on ne travaille ici que pour se satisfaire en tous genres d'excès ; aussi en naît-il des suites fatales au phisique & au moral. Les opérations manuelles de la chirurgie deviennent souvent par-là fâcheuses : la plus légère amputation y cause souvent la mort : un doigt coupé, par une opération à propos, a fait mourir des sujets viciés, tandis que l'amputation d'une jambe n'a eu aucune mauvaise suite dans un meilleur sujet.

Ce que l'on appréhende le plus dans toutes ces opérations, c'est le spasme, qui s'appelle ici vulgairement *pasme*: il est constant qu'il est moins occasionné par l'air que par la mauvaise constitution du sujet. Il serait aisé de s'en convaincre tous les jours; mais l'ignorance est bien aise d'accréditer une opinion qui lui sert de retranchement. On sait que c'est une maladie qui crispe la contexture des nerfs, & qui les roidissant, empêche leur flexibilité. Si l'on ne trouve le secret d'arrêter promptement l'effet de ce mal, il se communique bientôt dans toute la partie nerveuse: les muscles, les tendons fléchisseurs cessent tout-à-coup le jeu de leurs ressorts; le malade devient roide comme une barre de fer. On craint ici ce cruel accident pendant neuf jours, après une amputation ou une blessure périlleuse; ce qui est toujours plus à craindre dans un sujet mal constitué, que dans tout autre. J'en ai vu à qui un simple clou, entré par mégarde dans le pied, causait le spasme, & qui en mouraient. Le froid dont on est saisi à l'instant d'une violente transpiration, produit aussi cette maladie; mais elle est en ce cas plus facile à guérir. Il ne faut ni oindre d'aucun corps graisseux, ni froter avec aucune liqueur spiritueuse les personnes attaquées du spasme, mais vivement les remuer, les agiter, les faire suer, les exposer à l'action d'un feu vif, leur faire boire force vinaigre, de l'oximel, en mettre dans leurs bains chauds, les secouer violemment avec l'émétique & les plus forts sudorifiques. Les nègres sont beaucoup plus sujets à ce mal que les blancs, & les animaux encore plus que les nègres.

Rechercherai-je l'origine du bruit qui se répandit en Europe immédiatement après la découverte d'un nouveau-Monde, sur la maladie vénérienne, jusqu'alors inconnue ? L'on voudra bien m'en dispenser, parce qu'il faudrait entreprendre une dissertation qui serait étrangère à mon sujet. Elle a porté en France le nom de *mal de Naples*, & en Italie celui de *mal Français*. J'espère le prouver quelque jour, ce mal infâme n'a jamais, selon moi, pris sa source à Saint-Domingue. La raison de ce qu'on ne l'a connu que dans le tems de la conquête que Charles VIII fit du royaume de Naples, c'est-à-dire après le retour de Colomb & de ses gens, a si peu de fondement, qu'il est inouï qu'on ait pu s'y arrêter. La licence des troupes, dont l'Italie était pour lors inondée, n'était-elle pas plus que suffisante pour faire naître cette corruption ? Est-il bien certain que ce mal avait été inconnu avant cette époque ? Et ne pourrait-on pas envisager, comme un effet de l'ignorance des siècles barbares, ces maladies si incurables & si répandues qui obligeaient de chasser de la société ceux qui en étaient attaqués ?

Les anciens insulaires de Saint-Domingue étaient sages, retenus, peu adonnés aux femmes: doit-on raisonnablement les soupçonner de s'être abandonnés à des excès assez déréglés pour produire une maladie honteuse & funeste, qui a sa source dans la corruption du sang & des humeurs ? Les excellens remèdes que les Indiens ont indiqués pour la détruire souverainement, ne prouvent pas non-plus qu'ils en étaient victimes : ils peuvent annoncer aussi bien qu'ils ont découvert un spécifique pour une terrible maladie, mais qui n'était point le mal de Naples.

S'il est originaire de Saint Domingue, comme le prétend la tradition, il faut convenir qu'il y a donc bien dégénéré, car il faut y vivre dans le plus grand désordre pour en être attaqué ; encore ses simptômes & ses suites sont-ils moins affreux ici qu'en Europe. Les sueurs continuelles & abondantes, naturelles au climat, en diminuent la malignité.

Que signifie donc le préjugé populaire adopté à Saint-Domingue, & qui s'est répandu dans tout l'Univers, qu'il ne faut qu'y venir pour attraper cette crue le maladie ? J'aimerais autant que l'on publiât qu'il ne s'agit que d'aller fous les climats brûlans de l'Afrique, pour y devenir noir comme un nègre. Sans prétendre excuser le libertinage qui règne ici, fort capable d'y introduire le mal immonde, quand il n'y ferait pas comme naturalifé depuis long-tems, je foutiens que l'on fe trompe très-fouvent en France au fujet des habitans de cette colonie. Il eft paffé en force de loi chez les Chirurgiens de Paris & de Montpellier, appliqués à la cure des maux vénériens, de vouloir que toutes leurs maladies proviennent de cette caufe ; & l'on m'a affuré que le fameux Petit, ce Chirurgien fi habile, avait coutume, lorfqu'il fe préfentait à lui quelque malade, de le queftionner fur le lieu d'où il venait : dès qu'on nommait l'Amérique, entr'autres Saint-Domingue, il décidait fans examen que les grands remèdes étaient abfolument néceffaires. Tant de perfonnes, qui ont paffé par fes mains, m'ont certifié cette anecdote, que je ferais fcrupule d'en douter, malgré le refpect que j'ai pour la mémoire d'un fi favant homme. Les Américains font riches, ou du moins réputés tels, ils paient bien, fur-tout en France où l'oftentation les jette dans des dépenfes prodigieufes :

prodigieuses : il faut donc leur faire accroire que le venin coule dans leurs veines, pour avoir un prétexte plausible de les voler impunément.

Mais le célèbre Petit, dont la réputation ne périra jamais, ignorait-il que, par un traitement inutile & dangereux, il pouvait occasionner la mort à des gens que son savoir aurait pu faire vivre, s'il eût voulu se départir d'une opinion aussi fausse, & consulter les règles de son art ? S'il part d'ici beaucoup de sphillitiques pour s'aller faire guérir en Europe, sans se déplacer, on les eût peut-être mieux traités & avec bien moins d'accidens, vu la chaleur propice du climat ; il s'y en rend un grand nombre d'autres attaqués de maladies qui ne demandent rien moins que les grands remèdes : tels sont ceux en qui l'humeur scorbutique s'est déclarée au dehors avec les mêmes simptômes qui caractérisent la sphillise invétérée. Les taches scorbutiques & les taches vénériennes sont à-peu-près les mêmes : elles se ressemblent d'autant mieux, que dans l'une & dans l'autre maladie c'est toujours le sang qui est vicié ou corrompu ; non pas de la même manière, ce qui doit faire appliquer des remèdes différens. Dans les scorbutiques, le sang est desséché au point, que ses globules deviennent d'une dureté extrême, & que la chilification, qui le précède, cesse presque entièrement. Dans les sphillitiques, le sang est à la verité vicié & corrompu, mais le venin, qui l'infecte, est limpide, & n'empêche point le chile de régénérer le sang, que ce venin corrompt toujours de plus-en-plus, mais sans le coaguler tout-à-fait. Or le traitement n'en saurait être le même ; dans l'un, il faut des fondans & des adoucissans, enfin des remèdes qui réparent & remettent dans son état naturel un sang altéré jusques dans sa substance ; au-lieu que, dans l'autre cas, il n'est question que de dépouiller le sang du venin ou virus qui le corrompt & l'infecte.

Il est certain que les chairs tombent en mortification dans l'un & l'autre cas : mais la curation de l'une ou l'autre de ces maladies doit être bien différente. Les frictions mercurielles ne valent rien pour le scorbut ; le mercure est mortel dans son traitement, agitant trop vivement les parties nobles qui ne doivent être qu'adoucies.

Je ne craindrai pas de le dire, la sphillise est très-peu dangereuse en comparaison du scorbut que l'on laisse invétérer. Beaucoup de personnes s'imaginent à Saint-Domingue, qu'il vaut mieux être attaqué de la maladie vénérienne que du scorbut ; & elles ont raison : l'une se guérit tout simplement depuis que la médecine, dont les connaissances ont été poussées si loin, en a découvert le vrai spécifique ; l'autre est à peine connu, il exige encore des recherches infinies pour que l'on parvienne à l'expulser totalement ; car jusqu'à présent on n'a trouvé qu'à le pallier : il renaît quand on y pense le moins.

Je vais hasarder mon avis sur le traitement des malades attaqués en même tems de scorbut & de la sphillise. J'estime que l'un étant plus dangereux que l'autre, il faudrait s'appliquer à déraciner le premier par les remèdes connus & pratiqués, avant de procéder à la cure de celle-ci : c'est sur-tout dans les sujets qui arrivent de l'Amérique, que cette précaution doit être prise, parce qu'ils sont pour la plupart scorbutiques.

L'usage où sont beaucoup de nos habitans de passer en France pour s'y faire traiter de la sphillise, ne serait pas pardonnable, si l'impéritie de quelques-uns de nos Chirurgiens ne l'excusait. Pour un qui est en état d'appliquer le grand remède, comme l'inimitable Astruc lui-même, il en est cent qui l'administrent si mal, qu'ils jettent leurs malades dans les accidens les plus funestes. Je dirai à cette occasion, en passant, que rien n'est si léger que l'examen qui se fait ici pour la réception des Chirurgiens, dont plusieurs ne savent que saigner : il en est qui exercent à la plaine (1), sans avoir jamais été reçus. Le grand nombre est composé de petits Chirurgiens de navires, qui en désertent. Le Conseil du Cap a eu de bonnes intentions en réglant la manière de les recevoir, le nombre de leurs examens, & ordonnant qu'un Conseiller y assisterait avec le Médecin du Roi. Cela n'arrête point le désordre : la faveur, la complaisance, les sollicitations ne sont pas moins en usage que par-tout ailleurs ; mais les conséquences en ceci sont très-importantes. Les Frères de la Charité donnent des certificats, le Médecin du Roi & les Examinateurs se laissent quelquefois gagner, le Magistrat n'est pas toujours présent, & le Public, trompé par une fausse apparence de réception, confie ses jours en aveugle à un autre aveugle.

Les dhiarrées sont très-fréquentes à Saint-Domingue : c'est souvent le fruit ou de la débauche outrée, ou du scorbut ; elles durent communément long-tems : il y a des personnes qui les gardent plus de dix années, quelques-unes toute leur vie. Les dhiarrées scorbutiques sont celles qui durent le moins, parce que, prenant leur source dans un estomac vicié &

---

(1) A la campagne.

perdu, elles conduisent bientôt au tombeau.
Le mal est qu'on songe rarement à y remédier
dans le principe, que l'on néglige une maladie qui devient incurable, & que ceux qui en
sont attaqués, mangent avec une voracité qui
ajoûte un nouvel embarras à leur état déjà fâcheux. Ils contribuent même à s'enflammer
l'intérieur par les ragoûts dont ils usent & les
boissons qu'ils se permettent. Quelques-uns,
s'embarquant à tems pour la France, éprouvent
combien le changement de climat leur est salutaire : sans faire usage d'aucun remède, ils
se guérissent dans la traversée. J'ai tenté d'en
deviner la raison, que je n'ai jamais pu me
persuader prendre son origine dans le seul changement d'air, n'y en ayant pas de plus nuisible
à la santé que l'air salé & purement marin :
car, si celui de Saint-Domingue était mauvais
par-là, il s'ensuivrait qu'au milieu d'une vaste
mer il devrait l'être encore bien davantage.
Je pense donc que, n'étant plus à même de
faire usage du piment, du citron, des fruits
acides & corrosifs que le pays fournit, & dont
on y est comme affamé, forcés d'ailleurs à
vivre d'une espèce de régime volontaire ou
contraint, leur estomac, qui n'est pas encore
tout-à-fait gâté, reprend peu-à-peu ses fonctions
& se rétablit. La preuve de cette vérité se tire

de ce qu'ils ne font pas plutôt revenus dans la colonie, que l'usage de ces mets assassins les fait retomber dans le même état; au-lieu que ceux qui ont assez de force d'esprit sur eux pour se dispenser d'en manger, se garantissent ordinairement d'une rechute aussi triste que pernicieuse.

La saison d'arriver à Saint-Domingue, pour ceux qui ne sont point faits au climat, est l'hiver, qui n'est pas même aussi froid que dans les parties les plus méridionales de la France, puisque l'on va presque toujours vêtu à la légère; mais qui est un tems pendant lequel la chaleur du soleil est ralentie. Ils ont le loisir de s'accoutumer insensiblement au retour d'une saison plus brûlante. Ce prétendu hiver, lorsqu'il est pluvieux, devient en revanche bien fatal aux anciens habitans, dont il occasionne la mort de quelques-uns. Le moindre rhume dégénère en fluxion de poitrine. La chaleur de la journée oblige de ne se vêtir que très-peu; mais, avant le lever ou après le coucher du soleil, il se fait ressentir une fraîcheur qui supprime la transpiration, quand on n'est pas assez soigneux pour prévenir cet inconvénient. Les nuits sur-tout exigent alors que l'on supporte malgré soi une couverture, sans quoi l'on s'expose à des maladies fâcheuses. La principale partie du corps, que l'on doit couvrir avec soin, c'est l'estomac, le siège ici de tous les dérangemens qu'éprouve la santé.

Pendant ce prétendu hiver, il faut traiter les malades différemment qu'en été. Les douleurs qu'on sent pour lors, les fièvres mêmes ne sont causées que par une suppression des sueurs ; les pores, presque toujours ouverts, se referment subitement, & les humeurs qui sortaient par cette voie naturelle, ne trouvant plus d'issue, refluent en dedans où elles infectent la masse du sang, ou bien s'attachent à des parties qu'elles obstruent. Il ne faut souvent, comme je l'ai vu, que restituer leur cours ordinaire ; la maladie finit d'abord. Leur faire prendre un nouveau cours, par des médecines qui n'en précipitent qu'une faible portion, ce n'est point aller à la source, aussi le malade n'en est-il que plus incommodé. Une prise de bézoart est ordinairement très-salutaire. Pour la saignée en cet état, elle est dangereuse & fort souvent mortelle. Je me suis guéri un nombre infini de fois d'une fièvre très-violente, qui provenait de cette cause, en ne prenant que du thé & me couvrant beaucoup plus que de coutume, afin de rétablir la transpiration : si j'avais appelé un Chirurgien, il m'aurait saigné, & j'eusse fait une longue maladie. J'en ai toujours été quitte pour un seul accès. Cette fièvre commence par les simptômes les plus effrayans; on ressent un froid vif & des douleurs aiguës dans toute l'habitude du corps, le mal de tête n'en est point excepté; & voilà ce qui épouvante & fait prendre le change. Ayant beaucoup couru un après-midi, pour vaquer à mes affaires, un Capitaine Provençal, chez lequel je m'arrêtai, m'offrit de me rafraîchir avec du sirop d'orgeat; un unique gobelet que j'en pris me fit trembler au même instant d'une manière qui aurait épouvanté tout autre; la fièvre survint, je n'en fis que rire, & sachant la cause de cette prompte attaque, dix à douze tasses de thé bien sucré me tinrent lieu de soupé: après quoi me mettant au lit à l'heure accoutumée, je me servis d'une couverture de laine qui acheva de me guérir. Toute transpiration supprimée ici en santé n'exige pas d'autre remède.

J'ai observé que l'on recherche ici le froid avec une sensualité qui nuit à beaucoup de personnes. Les rhumatismes, les fluxions, plus communs qu'on ne se l'imaginerait, eu égard à la chaleur du climat, naissent de là: ces maux sont bien plus difficiles à guérir qu'ailleurs; ce qui paraîtra singulier. Les humeurs froides, les gouttes sereines, les pituites, y sont des maux familiers, qu'on ne guérit pas facilement.

Les maladies fiévreuses ne sont pas longues sous ce ciel ; les malades y voient promptement décider de leur sort : les jours non-pairs sont pour eux les plus critiques ; il est rare que l'on aille jusqu'au onzième. On voit peu de goutteux à Saint-Domingue, quoique la débauche dût les rendre communs ; mais la transpiration y est telle, que l'humeur âcre & maligne s'évapore aisément ; ce qui fait que les personnes qui ont le malheur d'être attaquées de la goutte, soit qu'elles apportent ce mal de France, ou qu'il leur vienne dans le pays, sont beaucoup soulagées : leurs attaques ne sont ni si vives ni si longues que dans le Royaume. Les plaies sont aussi peu dangereuses à la tête, de même que les coups de feu ou d'épée au-travers du corps, qui se guérissent en moins de rien : les maux de jambes sont seulement en quelques endroits difficiles à guérir ; ce qui dépend encore de la bonne ou mauvaise constitution du sujet. Tout cela fait bien l'éloge de la pureté de l'air. Si l'on avait soin de s'y purger souvent, pour diminuer l'abondance des humeurs qui se jettent sur toutes les parties du corps, on se porterait mieux que dans nulle autre contrée de l'Univers. Malgré les sueurs continuelles (& on ne saurait trop le dire), ces humeurs s'amassent avec une rapidité étonnante ; elles deviennent l'origine de toutes les maladies. Les vaisseaux sanguins, les couloirs qui servent à les filtrer & à en séparer le plus subtil pour le rendre utile à la vie, le foie où se forme ce soufre que l'on nomme bile, si nécessaire à l'économie animale, tant d'autres parties essentielles, les intestins, les nerfs, tout en est infecté ; d'où naissent des maux qui contractent la plus grande malignité par le séjour de ce qu'elles ont de terrestre & de grossier, qu'on ne saurait trop s'empresser d'évacuer. C'est de cette source empestée que sortent les *malingres*, espèce de plaie qui se forme elle-même d'une tumeur scrophuleuse, par la pourriture des chairs. Ce mal s'attache le plus communément aux jambes. Combien de nègres sont par-là rendus infirmes & inutiles à leurs maîtres ! Il n'est guère d'habitations où l'on ne voie de ces jambes monstrueuses, que l'on a la sotise de croire l'effet du poison ou des sortilèges, tandis que la cause en est toute naturelle, ne résidant que dans un sang infecté par les humeurs viciées qui s'y mêlent, & que l'on y laisse séjourner.

Tout est médicinal sous ce climat fortuné : les trois règnes, animal, végétal & minéral, y offrent les spécifiques les plus merveilleux ; mais les nègres sont presque les seuls qui en savent tirer parti. L'amour du gain séduit trop les jeunes-gens qui viennent ici pour exercer la médecine & la chirurgie : ils pourraient s'occuper utilement à la connaissance des simples dont ce pays abonde, sans nuire par cette étude à leurs fortune.

Les remèdes pharmacopiques qu'on emploie par-tout ailleurs, ne réussissent pas moins bien à Saint-Domingue, pourvu qu'ils n'aient pas vieilli au point de perdre leur vertu, ainsi qu'il arrive à la plupart de ceux que l'on conserve des tems infinis. Il serait essentiel que de bons règlemens, auxquels on tiendrait la main, les fissent visiter de tems à autre. Tous les végétaux n'agissent plus guère au-delà du terme d'une année. Les Chirurgiens & les Apothicaires font venir leurs remèdes, ou en achètent des Capitaines, sur-tout de Provence, qui ne manquent guère d'en apporter. Quand ces remèdes sont vieux, ils font plus de mal que de bien. La Police, qui à cet égard s'exerce si scrupuleusement en France, est ici nulle là-dessus, sans qu'on y ait encore songé aux conséquences de cet abus. En voici un autre qu'il importe tout autant de détruire. Tout le monde a la liberté d'y ouvrir boutique de drogues, & l'on prétend que c'est ce qui a répandu tant d'arsenic entre les mains des nègres, qui en ont abusé à notre détriment.

Pourquoi recourir aux drogues étrangères, pendant qu'il en croît ici de si salutaires & en abondance ? Les naturelles sont toujours les meilleures : les remèdes simples & les végétaux sont autrement bienfaisans que les composés ou factices. Or il en est une foule de ces premiers à Saint-Domingue, qu'il ne s'agirait que d'examiner & d'analiser. On leur trouverait plus de vertu qu'en beaucoup d'autres qui viennent à grands frais des pays éloignés. Quant aux minéraux, on les y découvrirait de même ; mais ce sont des remèdes si dangereux, sur-tout sous ce ciel, où l'on n'a rien moins besoin que de ce qui irrite des parties délicates, qu'en vérité la recherche en devrait être défendue pour l'usage de la médecine.

Combien les colons ne sont-ils point blâmables de négliger tant d'avantages ? L'arbre qui porte la casse, appelé cassier ou canificier, y croît en fort peu de tems & très-beau : chaque habitation pourrait avoir plusieurs de ces arbres, sans que rien de ce qu'on y cultive en souffrît. Les nègres, qui ont tant besoin d'être purgés, en cueilleraient eux-mêmes : la gomme-gute que leur prodiguent les Chirurgiens, purgatif plus fait pour les chevaux que pour des hommes, n'envenimerait plus l'état d'un grand nombre de ces malheureux. La casse, en lavement, n'est pas moins salutaire que prise par la bouche : c'est un excellent adoucissant ; on en peut manger, il dégoûte moins qu'infusé à chaud. Si sa qualité est d'être trop froide, on l'arrête par de légers cordiaux après l'effet qu'on en espérait. Les Droguistes, ou ceux qui en exercent ici la profession, publient que la casse du pays ne vaut rien, ou qu'elle est d'une extrême médiocrité : ce n'est qu'un subterfuge que l'intérêt suggère, afin de vendre quelquefois dix pistoles ce qui n'a coûté que 40 sous ou un écu. Je sais qu'elle est pour le moins aussi bonne que celle de la Martinique, dont on use ici communément : d'où vient serait-elle différente, puisqu'elle y est transplantée comme aux isles du Vent ? L'hôpital de la Charité, qui est pourvu de cet arbre, n'en achète d'ailleurs que lorsqu'elle lui manque. Il n'est question que d'en ôter soigneusement la pulpe ; elle ne donne pas plus de tranchée que celle des Indes, qui ne l'emporte que parce qu'elle est vieille. Le canificier vient de graine ; c'est un arbre singulier à voir ; son fruit long & étroit pend de toutes ses branches, & fait un cliquetis plaisant au moindre vent qui souffle.

Le séné ne croît pas moins bien dans ce pays. Il a la même vertu que l'on lui connaît dans les lieux où il vient naturellement. Je l'ai vu cultiver dans des jardins avec une facilité étonnante, qui montre combien on est peu excusable de n'y en point avoir par-tout. Sa plante ligneuse & rampante court sur terre, d'où elle ne s'élève pas beaucoup, étant toujours si basse & si faible, qu'il faut la soutenir avec des piquets, pour éviter qu'elle ne contracte une odeur terreuse, ou qu'elle ne pourrisse. On se sert de ses feuilles ; encore mieux de ses follicules, espèce d'enveloppe plate & ronde qui renferme sa graine. C'est cette follicule qui se sème ; elle n'est pas long-tems à paraître, & l'on peut user pour semence de celles qu'on envoie du Royaume, quand elles sont fraîches.

Il croît ici jusqu'à de la rhubarbe, mais ce n'est que de celle qui se nomme rapontic ou rhubarbe des Moines. Cet arbrisseau, gros & touffu, vient dans les mornes (1), aux environs du Cap, où je n'en ai pu voir qu'entre des rochers du bord de la mer, légèrement couverts de terre, & encore d'une terre qui n'était qu'une sorte de poussière d'un rouge-pourri ; ne serait-ce point là la cause de ce que la couleur naturelle à cette racine est rougeâtre ou jaunâtre ? On le peut vérifier sur les autres lieux où il en croît. Le corps de l'arbre est fort branchu,

---

(1) Montagnes.

ses feuilles sont de moyenne grandeur, d'un verd foncé, rudes au toucher, & il est couvert de petits bouquets de fleurs, dont la couleur est à-peu-près celle du souci. Sa racine purge assez bien.

Il est aussi plusieurs autres purgatifs qu'il ne serait question que d'étudier, si quelqu'un d'assez habile en voulait prendre la peine. Presque toutes les résines & les gommes y sont de cette classe. Il ne s'agirait, après leur analise, que d'en spécifier les doses; car les nègres, qui s'en servent quelquefois, ne sont point gens à s'embarrasser du plus ou du moins : ce qui n'occasionne jamais en eux d'accident, parce qu'ils sont d'une constitution forte & robuste; au-lieu qu'il faut un peu plus de sagesse dans l'administration des drogues qu'on fait prendre aux blancs, moins vigoureux. Cela est fondé sur des expériences journalières.

Les fièvres se guérissent à Saint-Domingue par beaucoup de remèdes naturels au climat; les uns usent de la racine de citroniers ou d'orangers, qu'ils font infuser dans l'eau froide ou chaude; d'autres se servent de différens amers, dont le pays abonde, la plupart des plantes y étant de cette nature, sur-tout les mangles. Ce sont de véritables arbres de quinquina, qui n'est que l'écorce d'un mangle blanc de rivière, dont on ne chercherait pas en vain la même espèce dans l'isle, si l'on n'était faussement prévenu que le quirquina ne saurait croître ailleurs qu'au Pérou. Voici un fait certain ; j'ai vu des mangles rouges du bord de la mer faire passer la fièvre aussi promptement que le meilleur quinquina. Les Chirurgiens ont intérêt que cette connaissance ne devienne pas trop publique ; ils perdraient une très-grosse rétribution sur la crédulité de leurs malades.

Un spécifique peu connu en Europe, qui mériterait pourtant de l'être, comme étant admirable contre toutes les sortes de fièvres, & qui est si commun à Saint-Domingue, qu'on y voit des haies qui ne sont pas d'autre chose ; c'est la poincillade, très-joli arbrisseau, auquel on a donné ce nom de celui de M. de Poinci, Général des isles du Vent vers le milieu du dernier siècle. Apparemment qu'il en fit la découverte. Cet arbrisseau croît d'environ dix à douze pieds de haut. Sa beauté le devrait faire rechercher de nos fleuristes : car il porte une jolie fleur, presque semblable au chèvre-feuille, ou du moins très-approchante, à la seule différence que sa couleur est d'un rouge vif & foncé, surmontée ou plutôt bordée de jaune : il sort du milieu de sa capsule, qui est découpée & veloutée, de longs filets d'un rouge incarnat,
à-

à-peu-près comme il s'en voit à la fleur du chèvre-feuille. Les feuilles de la poincillade sont comme celles de l'indigo, mais bien plus grandes, qui ressemblent elles-mêmes à la feuille de l'herbe qu'on nomme en France luzerne. On se sert indifféremment de la fleur ou de la racine : on les met infuser comme le thé, & on les prend de la même manière. J'ai ouï diverses personnes soutenir que la racine valait pour cela infiniment mieux que la fleur. Quoi qu'il en soit, il est sûr que cette plante est excellente pour fébrifuge, qu'elle mériterait d'être plus connue en Europe, où je pense qu'elle viendrait aussi aisément que dans les Antilles, entr'autres dans les parties méridionales ou simplement tempérées de la France. Elle y suppléerait bientôt au quinquina, dont elle n'a point les inconvéniens ; car on sait qu'il ruine à la longue les meilleurs estomacs.

La salsepareille croît aussi communément dans nos montagnes : elle est la même que celle du Levant, sert également à faire des tisanes pour les maux vénériens, & ne paraît pas avoir moins de vertu : sa boisson par infusion, coupée avec le lait, fait des effets merveilleux pour fouetter un sang trop épaissi ; tout le monde en devrait user fréquemment, dans un pays où le sang est sujet à ralentir souvent son action ; inconvénient qui rend le café d'un usage tout-à-fait salutaire. La salsepareille de Saint-Domingue est comme l'autre : c'est une sorte de lianne, mais qui porte un haut pied, & qui, à quelque chose près, ressemble assez à la ciguë : à l'extrémité de chaque jet, qui tous partent du pied, il naît de longues & larges feuilles d'un verd clair, charnues, & qui ne passent jamais le nombre de deux ou trois, en forme de fleur-de-lis, mais détachées ; celle du milieu est toujours la plus grande ; les deux autres ont à leur base une excroissance qui pousse de différens côtés, & se termine en ovale : le bas de la plante est garni de longs filamens durs, qui courent sur la terre, & y prennent racine ; c'est ce que l'on emploie. Si les petits habitans des marnes entreprenaient d'en cultiver, ils y trouveraient de la ressource, en fesant bientôt tomber la salsepareille du Levant.

On voit encore ici croître naturellement une autre plante sarmenteuse, mais différemment conformée, dont l'utilité pour la médecine n'est pas moins reconnue dans le traitement des maux vénériens ; elle est propre aussi à purifier la masse du sang : c'est la squine ou esquine, fort commune en certaines de nos montagnes. On pourrait en faire un commerce avantageux, ainsi que de l'autre. Cette plante rampe comme la vigne; & au-lieu que les feuilles de la salsepareille sont grandes, qu'elles poussent séparément de la lianne, en celle-ci les feuilles sont adhérentes à la partie sarmenteuse qui court & s'étend sur la terre comme toutes les plantes ligneuses: ses feuilles en partent; elles sont petites, pareilles à celles du framboisier ou plutôt de la ronce, à laquelle elles ressemblent davantage. Il serait aisé de provigner ces plantes utiles, & de les multiplier dans tous les lieux de la colonie, où elles ne se sont point encore montrées.

Le catalogue de tous les spécifiques qui croissent ou pourraient croître dans le pays, serait immense : il est peu d'arbres, même fruitiers, qui n'en puissent fournir; le gayac rend une gomme dont les propriétés sont depuis long-tems connues, & que l'Europe estime autant que nous; les uns sont des spécifiques pour la dhiarrée, les autres pour l'hidropisie; enfin on trouverait ici de quoi soulager toutes les maladies, sans le secours des autres contrées. On y peut extraire, pour le soulagement des douleurs ou autres maux qui proviennent d'humeurs froides, des huiles & graisses de quelques animaux, propres à donner de l'élasticité ou remettre en mouvement les parties qui en sont affligées. L'huile de soldat, qui est le poisson d'une espèce de coquillage emprunté, est admirable pour cela. Il n'y a pas jusqu'au ravêt, insecte qui habite les maisons & où on le poursuit pour le détruire, qui ne soit un sudorifique bienfaisant ; on va même jusqu'à l'administrer pour les maladies de poitrine. Le baume de sucrier, qui est un grand & gros arbre, découle abondamment de son tronc & de ses branches : il serait à souhaiter qu'il fût mieux connu ; car ceux qui l'ont expérimenté, le préfèrent au baume du Pérou dont on fait tant de cas ; il réunit les mêmes vertus & celles encore du copahu de la Guyane ; en sorte que, pris ou appliqué, il est également salutaire : je lui ai vu rétablir des estomacs délabrés qui ne pouvaient rien supporter. Il guérit promptement les coupures & autres blessures faites avec un fer tranchant.

Finissons par dire que la noix du médecinier, arbrisseau naturel au pays, purge à la vérité violemment, mais qu'il ne serait pas impossible de corriger cet excès, & de rendre ce végétal un purgatif doux & utile. Combien en est-il ailleurs dans ce cas, dont l'art a eu le secret de faire un présent utile à l'humanité ? Les plus dangereux poisons se transforment en remèdes salubres, aussi-tôt qu'une main habile les a préparés.

Nous avons ici une autre plante très-commune, dont les qualités médicinales étaient sues sans être pratiquées : l'un de nos meilleurs citoyens, M. Fournier de la Chapelle, ancien Procureur-Général au Conseil du Cap, a depuis peu tiré du Palma-Christi une huile excellente, avec laquelle il purge tous ses nègres, jusques aux enfans à la mamelle, en diminuant ou augmentant la dose suivant l'âge ou le tempérament. On le rangeait dans la classe des purgatifs les plus violens ; cet estimable Magistrat a démontré le contraire, & il en fera voir autant du médecinier, quand il le jugera à propos. Son âme bienfaisante se plaît à éprouver tout ce qui peut servir l'humanité. Le Palma-Christi est assez connu, pour me dispenser d'entrer dans son entière description. Il est arbuste, & porte des graines qui contiennent une humeur onctueuse, ressemblante à de la graisse ou du beurre, quand on met bouillir ces graines. On ramasse cette graisse sur la superficie de l'eau ; d'anciens habitans s'en servaient pour oindre tout ce qui a besoin de l'être dans leurs manufactures. On m'a assuré en avoir même fabriqué de la chandelle : ce qu'il y a de constant, j'ai vu dans quelques sucreries qu'on en usait au-lieu d'huile à brûler. Notre habile Procureur-Général a soupçonné que, exprimée à froid, elle devait être un purgatif; il a réussi d'abord à en purger ses nègres, très-bien & sans tranchées, & on en a ensuite donné à des blancs qui s'en sont aussi bien trouvés.

Je ferai voir tout-à-l'heure que les nègres sont plus ingénieux que nous dans l'art de se procurer la santé; en fait de guérisons simples & naturelles, ils ont plus de connaissances que les blancs qui s'y appliquent toute leur vie.

Notre colonie possède une infinité de nègres & même de négresses qui exercent la médecine, auxquels on voit beaucoup de blancs se confier. J'ai vu de leurs cures qui m'ont beaucoup surpris.

Quand ils sont livrés à eux-mêmes, les nègres ne connaissent ni la saignée ni les lavemens : les purgatifs & les tisanes sont leurs seuls régimes; à quoi ils joignent les bains, souvent froids, sans en ressentir nulle incommodité. La plupart ont apporté les traitemens qu'ils se font, de leur pays, où quelques-uns étaient en fonction de les exercer : aussi voit-on parmi ces derniers de grands empoisonneurs; ce qui est si commun, que l'on se donnerait de garde d'en faire choix, si l'on apprenait à bord des négriers qu'ils étaient Médecins chez eux. Il en a coûté cher à M. le Normand de Mézi & à la colonie, pour n'avoir pas su qu'un nommé Macandal, nègre de Mezurade, l'avait été dans *de Saint-Domingue.* 471

son pays : d'un autre côté, c'est à la prise de ce nègre, chef de parti, que l'on doit la découverte de cet horrible fléau d'empoisonnement, qui a si fort désolé notre colonie, & qui n'y est encore pas tout-à-fait éteint.

Il est rare que les nègres soient sujets, dans cette isle aux mêmes maladies que nous. Les nègres de la côte & les nègres Créoles sont presque en ce genre deux espèces différentes ; car ceux-ci, quoique d'une complexion forte & vigoureuse dont n'approchent point nos Créoles blancs, ont pourtant plus fréquemment que les autres la fièvre & les diverses sortes de maladies auxquelles les blancs paraissent spécialement affectés. Les nègres nouveaux, qu'on nous amène d'Afrique, sont d'un tempérament plus dur ; ce qui provient sans doute de la manière dont ils ont été élevés dans leur enfance, mangeant peu de viandes, & peut-être même point du tout. Jamais les nègres nouveaux ne paient, en arrivant dans la colonie, ce qu'on y appelle *le tribut*.

Les nègres de la côte, sur-tout lorsqu'ils ont souffert dans la traversée, sont sujets à un scorbut dangereux (celui de mer), qui en enlève la plus grande partie presque aussi-tôt après leur débarquement. Il est arrivé que des cargaisons entières de trois ou quatre-cents noirs, ont péri en moins de six mois. Les précautions

G g iv

qu'on y apporte préfentement, empêchent qu'il n'en meure autant, quoiqu'il foit quelquefois difficile à un habitant d'en fauver le tiers fur trente. On a foin de s'informer, fi une cargaifon eft bien faire ; mais la même raifon d'intérêt, qui oblige à avoir cette attention, porte les Capitaines à cacher ce qu'il ferait effentiel de favoir ; ils ont même l'art de farder pour ainfi dire leurs nègres : le plus fin de nos habitans y eft fouvent trompé. On les lave, on huile tout leur corps, on leur rafe la tête, ainfi que la barbe ; enfin on s'y prend de manière que les barbons paraiffent de jeunes-gens. Un Capitaine négrier, dont je fefais la vente, avait ce fecret à un tel point, que je vis un vieux habitant, qui fe donnait pour bien rufé, acheter, malgré les fignes que je lui fefais, un nègre de plus de cinquante ans pour un jeune-homme. On eft fort étonné, quand la barbe eft revenue, de l'appercevoir blanche fur le vifage d'un nègre à qui l'on ne croyait que du poil folet.

La petite-vérole, qui fait de fi grands ravages dans le monde, n'en fait pas de moindres dans les vaiffeaux négriers. On a fagement réglé que, lorfqu'une cargaifon en eft attaquée, on lui fera faire la quarantaine dans une ifle voifine, ou dans un lieu écarté. Ce règlement, tout utile qu'il eſt, n'eſt pas plus obſervé que beaucoup d'autres. Le Médecin & les deux Chirurgiens du Roi ſe tranſportent à bord du vaiſſeau négrier, auſſi-tôt après qu'il a mouillé. Je dirai, puiſque l'occaſion s'en préſente, qu'il y a dans chaque ville de la colonie, ou groſſe bourgade, deux Chirurgiens ou un ſeul revêtu des deux places : l'un eſt le Chirurgien-major de la place, l'autre le Chirurgien-major de l'Amirauté, qui tient ſes proviſions de l'Amiral ; celui-ci eſt deſtiné à veiller ſur la rade, à viſiter les coffres de chirurgie, fort mal compoſés dans les navires marchands, & à donner des certificats de ſanté, dont les navires Provençaux, ce qui eſt ſingulier, cherchent le plus à ſe diſpenſer. Ces Officiers de ſanté ont preſque toujours une condeſcendance aveugle pour les intérêts de l'Armateur, ou les prières du Capitaine, qui quelquefois auſſi les trompe, en leur taiſant que ſes captifs aient été infectés de la petite vérole. Quand ils s'apperçoivent de quelque choſe, il leur dit que la maladie eſt paſſée, que ce qu'ils en voient n'eſt que le reſte des derniers guéris, tandis qu'il leur en dérobe qui ſont très-malades. Il eſt vrai qu'une cargaiſon eſt perdue ou ſouffre une grande perte dès qu'on lui fait eſſuyer ce préſervatif contre la contagion dont eſt menacé le pays où on l'introduit. Mais devroit-on balancer, en pareil cas, entre le bien général & le particulier ?

Les habitans soigneux, entendus, dont le nombre n'est pas le plus grand, n'achètent jamais de nègres nouveaux, quelque sains qu'ils leur paraissent, sans les traiter comme s'ils étaient atteints de maladie. La saignée, hors d'usage en ce cas par la crainte du scorbut, est suppléée par des purgatifs & de bons alimens ; on les rafraîchit, on leur procure de l'exercice, sans les fatiguer ; & peu-à-peu ils s'accoutument au travail, funeste pour ceux que l'on y met d'abord, sans user d'aucune précaution.

Lorsque les nègres nouveaux se sont acclimatés, ils deviennent sujets à beaucoup plus d'infirmités que dans leurs pays ; ce qui n'est pas surprenant : la fatigue, les veilles, un travail assidu & continuel, à quoi ils ne sont rien moins qu'accoutumés, le changement de nourriture, peut-être la différence de l'air, toutes ces choses occasionnent des révolutions qui dérangent leur tempérament naturel, que l'usage trop fréquent de la boisson forte, connue sous le nom d'eau-de-vie de cannes, achève de miner insensiblement ; aussi est-il rare que les Africains vivent vieux, lorsqu'ils sont transplantés dans l'Amérique. Les Nations chez qui ils sont même le plus ménagés, expérimente cette vérité comme nos colons.

Ceux qui viennent en droiture de la côte de Guinée, apportent en eux le germe de différens maux inconnus parmi nous ; des vers d'une espèce unique, des indications particulières de maux vénériens, & bien d'autres maladies qui ne se sont découvertes que depuis leur fréquentation, & ne se communiquent que trop par la débauche. On a dû être d'une surprise extrême, en voyant des blancs affectés de maux, dont la médecine n'avait encore eu aucune notion. J'en donnerai une légère idée, afin que l'on n'y soit plus trompé en Europe, & que dans des sujets venus de notre climat, on apprenne à distinguer ce qui est l'effet d'une funeste communication avec les noirs, des simptômes ordinaires à nos maladies.

Comme nous, les nègres sont sujets à toutes sortes de vers; ce qui ne doit point étonner vu les vilenies & les crudités dont ils se nourrissent par préférence : mais ils sont particulièrement infectés d'une autre espèce de vers dont on commence à appercevoir des traces chez les blancs qui ne vivent pas mieux. C'est le *vers de Guinée*, d'une longueur démesurée & d'une figure singulière. Il se tient entre cuir & chair, où il se glisse dans toutes les parties intérieures de la peau, y excitant des élevûres, l'enflûre la plus dangereuse, qui aboutit bientôt à la putréfaction, & qui intercepte le cours du sang & des fluides destinés à l'entretien de ces parties. C'est en quoi il est aisé de remarquer que l'épiderme est la cause unique de la couleur des nègres ; parce que l'interruption de la liqueur qui y coule sans cesse, leur fait devenir la peau d'un blanc fade. On tâche d'attirer ce vers au dehors, & il se montre souvent de lui-même. Dès qu'il paraît, on le roule sur quelque chose, & on le tire tout doucement avec de grandes précautions : car, si on venait à le rompre, tout ce qui en reste se pourrissant, occasionnerait un état affreux au sujet malade. Les abcès, les tumeurs, la mortification des chairs où cette pourriture séjourne, la masse même du sang qui se corrompt, tout indique en ce cas des maux successifs & périlleux. Il faut donc être doué d'une grande patience, pour enlever peu-à-peu ce fatal insecte. Comme il ne réside point en des endroits que puissent parcourir les remèdes évacuans, les purgatifs, alors il n'y a que les scarifications, le bouton de feu, les plus violens caustiques, les cataplasmes émolliens, & tout ce qu'on a inventé de plus fort pour être appliqué sur la peau, qui soient capables de venir à bout d'extirper un corps étranger si nuisible. Quand, en le tirant en vie, on sent la moindre résistance, il n'y a point à balancer pour lors ;

il est nécessaire d'abandonner l'opération, jusqu'à ce qu'on trouve le moment où le vers se prête de lui même : on lie & on attache fortement ce qui en est dehors, attendant un instant plus favorable. J'ai vu de ces vers qui avaient plus de vingt brasses. Ils sont plats, quelques-uns de couleur cendrée, d'autres blancs. L'opinion la plus répandue est qu'ils sont engendrés par la mauvaise eau, dont boivent la plupart des Africains. Les Capitaines négriers m'ont en effet confirmé que, dans divers comptoirs de la Guinée, elle y est détestable ; je ne saurais me figurer que ce soit la seule origine de cette maladie, qui serait commune en d'autres lieux, si c'en était la raison. Le plus grand nombre des nègres en devrait être d'ailleurs attaqué, & ce n'est que la plus petite partie. De plus, on en a vu à des blancs qui n'avaient point voyagé sous le ciel brûlant de l'Afrique ; au contraire, il est rare que ceux qui y demeurent en soient atteints. Comme il arrive du vers-solitaire, le vers de Guinée est seul, personne n'a pu me dire en avoir vu davantage dans un même sujet.

Le *vers-solitaire* est ici comme en Europe ; ainsi je ne pense point qu'il soit particulier aux nègres, ni qu'il vienne d'eux. Sa forme est encore plus extraordinaire que celle du vers de Guinée ;

il est fort long comme lui, sans l'être pourtant autant; sa tête est grosse, à-peu-près faite comme celle du poisson nommé têtard: pour son corps, il est composé d'une infinité de petits anneaux semblables à une ......, & il a beau se rompre, ce redoutable insecte reprend bientôt ce qu'il avait perdu, qui renaît avec assez de promptitude pour que l'animal ne perde rien de sa voracité. Il dévore la substance de tous les alimens, se tenant à l'orifice de l'estomac, par où il reçoit tout ce qui forme le chile, empêchant par-là que le sang ne se répare, ainsi que cette partie subtile & volatile des alimens y est consacrée. Voilà ce qui fait que les personnes attaquées du vers-solitaire, sont si maigres qu'elles dépérissent à vue d'œil; quoiqu'elles mangent continuellement. L'extraction par la bouche en est difficile, délicate, même périlleuse, quoiqu'on ait vu quelquefois réussir d'habiles Opérateurs à l'extirper de la sorte. Voici un remède bien simple, pratiqué devant moi par une négresse sur une dame mourante, qui avait en vain épuisé toutes les ressources de la médecine: elle ne lui fit avaler qu'un verre de jus de citron, dans lequel elle avait délayé une ou deux pincées de cendre; n'importe de quoi. Apparemment que cette drogue l'empâte & l'étouffe: quoi qu'il en soit, le vers mourut, & cette dame vit encore avec un embonpoint qu'elle ne connaissait pas auparavant. Il faut ensuite beaucoup purger, afin d'expulser ce corps étranger, dont la corruption causerait certainement des maladies qu'il s'agit de prévenir.

Les *pians* sont une autre maladie originairement particulière aux nègres, mais dont on voit aujourd'hui des blancs crapuleux être infectés. C'est un nouveau simptôme vénérien, qui prouve, à mon avis, que la sphillise est moins naturelle à l'Amérique qu'on ne pense, puisque voilà une de ses plus cruelles indications, qui y était entièrement inconnue, avant qu'on y eût introduit des peuples d'Afrique. Ce qui doit achever d'en convaincre; c'est que la plupart des négrillons & des négrites que l'on apporte à Saint-Domingue, y viennent tachés de ces vilains pians que les Capitaines, qui nous les vendent, ont trouvé le secret de faire disparaître pour quelque tems par de simples palliatifs : on ne les a pas plutôt achetés, qu'ils reparaissent & qu'il faut les faire traiter à fonds. Donc ce mal tire son origine du lieu d'où ils arrivent ; donc il vient de naissance ; donc il ne nous est connu que par la fréquentation que nous avons avec les Africains ; donc il ne faut point aller chercher autre part la source de ce vice horrible qui est venu corrompre l'Univers, ou du moins l'infecter encore plus qu'il ne l'était.

Ces pians sont des boutons purulens, qui croissent sur toutes les parties de la peau, & qui, pleins de virus, indiquent le mal le plus enraciné ; ils sont pourtant d'une nature différente de tout ce que l'on a pu observer jusqu'à présent dans les effets de cette infame maladie. Le mercure, en en déracinant la cause, ne suffit pas pour guérir tout-à-fait les pians ; il est aussi nécessaire de les traiter séparément, d'appliquer dessus des onguents qui les dessèchent, sans quoi, malgré la cure de ce qui en est le principe, il se formerait des pustules qui dégénéreraient en ulcères malins & plus fâcheux que le fonds du mal en lui-même. Quelques Chirurgiens se contentent de faire passer ces pians, &, n'allant point à la source, se ménagent l'occasion de recommencer souvent ce manège, qui épuise la bourse des colons, en enrichissant l'Esculape. Aussi les habitans qui ne sont point dupes, ont-ils adopté des traitemens où le mercure, si difficile à manier pour qui ne le connaît pas, est employé d'une façon peu dangereuse, & que l'on peut administrer sous leurs yeux. La tisane de la Martinique ou de la Guadeloupe (car elle porte l'un

&

& l'autre de ces noms indifféremment), sert maintenant à traiter tous les maux vénériens. Quoiqu'il faille avoir une forte constitution pour soutenir un remède qui ne convient point à tous les tempéramens, quelques blancs s'en servent avec autant de succès que les nègres. En voici la recette, telle que je l'ai vue mettre en pratique : « Prenez salseparcille fendue & coupée de la longueur d'un pouce, deux onces ; esquine coupée & séchée, deux onces ; gayac, ou son écorce, coupé & séché, deux onces : mettez ces drogues dans un pot de terre vernissé, avec deux bouteilles d'eau : prenez avec un bâton la mesure de la hauteur de ce qui est dans le pot ; ajoûtez quatre autres bouteilles d'eau & deux onces d'antimoine cru, qui sera pilé & enfermé dans un linge ; vous suspendrez ce nouet dans le pot. Faites bouillir ensuite à petit feu égal jusqu'à ce qu'il ne reste plus que deux bouteilles : tirez-les, & remplissez après cela le même pot de nouvelle eau qu'on fera bouillir sur le marc. Il faut prendre une bouteille de la première eau par jour, en trois fois, de grand matin, à midi & le soir. Le régime est de ne manger que du biscuit & de la viande grillée, de n'user pour toute boisson que de la seconde eau, avec laquelle on lave aussi les malingres (1) que pourrait avoir le malade.

Cette tisane est bonne, mais il faut des tempéramens de nègres pour la pouvoir supporter. J'ai vû des blancs la prendre, & être radicalement guéris de l'état le plus fâcheux. Je rapporterai ci-après la composition d'une autre tisane moins compliquée, que l'on dit avoir été inventée par les nègres, & qui n'est guère moins violente, quoique plus simple & qu'elle ait les mêmes bons effets.

Les nègres sont encore sujets à plusieurs autres maux, qui n'attaquent guère les blancs, & qui prennent leur source dans un sang trop épaissi, dans des humeurs différentes des nôtres, qui ne filtrent qu'avec peine, & dans l'altération naturelle des liqueurs. Je ne sais si je me trompe, mais j'ai remarqué que le sang des nègres diffère naturellement & substantiellement du nôtre, étant beaucoup plus épais, plus noir, moins visqueux & bien moins fluide : on dirait effectivement, à l'examiner de près & avec attention, qu'il serait presque dénué de la partie blanche, qui constitue aussi essentiellement notre sang que la partie rouge. Je souhaite que ceci serve à faire étudier ce sang plus attentivement ; peut-être y découvrira-

---

(1) Plaies, pustules.

t-on des singularités que je n'ai pu qu'entrevoir.

Quoi qu'il en soit, les nègres son susceptibles de maladies particulières sous ce climat, dont nous paraissons exempts, soit que cela vienne de la différence des alimens, ou d'une constitution singulièrement affectée à ces maux. Nous y avons des maux de jambes, ils ne sont pas même rares ; mais on n'a vu nul blanc, quelque vie misérable qu'il mène, quelque liaison qu'il ait avec les noirs, en avoir de semblables aux leurs. Un Peintre, M. Dupont, en avait dessiné une si monstrueuse, que, si j'eusse pu l'obtenir pour la faire graver, on conviendrait que jamais rien de pareil n'avait frappé les regards en Europe. Ces jambes monstrueuses sont communes ici. Ce n'est point aucun effet de scorbut, il est en nous plus apparent que dans les nègres. Enfin, la cause en est si peu connue, que l'on a mieux aimé croire que c'était une suite de poison, que d'en rechercher l'origine dans le nègre même.

Les chairs fongueuses leur sont si particulières, si analogues à la moindre indisposition qu'ils ont, & si susceptibles d'être attaquées au plus petit dérangement de leur santé, que je ne saurais me persuader que ce ne soit pas l'effet d'une constitution différente de la nôtre. Seraient-ils pétris d'un autre limon ? J'ai quelquefois pris plaisir à les considérer dans toute leur essence morale & phisique ; j'avouerai qu'il a fallu me rappeler les points fondamentaux de ma religion, pour imposer silence là-dessus à une raison trop impérieuse.

Ils ont donc des maux de jambes & de pieds, qui leur sont particuliers : les plus forts caustiques n'y font rien. Il en est quelques-uns de légers qu'on guérit avec le vitriol, le vert-de-gris, & les autres remèdes que la chirurgie emploie pour détruire ces chairs pourries & gangrenées : il y en a dont le vice est tel, qu'il résiste à tout, & qu'il met en défaut l'habileté du plus expert Opérateur, après avoir même purgé le sang de tout ce que l'on y croyait d'impur. Les maux de la moindre espèce en ce genre, sont les *crabes* & les *guignes*, qui naissent aux nègres sous la plante des pieds. Il y faut remédier dans l'origine, parce qu'ils acquièrent, en vieillissant, une malignité qui en rend l'extirpation difficile : ce sont des chairs dures, calleuses, qui s'élèvent au dessus de la superficie ordinaire de la peau, qui ont des ramifications ou racines qui les font végéter & croître sensiblement ; de sorte que le malade ne peut bientôt plus marcher.

Il est à présumer de ces accidens extérieurs, que les parties intérieures du corps des nègres, ainsi attaqués, ne sont rien moins que saines : cependant on en voit vivre avec ces maux, sans qu'il paraisse rien au dehors qui dénote le vice constitutif qui est en eux ; leur santé paraît bonne, ils n'en travaillent pas moins ; ainsi cette espèce d'hommes est faite pour dérouter toute la science humaine. Leur estomac, bien meilleur, bien mieux constitué que le nôtre, supporte les vivres les plus indigestes, sans en être incommodé. Il est vrai que l'habitude est une seconde nature. On ne peut que s'étonner qu'ils ne soient pas plus sujets au scorbut. Leur sang serait-il moins disposé à le recevoir, en raison de son épaississement naturel ?

Le travail, auquel on occupe perpétuellement les nègres, contribue beaucoup, à mon avis, à les débarrasser, par la voie de la transpiration, de ces sucs grossiers que doivent amasser en eux les alimens dont ils usent. Ils font avec cela des diètes forcées, qui ne nuisent point à leur santé : car ce sont tous les repas que nous accumulons inconsidérément les uns sur les autres, qui nous rendent si valétudinaires, en dérangeant nos estomacs. Le repas du soir est sur tout celui qui nuit davantage & mine insensiblement notre tempérament. Après avoir copieusement soupé, on va se coucher sur-le-champ, sans donner le loisir à la digestion de se faire (car c'est l'usage du pays); les sueurs du jour sont interceptées par la fraîcheur des nuits, durant lesquelles on ne se couvre presque jamais: l'estomac surchargé perd de son ressort peu-à-peu, & à la longue il devient d'un relâchement, d'une paresse dont il est aisé de s'appercevoir, pour peu qu'on y fasse attention. Loin de devenir sage par tous ces avertissemens, on continue à vivre de la même manière; la fièvre survient, un mal-habile Chirurgien saigne, & l'on meurt. C'est la destinée de la plupart des habitans de cette colonie, qu'on sauverait par la diète & l'eau chaude. Or les nègres ne soupent point, ou très-rarement; & ce qu'ils mangent le soir est si léger, qu'en vérité cela n'est pas capable de leur causer d'indigestion: ajoutez qu'ils ne s'endorment que tard, aimant à causer entr'eux; qu'ils retournent au travail au point du jour, exercice qui ranime toutes les facultés arrêtées par la fraîcheur de la nuit, bien moins dangereuse pour eux par le feu qu'ils allument sans cesse & qui échauffe leurs cases, & parce que jamais on ne les saigne aussi légèrement que l'on fait les blancs. Ils sont heureux que la chirurgie les néglige!

La preuve que cet exercice d'un travail journalier leur est salutaire, c'est que les nègres paresseux sont bien plus maladifs que les autres. On peut l'observer sur toutes les habitations. Ils deviennent hidropiques, mal-sains, sujets à la colique, aux fièvres & à tous les maux qui désolent les blancs sous un climat qui exige un exercice continuel pour s'y bien porter. Leur paresse les éloignant du travail, ils seraient des piliers d'hôpital, si l'on ne veillait à les en faire sortir. Les habitans qui veulent réprimer ce désordre, ne les y admettent qu'à bon escient, après avoir reconnu qu'ils sont véritablement malades. Les nègres traitent eux-mêmes assez heureusement le plus grand nombre de leurs maladies.

Voici ce que j'ai pu découvrir de leurs remèdes, la plupart d'entr'eux, sur tout les plus habiles, gardant un secret inviolable sur la connaissance qu'ils ont de la vertu de quantité de *simples* que nous ne connaissons pas, à beaucoup près, si bien qu'eux. J'ai offert de l'argent à plusieurs, pour être instruit en détail de tout ce qu'ils savaient; je n'y ai pas mieux réussi qu'auprès de leurs prétendus sorciers, qui valent bien les nôtres.

L'habitude des nègres qui veulent guérir des fièvres, est de se jeter dans l'eau la plus froide, de s'y baigner, & de se mettre sur la tête des herbes fraîches qu'ils arrachent au fond des ravines ou des rivières. J'en ai vu l'essai sur des blancs, qui convenaient que cela leur ôtait l'ardeur de la fièvre, que le mal de tête cessait presque aussi-tôt, & qu'ils se sentaient soulagés. Plusieurs m'ont même dit en avoir été guéris. Ces herbes se changent d'instant en instant, & se retirent toujours aussi chaudes que si on les eût fait bouillir : elles procurent de fortes transpirations, & débarrassent sur-tout la tête. J'ai éprouvé ce remède sur moi-même. Mais pourquoi douterait-on de son efficacité ? qu'on se rappelle ce que rapporte Chardin, de la manière dont la fièvre se guérit en quelques lieux de l'Orient, où l'on ne connaît d'autre cure, que de se faire jeter sur le corps des seaux de l'eau la plus fraîche.

Deux sortes d'herbes servent aux nègres pour l'usage ci-dessus marqué : la première est une espèce de pourpier, à qui ils donnent en effet le nom de *pourpier sauvage*, mais qui diffère de celui dont les campagnes sont remplies; il ne lui ressemble, de même qu'au pourpier franc d'Europe, que par la forme & l'entrelacement de ses fibres rampantes, leur couleur, grosseur, & ce goût fade particulier au pourpier : quant aux feuilles, elles n'ont rien d'approchant, étant minces, longuettes, terminées en pointe. Le *pourpier - sauvage - aquatique*, ainsi que je le nommerai, pousse un bouton extrêmement long, dans lequel est contenue sa graine, & qui s'ouvrant laisse appercevoir une petite fleur jaune, mais simple, ressemblante assez à la marguerite des champs.

L'autre espèce de simple propre à la fièvre est appelée par les nègres, *herbe-à-piment*, nom qui lui convient à cause de son goût ; le plus fort piment ne pique pas davantage. Cette herbe ne rampe point comme la précédente ; elle vient droite, peu chargée de branches, garnie de distance en distance de longues feuilles, étroites & pointues ; au bout de chaque branche, il paraît un long cordon de petits boutons pressés & arrangés avec simétrie, qui sont blancs & fleurissent ensemble. Ce goût piquant n'est que dans les boutons & dans la feuille.

Une classe de pois, qui certainement ne servent point à la nourriture, ainsi qu'on en peut juger de leur nom de *pois-puans*, qui leur est bien dû pour leur puanteur extraordinaire, est employée dans les fièvres par les nègres : mais leur plus grande vertu est d'être un vermifuge excellent. On le prend par infusion comme le thé, quoique ce soit la plus désagréable boisson qu'il y ait. Il y en a de plus d'une espèce : la véritable & la plus commune est un arbuste extrêmement branchu, dont la feuille est petite, ronde, quoique terminée en pointe, d'un assez beau vert, mais d'une puanteur insupportable. La fleur de cette plante est jaune, elle donne un pois dont la gousse ressemble beaucoup à celle de la plante qu'on nomme en France la vesse : sa racine est ligneuse, elle a les mêmes qualités que le reste de la plante. Les nègres la font entrer dans la plupart de leurs décoctions ou tisanes ; ainsi ils lui reconnaissent d'autres vertus que nous. Quelques-uns font brûler ce pois comme du café ; ils en expriment une liqueur qu'on dit souveraine contre les fièvres.

La *verveine* est ici fort commune & de plusieurs sortes : la puante est ici encore plus abondante que celle qui communique un si mauvais goût au lait & à la viande des bestiaux qui en mangent dans les campagnes du Royaume : à Saint-Domingue on leur trouve fréquemment cette odeur dégoûtante, les champs y étant parsemés d'une herbe si peu flatteuse au goût. Mais, comme il n'est point de plante si malfaisante, à qui la Nature n'ait attaché quelque propriété utile à l'homme, la verveine-puante sert aux nègres à faire des cataplasmes salutaires pour toutes sortes de coliques ; ils en composent aussi des tisanes souveraines, soit pour la colique, les pertes blanches des femmes, pour les filles mal-réglées, ou pour d'autres maux communs aux deux sexes. C'est alors de la racine dont ils usent, infusée à froid ou à chaud. L'espèce de verveine que je viens de décrire, se mêle ordinairement avec une autre nommée *verveine-bleue*, à cause de la couleur de ses fleurs, laquelle n'est rien moins que puante comme la première : ses feuilles sont grandes, découpées sur les bords comme celles du fraisier ; elles viennent par bouquets le long d'une haute tige, de distance en distance, & cette tige finit à-peu-près comme est terminée l'asperge ; des fleurs qui approchent de la violette, croissent au bout de la tige vers son extrémité ; elles sont ordinairement sept à huit ensemble, détachées les unes des autres. Les nègres disent qu'il n'y a point de poitrine délabrée que la décoction de ces plantes ne guérisse, ni d'estomac qu'elle ne rétablisse. J'ai vu beaucoup de gens s'en trouver bien.

L'*herbe-à-charpentier*, connue aujourd'hui en Europe, & dont on fait un sirop aussi agréable que bienfaisant pour les poitrines dérangées, vient encore à Saint-Domingue, où on la voit croître naturellement. Il y en a de deux espèces, la franche & la bâtarde. Il serait difficile de s'y tromper ; la première & la véritable ayant une odeur flateuse, au-lieu que la seconde en a une tout-à-fait désagréable. Cependant elles font également utiles toutes les deux. Les nègres les mêlent ensemble, pour en composer des cataplasmes qui résolvent les abcès les plus durs; ils y ajoûtent quelquefois de la verveine-puante, de la bleue, de la feuille de prunier-monbin, du bourgeon de patate, & autres émolliens. Ils se servent aussi de l'herbe-à-charpentier pour toutes les douleurs internes, mal de côté, maux de gorge, gonflement d'amigdales, glandes, &c. Cette herbe est rampante, court sur la terre, & semble très-aisée à transplanter dans quelque pays que ce soit. La bâtarde pousse à l'extrémité de ses branches de longs cordons de petites fleurs purpurines, qui naissent d'un bouton d'abord vert, mais qui prend ensuite une couleur rouge; ses feuilles sont bien plus grandes que celles de la franche, lisses, d'un vert de mer, assez semblable au fer d'une lance.

Les nègres font encore un grand usage de deux autres plantes connues en Europe, mais qui diffèrent ici des mêmes que l'on y voit.

La *sauge-Américaine* porte une longue feuille, épaisse, gluante, pleine d'une infinité de petites fibres qui la partagent & ressemblent à des rameaux de veines; les unes sont grosses, les autres aussi petites que des vaisseaux capillaires. L'odeur approche de la sauge de France, mais beaucoup plus forte. La meilleure vient du Port-de-Paix : c'est la plus céphalique. Cette plante est regardée par les nègres, comme l'une des plus salutaires qu'il y ait dans l'isle ; aussi entre-t-elle dans presque tous leurs remèdes internes ou externes.

La *pimprenelle-sauvage* est pour eux aussi d'une extrême utilité : ils s'en servent dans les maladies les plus désespérées, & vont jusqu'à lui attribuer la faculté de chasser tous les vents de l'estomac, en l'appliquant uniquement dessus. Elle ne ressemble en rien à la pimprenelle de France, croissant en forme d'arbuste haut & droit ; ses feuilles sont grandes, mais longuettes, sans amertume non plus que le pied, étant au contraire d'un goût fade. Il naît au bout de chaque tige un long bouton, dans lequel est contenue sa graine, qui vient parmi un nombre de petits filets, comme on en voit au cœur de l'artichaut. Le pied de cette plante devient fort gros, il renferme une moëlle spongieuse, ainsi que le sureau.

Enfin, les nègres usent comme nous de toutes les espèces de *cressons*, qu'ils emploient indifféremment en cataplasmes ou en boissons froides & chaudes. Ils reconnaissent, de même que nous, que la meilleure espèce est le *cresson de savane* ; effectivement c'est le plus excellent anti-scorbutique qu'il y ait au monde. Le *cresson de fontaine*, très-commun dans le pays, n'en approche point ; celui-ci est, à peu de chose près, comme le cresson de France ; mais celui de savane en diffère extraordinairement : il vient en touffes rondes dans les endroits un peu humides ; les feuilles, toutes découpées, croissent en dehors, & forment un pied écrasé qui a du rapport avec celui de la chicorée naissante. Du centre de ce pied, quand le cresson monte, il sort de longs filamens, qui portent la graine à-peu-près comme dans l'oseille. Cette sorte de cresson n'est pas la seule qui ait tant de propriétés ; il en est une autre espèce nommée *cresson-doux*, qui croit en arbuste, & dont on fait des balais, à qui l'on reconnaît les mêmes vertus : le précédent a un goût piquant, celui-ci l'a sucrin & agréable ; quant à sa feuille, elle est plus petite que celle de l'autre, découpée comme elle, naissant tout le long de la tige remplie de branches. Cette plante est chargée d'un nombre de petits boutons ronds, qui s'ouvrent & laissent sortir une petite fleur blanche, accompagnée d'une quantité de petits filets. Il n'est point de gencives endommagées, même pourries, que ces deux cressons ne rétablissent : ils raffermissent les dents les plus ébranlées, en les frottant seulement avec leurs feuilles,

& en les mâchant ; ils guérissent jusqu'à des abcès dans la bouche ou dans la gorge : leur infusion prise comme du thé & coupée avec le lait, ôte l'acrimonie du sang, lui donne de l'activité, fait passer les taches scorbutiques, & dissipe radicalement le scorbut le plus invétéré. Bien des personnes, qui connaissent l'utilité de ces cressons, en font un usage très-fréquent. On en mange en salades, on en met dans les bouillons, même d'écrevisses ; on s'en gargarise, on boit dessus, & l'on s'en trouve également bien : mais il faut avoir l'attention de se purger de tems-en-tems, n'y ayant point de remède qui échauffe davantage. Je présume qu'un adroit Chimiste extrairait de ces plantes un spécifique contre le scorbut, aussi prompt que merveilleux, & que l'on pourrait transporter au-delà des mers.

L'*herbe-quarrée* est encore d'un grand usage pour les négresses : elles s'en servent en tisanes dans les maladies occasionnées par la matrice, vapeurs hystériques qu'elles nomment, comme la plupart de nos blanches, *mal-de-mère* : cette maladie est familière aux femmes noires, du moins à ce qu'elles disent, & leur sert souvent de prétexte pour ne rien faire. Mais si les femmes se trouvent bien de l'herbe-quarrée, les hommes trop échauffés n'en usent pas avec moins de succès. Cette herbe porte une grande feuille sèche, qui croît ordinairement trois à trois, chacune découpée par ses bords, seulement dans une assez longue distance; le pied est une espèce de lianne compacte qui durcit comme du bois; il est quarré, ce qui a fait nommer ainsi la plante. Elle a encore de particulier, qu'il règne tout autour de ses branches & d'un nœud à l'autre, une feuille extrêmement étroite, au bout de laquelle naissent ses trois grandes feuilles, simétrie exactement observée le long de la branche. Il y a une autre herbe-quarrée, différente de la première, dont on se sert pour les yeux; elle est fort odorante. Toutes les sortes d'aromates sont ici très-communes.

Les nègres savent tirer parti de toutes les plantes que la Nature a semées libéralement sous ce riche climat. Heureux, quand ils ne s'en servent que pour procurer du soulagement aux infirmités ! Mais malheureusement ils en abusent quelquefois. Il n'est pas jusqu'aux herbes les plus simples, en qui ils ne reconnaissent quelque propriété.

L'*herbe-à-bled*, dont les campagnes sont pleines & les champs empoisonnés, guérit, selon eux, les contusions, les meurtrissures, les abcès, les plaies de cette espèce les plus incurables pour notre pharmacie : ils la font bouillir
à

à petit feu, ils en forment une sorte d'onguent qu'ils appliquent sur la plaie, après l'avoir lavée avec du taffia. Je dirai à cette occasion que l'eau-de-vie de cannes est incomparablement meilleure que la nôtre, c'est-à-dire l'eau-de-vie de France, & qu'elle contient beaucoup plus de parties balsamiques. Cette herbe ressemble parfaitement à celle d'Europe, qui y porte le même nom; mais je crois pourtant y avoir apperçu quelque différence, en ce que j'ai observé que le tuyau de celle-là est velu en dehors, & le dedans est rempli d'une moëlle, au-lieu qu'il est vide en celle-ci. Du reste, c'est la même conformation. La diversité des climats donne aux mêmes plantes des qualités bien différentes.

Ils se servent d'un nombre infini de caustiques, pour mordre sur les chairs, faire aboutir les tumeurs les plus dures, de la plupart desquels nous n'oserions nous aviser. La feuille de tabac & son suc ne sont pas les moindres remèdes que quelques-uns d'eux employent efficacement. C'est ce qui fait que dans les maux vénériens, ils réussissent beaucoup mieux que nous, sans le secours du mercure dont ils ignorent la préparation & l'usage. J'ai vu des Chirurgiens en être atteints eux-mêmes; après avoir inutilement mis en œuvre toutes les ressources de la médecine, être contraints de se livrer à des nègres ou négresses, qui réparaient ce que leur art n'avait pu faire.

On commence cependant à faire usage d'une tisane sudorifique, que l'on dit être de leur invention, & que l'on prétend guérir la sphilise invétérée, & même les *pianistes*. Rien n'est si simple ni moins composé. En voici la recette. On met infuser & fermenter, dans un grand vase de terre vernissé, de la salsepareille & du sucre brut, à la dose de deux onces de chaque drogue sur une bouteille d'eau. On expose cette infusion au plus fort soleil, pendant dix-huit jours : au bout de ce tems on en remplit des bouteilles, & l'on remet de nouvelle eau sur le même marc, qui est encore exposé au soleil durant six ou sept jours. Le malade boit trois fois par jour de la première, & de la seconde à sa soif. Il ne vit que d'alimens secs, comme biscuit ou cassave, & de viande de boucherie grillée ou rôtie. Quarante jours suffisent pour parfaite guérison. S'il a des ulcères, on les lave avec la seconde infusion. Il faut commencer par le baigner cinq ou six jours de suite. Il doit travailler, parce qu'il faut suer, & se purger avec des bols mercuriels; addition faite, dit-on, par les Chirurgiens. On veut que celui qui pratique ce remède, engraisse à vue d'œil.

Outre les herbes & les simples, les nègres mettent tout en usage, séparément ou par mélange; les feuilles des arbres, les racines, tout entre dans leurs compositions; les liannes leur fournissent le plus de remèdes.

La *lianne-à-Minguet*, nommée de la sorte d'un homme singulier qui joue un rôle dans l'histoire de notre colonie de Saint-Domingue, est de toutes la plus excellente. Cet ancien habitant, qui était un Empirique, guérissait ou prétendait guérir avec elle quantité de maux, que quelques vieux colons m'ont dit avoir vus disparaître une infinité de fois, & ne plus revenir. Les nègres s'en servent fréquemment, mais pour moins de maladies; ils l'appliquent sur les plaies où il y a inflammation, en exprimant le suc dessus, & couvrent ensuite le mal d'une feuille entière qu'ils ont fait passer au feu légèrement. C'est un fort bon suppuratif. Cette plante a beaucoup de rapport avec la vigne, rampe comme elle, monte & s'entrelace dans les haies ou autour des arbres: sa feuille, qui est large & épaisse, d'un très-beau verd, vient au bout d'une longue queue, avec une fleur simple & bleuâtre. Quand la plaie paraît avoir suffisamment suppuré, ils usent, pour la dessécher, de la feuille d'une autre espèce de lianne qui court à terre, & qu'ils ont appelée *bois de patate bâtard*; celle-ci est mince, quoique large, faite en forme de cœur. C'est un fort bon dessicatif. Ils attribuent encore à la lianne-à-Minguet la vertu d'arrêter les plus violens maux de tête, en l'appliquant dessus. Elle fait aussi partie de presque tous leurs cataplasmes.

Ils ont une multitude d'autres liannes, dont ils ne font pas moins d'usage, & auxquelles ils trouvent diverses propriétés : comme la *lianne-à-médecine*, qui est réellement un purgatif fort & vigoureux; on se sert du bois, dont on prend une brassée en longueur, depuis une main jusqu'à l'autre, les bras étendus : c'est la mesure, que l'on coupe par petits morceaux. On les met ensuite infuser le soir dans de l'eau, jusqu'au lendemain matin, que l'on avale cette eau après l'avoir passée au travers d'un linge ou d'une serviette. On ne tarde point à en ressentir l'effet. Si l'on est trop mené, une rôtie au vin & au sucre arrête sur-le-champ la superpurgation. Comme ce bois est extraordinairement résineux, jetant du soir au matin une gomme blanchâtre, mais d'un blanc sale, par toutes les incisions qu'on lui a faites, quelques-uns n'usent que de cette gomme, dont ils font de petites boulettes qu'ils avalent; il en faut bien peu, n'y ayant guère de purgatif aussi violent. J'ai ouï dire, & je le croirais assez, que ce remède affaisse l'estomac, & qu'il faut l'avoir sain & bien fort pour que son usage ne l'affaiblisse pas de plus-en-plus. Nos habiles disciples d'Hippocrate corrigeraient aisément ce défaut, & trouveraient le secret d'en composer un très-bon remède. Cette plante, comme toutes les autres liannes, pousse de fort longs jets, d'abord verts & assez gros, mais qui durcissent, & qui deviennent un bois pliant & grisâtre : les feuilles, grandes, minces, naissent en forme de cœur, extrêmement pointues par le bout; la fleur, qui est violette, ne paraît ordinairement qu'aux environs du carême. La gomme que répand cette lianne, est plus liquide qu'épaisse, mais elle prend de la consistance à l'air, encore plus au soleil.

La *lianne-à-vers*, dont les nègres se servent aussi beaucoup pour toutes les maladies que les vers causent à leurs enfans, est petite, verte, menue : sa feuille est longue, presque faite comme celle du chien-dent, quant à la figure. Elle porte un bouquet de fleurs blanches, d'une odeur douce & suave, épaisses & veloutées, dans le centre desquelles il y a cinq petits boutons blancs comme de la neige. C'est encore une sorte de bois laiteux. On le fait bouillir pour les enfans déjà grands, & simplement tremper dans de l'eau pour ceux qui sont trop jeunes. Il semble, à leur dire, que ce soit l'un des meilleurs carminatifs.

Une autre lianne, qu'ils appellent *langue-à-chat*, est une plante ligneuse qui ne croît point comme les liannes, mais en forme d'arbuste ; elle est assez basse, n'ayant guère que deux ou trois pieds de hauteur : on peut dire qu'elle n'a point de tronc, ses branches sortant presque toutes de terre, & naissant de ses racines qui sont en grand nombre, chevelues & sans nulle propriété, du moins connue. Quant aux feuilles, elles ne sont rien moins que petites pour un arbuste si nain, étant de la longueur de quatre à cinq pouces, découpées sur leurs bords à une grande distance, larges par le bas, & diminuant jusqu'à ce qu'elles se terminent en pointe. Leur rudesse au toucher est apparemment ce qui a fait donner à cette plante le nom qu'elle porte, parce qu'on éprouve, en passant dessus le doigt à rebours, ce qui s'observe sur la langue des chats extraordinairement rude. L'extrémité de chaque branche principale ou collatérale est surmontée d'un bouquet fort garni de fleurs, de la nature des clochettes, d'où sortent après elles & du fond de leur calice des filets déliés, rassemblés & unis comme si c'était un petit pinceau. La graine qui y est insérée doit être bien même, car il est impossible de l'appercevoir. Cette plante exhale une odeur très-forte, mais qui n'a rien de désagréable, rappelant celle des foins de France, lorsque les prés commencent à y être bons à faucher. Ce doit être certainement un vulnéraire. Les nègres n'y attachent point cette qualité, n'usant que de sa feuille appliquée sur les contusions, meurtrissures ou plaies entamées, & ils prétendent qu'elle a de grandes vertus. Ils en font aussi usage dans leurs bains & cataplasmes.

Voilà ce que j'ai pu recueillir de plus précis sur les remèdes des nègres ; mais je suis bien éloigné de penser que ce soit là où se bornent toutes leurs connaissances en médecine. Je leur ai vu pratiquer d'autres remèdes, dont il m'a été impossible de leur arracher le secret. Quelqu'un sera peut-être plus heureux que moi. Il faut gagner leur confiance, comme je l'ai fait de quelques-uns ; mais n'ayant point de principes certains, & ne partant que d'une routine apportée de différens pays, il n'est guère possible de réunir les connaissances qui sont éparses entr'eux. Il faudrait pour cela un habile Botaniste, doué d'une extrême patience, & qui eût commencé par se rendre familier tout ce que l'isle de Saint-Domingue produit de végétaux. Les Anglais sont en cela nos maîtres ;

car on sait qu'un de leurs Savans a publié une histoire naturelle des plantes que produit la Jamaïque. Notre isle en mériterait une semblable. On se convaincrait bientôt que ce n'est pas simple curiosité, & que l'art de guérir nos maladies y gagnerait de nouveaux secours.

F

TABLE

Des différens Morceaux historiques, anecdotiques & descriptifs rassemblés dans cet ouvrage.

Mémoire sur Curaçao, Isle appartenante aux Hollandais, page 1

De l'isle de la Grenade, rendue aux Anglais par le dernier Traité de paix, 19

Anecdotes sur un Gouverneur de la Martinique, 15

Anecdotes singulières sur un Aventurier qui fut connu à la Martinique, sous le nom de Prince de Modène, 32

De l'isle & Colonie Espagnole de Puerto-Rico, l'une des quatre grandes Antilles, 52

Saint-Domingue, 65

Des possessions Espagnoles dans l'isle de Saint-Domingue, 79

Voyage du Comte de *** à Saint-Domingue, vers 1730, & traits curieux sur les mœurs des habitans de ce tems-là, 85

Anecdotes sur les Religieux d'une Société abolie, qui fut établie au Cap, 174

Mémoire sur la révolte de 1723, au Cap-Français, 185

K k

TABLE.

Naufrage à Saint-Domingue de quatre vaisseaux de guerre Espagnols, en 1725, & relâche d'une escadre de la même Nation, en 1731, page 201
Sur la ville de Léogane, 206
De l'interdiction du Marquis de *** par le Comte de C***, 208
Mémoire singulier relatif à M. D***, ancien Procureur du Roi, &c. 212
La Vermude, 221
Premiers établissemens faits par la Grande-Bretagne dans le nord de l'Amérique, 225
Boston, 227
La Nouvelle-Yorck, 238
La Nouvelle-Rochelle, 243
Histoire & description de la Louisiane ou le Mississipi, lorsqu'il était à la France, 246
Catalogue de quelques mots de la langue des Sauvages du Mississipi, avec leur signification en Français, 296
Voyage du sieur Villiet d'Arignon à la Havane, à la Vera-Crux & le Mexique, 299
Voyage du Vieux au Nouveau-Mexique, par le sieur François Tigée, 349
Nouvelle-Galice, 353
De la ville d'Ariea, dans le Pérou, & singularités naturelles, 363
La ville de Çallao, 366

La ville de Lima,	page 368
La ville du Potosi,	382
De la ville de Pisco, & de quelques autres, dans le Pérou,	384
De la ville de la Conception, & du Chili,	387
Description de Cobixa,	400
Coquimbo ou la Serena,	402
Description de Valparaisso,	405
De la ville de San-Iago, capitale du Chili, & dernier coup-d'œil sur cette contrée,	406
Avertissement,	411
Mémoires sur les maladies les plus communes à Saint-Domingue ; leurs remèdes ; les moyens de les éviter ou de s'en garantir moralement & phisiquement,	413

Fin de la Table.

www.ingramcontent.com/pod-product-compliance
Lightning Source LLC
Chambersburg PA
CBHW051138230426
43670CB00007B/859